POESÍA

219

LA VIDA NUEVA

Raúl Zurita

Versión final

LUMEN

Papel certificado por el Forest Stewardship Council®

MIXTO
Papel | Apoyando la silvicultura responsable
FSC® C117695

Penguin Random House Grupo Editorial

Primera edición: mayo de 2019
Segunda reimpresión: junio de 2025

Printed in Spain – Impreso en España

ISBN: 978-84-264-0701-6
Depósito legal: B-5432-2019

Compuesto en M. I. Maquetación, S. L.
Impreso en Huertas Industrias Gráficas, S.A.
Fuenlabrada (Madrid)

H 4 0 7 0 1 B

A todos los que se
mantienen vivos
por el amor
en nuestra memoria

LA VIDA NUEVA

Como una vergüenza que yo tenía comencé a soñar, mire sí, soñé que estaba acurrucada contra la pared igual que una india chamana y que una gran cantidad de gente me rodeaba mirándome y yo muerta de vergüenza, trataba de cubrirme. Iba a parir, y mi terror era qué hacer para cortarle el cordón a la guagua cuando ella saliera. Cada vez más encogida yo ya no sabía dónde poner la vista y lo único que quería era hacerme más chica y más chica para desaparecer de los ojos que me observaban. Parí. Entonces le tomé el cordón con los dientes y lo corté mordiéndolo. Creí que todo había pasado, pero detrás de esa venía otra pujando. Cuando ya estaba afuera también le corté el cordón con los dientes. Pero todavía venía una más y detrás de esa otra y otra más que igual parí, una por una, rebanándoles el colgajo a mordiscos. Entonces me fui para adentro y me vi entera las entrañas. Me veía como por una ventana transparente, toda por dentro yo me miré y allí estaba el cordón umbilical colgando, igual que una tripa, cortado, goteando sangre.

CIENTOS DE BANDERAS FLAMEABAN SOBRE LAS CASUCHAS DE CARTÓN Y PLÁSTICO DEL CAMPAMENTO. AMONTONADOS LOS CUERPOS DE SUS MORADORES PARECÍAN FUNDIRSE EN LA PENUMBRA ENTRE LOS GUITARREOS Y LOS EXTRAÑOS ZUMBIDOS DE LAS RADIOS PORTÁTILES. AFUERA, MIENTRAS ALGUNOS NIÑOS ESTIRABAN SUS MANOS PIDIENDO LO QUE EN ESTE IDIOMA SE LLAMA LIMOSNA, EL BRILLO DE ESTRELLAS YA EXTINGUIDAS COMENZABA A CONSTELAR EL CIELO HACIÉNDOME RECORDAR UNA LEYENDA AYMARA QUE DICE QUE SI UNA PERSONA ESTÁ A PUNTO DE MORIR, HAY QUE AGARRARLA DE LOS PELOS DE LA CABEZA CON TODA LA FUERZA PORQUE ENTONCES LA MUERTE NO PUEDE LLEVÁRSELA. ESA NOCHE, AL VOLVER, SOÑÉ CON NAVES VENIDAS DE OTROS MUNDOS ARDIENDO EN EL ESPACIO, MUÑECOS LLENOS DE AMOR QUEMÁNDOSE COMO PAJA. AL OTRO DÍA REGRESÉ Y HABLÉ CON ALGUNOS. MÁS TARDE UNO DE ELLOS ME CONTÓ QUE UNA VEZ, AL DESPERTAR DE UN SUEÑO LLORANDO DESESPERADAMENTE, VIO A SU MADRE Y A SU HERMANA AGARRÁNDOLO DE LOS PELOS, SÓLO QUE ÉL QUERÍA MORIR.

FUE ALLÍ CUANDO EMPECÉ A GRABAR SUS SUEÑOS. LEJOS, MUY LEJOS, LA LUZ DE OTROS SOLES ILUMINABA LAS ESTEPAS DE PLANETAS DESCONOCIDOS Y ALGO DE SU PALIDEZ ALCANZABA TAMBIÉN A TEÑIR ESTAS COVACHAS IMPROVISADAS. ASÍ EMPEZARÁ MI LIBRO, PENSÉ; CON SUS SUEÑOS. ESTÁ BIEN, TODOS MORIREMOS ALGÚN DÍA ARDIENDO COMO UN SUEÑO EN EL ESPACIO, SALVO QUE YO NO QUIERO QUE MI SUEÑO MUERA.

Campamento Raúl Silva Henríquez
Santiago, octubre, 1983

ALAMIRO NUÑEZ

Yo solamente sueño que me persiguen, ese es mi problema señorita; de un tiempo a esta parte lo único que sueño es que me persiguen y son siempre carabineros o gente de civil. Ahora en el sueño mío yo había salido a caminar, pero me perdía y comenzaba a arrancar. Iba por una calle llena de piedras que se hacían más filosas y de pronto estaba corriendo por un campo arado, como cuando era niño, porque de allá vengo. Me escondía en la acequia para perderlos como antes, pero el agua barrosa empezaba a bajar dejando una arena seca donde me quedaba dormido. Al despertarme iba en el acoplado de un camión que se hacía más y más largo y mientras más corría nunca llegaba al final. Después algo pasaba, estaba colgando de la ventana de un tren y unos carabineros me golpeaban los dedos echándome abajo. Al caer me encontraba en la casa del patrón. Yo arrancaba por un pasadizo dando grandes saltos como si volara. Al salir me topaba con mi esposa, la finada Marta, que venía llegando y nos abrazábamos y nos hacíamos cosas como en la mejora que teníamos, pero ahí me despierto señorita y es siempre como si fuera.

CARLOS COÑUEPAN

Somos muy pobres, señorita, por eso nos vinimos y yo la peno tanto que ni para dormir me acuerdo. A veces, muy poco, duermo, pero cuando nos fuimos todos de allá casi nunca he soñado. Es Chao Dios el que le da el sueño a uno, para eso es el único. No hay otro tampoco. No hace mucho sí me soñé con mi tierra, soñé que todos estábamos hechos de pasto y que el agua nos mojaba, pero ahí ya no supe de mi sueño y se me apareció otro. Así lo empecé a soñar: venían tres figuras como de un trote de bestias con sus caras mirándome. El último era el Toqui, pero él venía con forma humana. Se me allegó bien y me dijo que yo estaba sufriendo ahí, que tenía que irme de la capital. Me volví entonces aire y en suspiros me fui hasta mi tierra de Mehuín y él, llamándome por mi nombre de paisano, seguía diciéndome. En brotes entonces me volvía, en cenizas luego y yo no más sentía los ojos que me lloraban en el sueño acordándome de mi tierra de Mehuín y qué más puedo contarle, yo duermo muy mal señorita, poco, pero en ese sueño yo la miraba.

JACINTO QUESADA

Soñé mal sí. Soñé que se hizo una ventana en el techo y allí se asomaron unos chivos, me llamaban con voces y se reían. Entonces con eso casi me trastorno, con eso quedé asustado y empecé a soñar mal, mal. Así empezó a soñar la cabeza. Me empezó a doler todo y después ya me perdió lo sentido. Estaba en la rancha y veía a la Manuela –mi hija mayor– que me mostraba los dientes y me decía: «lo espero en la ventana porque yo lo voy a dominar a usted». Eso lo oía clarito. Entonces yo comenzaba a perseguirla para darle con la huasca no más, pero había una reja de alambre, muy alta, y mi hija corría por el otro lado mientras yo me iba volviendo cabra y le decía «Manuelita soy yo», pero no me salía la voz. En pura lana estaba cuando vi de nuevo la cabeza que me soñaba para atrás. Tengo que despertarme decía, porque estoy soñando mal y me voy a morir. Pero no podía. Entonces vi al viejo que se me pegaba hablándome: «mira, tú vas a tener que taparme de nuevo porque tu hija con las pezuñas me ha desenterrao». Qué más le digo señorita y yo con un horror me despertaba.

DIONISIA BRAVO

Cuando llego a soñar siento como un bien; siento como si me hubiera ido de estas mugres de ratoneras y respirara purito, puro. Yo tengo mal de asma, pero en el sueño se me va y no siento la mugrienta del polvo. Vea, el campamento estaba entero embanderado y eran miles de palomas volando. Yo le decía a mi chamaquito que por qué no me llevaba al centro, al dancin a lucirnos, pero él estaba muy agrio, muy ceñudo, sin hablarme. Entonces me iba al ruco y encendía el fogón, pero era yo misma la que empezaba a arder y luego estaba en el aire como una paloma pero de humo. Dioni, me llamaba entonces él, y me decía que era muy mala porque siempre me iba con sus cosas a la parranda. Eso él me decía, y yo lo volvía a ver cada vez más serio, mirándome con los torcazos suyos tan enojados que del susto me despertaba y a veces señorita, cuando cierro los ojos y me duermo entre todos los que se amontonan bajo estas pilchas, yo lo veo así a mi chamaquito, tan enojado y con lloro.

LA COLOMBIANA

Toda la noche sueño que lloran y lloran y que no los puedo parar. Cuando he hecho callar a uno el otro se larga de nuevo y todo vuelve a empezar. De puro sufrir yo creo que lloran tanto, hasta en el sueño yo los oigo y es igual; duermen todos apretados y me matan de cansancio, tienen hambre pienso, o se los estarán comiendo los animales. Me paso yo también llorando en el día, y en el sueño salgo de esta pocilga, me alejo por entre este hervidero de casuchas y me voy y me voy y llego a los cerros, a uno muy verde como una visión. Pero allí siento de nuevo sus lloros y me devuelvo corriendo, me caigo, me rompo entera por las piedras y cuando llego al campamento no quedan sino unos pedazos de papeles y cartones que arrastra el viento como si ya no hubiera nadie. Están muertos pienso, mis niños están muertos y es mía la culpa. Es mía la culpa grito, yo los maté, yo los maté. Pero son tan buenos mis hijitos que en el medio de mis gritos uno de ellos se me acerca, con sus manitos me toma la cabeza y me dice: «no Lleja, nunca vivimos acá», y sonriéndose, mismo que fuera un angelito, llama a los otros y se me aparecen.

JULIA MILLACURA

Yo creo en el sueño señorita. A nadie yo le digo porque dicen que son cosas de india y se burlan. Pero nosotros oramos todas las mañanas: yo leo la Biblia, el Apocalipsis, los Números y ahí estoy con Dios. Él dice que quien cree en Él que se arrodille, en cualquier parte, donde se encuentre y entonces Él se le va a comunicar. Así una piensa en Dios, andando, cocinando, andando por ahí. Siempre pensando que Él vive y que por eso vivimos. Entonces uno sueña; Él da un sueño como un aviso porque está escrito que los viejos soñarán y los jóvenes verán visiones. Yo soñé que me estaban dando un rezo en mapuche, eso era, era un viejito que tenía una vestidura así, de antiguos, como mi padre, pero con el pelo igual que una nieve y me decía: «Así tenís que rezar en mapuche» y luego me soñaba con trutrukas; que tocaban y era mucho el sonido mientras yo lo rezaba, muy bonito. Mi papá siempre me iba a ver así a la ciudad, en mis sueños. Pero el último que yo soñé fue mucho más, fue como de terror, lo querían enterrar vivo, pero yo alcanzaba a sacarlo y ahí me desperté recordándome que él no tiene flores y que ya viene noviembre. Eso decía el sueño señorita; que hay que ponerle flores al difunto porque Dios así lo manda:

«Flores en noviembre»

HERMELINDO SALVATIERRA

Estaba la mala, la rapada, la mala tirándome. Me hervía la fiebre y me cuartié entero. No más, decía yo, no más, cuando me fui en el sueño señorita; andando no más me fui por un camino que se partía. Lejos iban quedando estas rucas, y después, como sobre los cerritos, yo veía la tierra y subiendo llegué a un lago muy grande, todo manchado de sangre en las aguas. Estaba entero suspendido y no sabía qué hacer para vadearlo cuando se me vino un perro blanco y con ladridos hizo que lo montara. Así crucé las aguas; cargándolo. Había mucha gente ahora, todos en fila y yo iba al final. Estoy soñando, decía yo, pero igual me llevan a la parca. Cada vez había más luz y todos iban pasando por un gran portón de fierro, pero cuando me llegó mi turno un cristiano se me acercó bien primero, me olió después y me dijo: «¿Quién te ha mandado a llamar a ti? aún no estás escrito. Ándate». Yo entonces sentí un dolor muy grande que me tiraba para atrás y me desperté como cayéndome. Así volví yo, y cuando abrí los ojos vi a mi mamá y mi hermana arrodilladas al lado mío agarrándome de los pelos de la cabeza fuerte, muy fuerte, orándole a gritos a la virgencita las dos y hasta yo mismo señorita que me traían sólo que yo no quería volver. Yo quería morirme.

ZILEY MORA

Yo no quería despertarme, yo quería cerrar los ojos y volver a ver de nuevo los mundos. En el sueño mío yo decía «son los mundos», pero eran todos los países tendidos igual que una estampa en el cielo y vea yo nunca, nunca he soñado más feliz. Estaba en una pradera y podía sentir el pasto bajo mis pies, pero algo dentro de mí me decía que fuera hacia la playa y yo no sabía, pero me largaba a correr. De pronto me veía en una de la vista. El mar estaba muy negro, encrespado de olas y yo sentía como una angustia, como un miedo que me llenaba, pero pronto empezó a aclarar. El mar se iba haciendo cada vez más traslúcido, más calmo y luminoso, como una gran taza transparente y hasta se podían ver uno por uno los granos de arena bajo el agua. Entonces sentí el impulso de alzar la vista, pero la volví y fue como si me hubieran dado un golpe: en la cabeza, sobre el cielo, igual que en una pantalla de cinerama, estaban todos los países del mundo, como en el mapamundi de la escuela, todos con los colores más relucientes y hasta los puntitos de las islas yo las veía, sí señorita; eran todos los países del mundo allá arriba, como recién mojados, brillando.

MAR DE PLATA

Sí hermanos del este, sí hermanos del oeste. Un
sueño de amor yo tuve. Todo un sueño en la noche
abovedada. Cientos de ríos iban subiendo sobre el
cielo y era tan bello sí, tan increíble. La gente veía
sus propias caras relampagueando en la oscuridad
e igual que el sonido del viento, de las aguas, de
las naves voladoras, de pronto era el rumor de
todos los ríos preguntándome: Cuéntanos tu sueño,
queremos saberlo. Queremos saberlo todo sobre
la noche. ¿Por qué vuelan? ¿Por qué cambian?
¿Por qué suben las cosas? ¿Viste al diosito mío?
¿A Cocha? ¿Llegaron ya los ojos azules a Nueva-
Nueva Imperial. Ay sí vamos, dinos: ¿qué fue de
Argentina?
¿Pero de verdad quieres saberlo? me preguntaron
entonces ¿quieres ver a tu muchacha? Claro que
sí –les contesté– por supuesto que quiero ver a mi
muchacha. Afírmate entonces, te vas a desmayar
cuando la veas. Miles de jóvenes se abrazaban
fundiéndose en las alturas y era tan bello, sí, tan
cautivante verla ahora en los tonos de la luz que
uno me dijo entonces cásate con ella. Eso me dijo,
y al escucharlo sentí que entera la noche se me
abría y me juraron después que esa era la noche,
que ese era el sueño, que por eso subían cambiando
de formas las cosas, como las grandes naves
voladoras sí, como todo el vapor del deshielo. Por
eso madre, padre río se arrojaban con mi cuerpito
a cuestas rompiéndose de amor entre las piedras:

I

DICES QUE COMO EL RÍO EL AMOR VENDRÁ

https://www.youtube.com/watch?v=Zlmg0yzxKvQ

Dice que como el río tú vendrás a mí de más
allá de las fronteras y de las tierras sedientas

Passengers/ U2 & Luciano Pavarotti:
Miss Sarajevo

LOS RÍOS SE ARROJAN DESDE EL CIELO

Residuos de un sueño nocturno

Y del Paraíso bajaba regándolo un río que se dividía en cuatro brazos. El primero se llamaba Pisón, y es el que rodea la tierra de Evilá donde hay oro, piedras preciosas y romas. El segundo es el Guijón, y es el que rodea la tierra de Cus. El tercero se llama Tigris, y corre al oriente de Asiria. El cuarto es el Éufrates.

Génesis 2, 10-14

Y el Ganges se arrojó del alto del cielo sobre los Himalayas y la atmósfera se llenó de espumas como si fuese un lago fulgurante de cisnes. Después de saltar de cascada en cascada el sagrado río llegó a la llanura precedido por infinidades de inmortales en sus carros centelleantes mientras nubes de ninfas, de hombres y delfines danzaban siguiendo su cauce majestuoso. Y llegó al fin al mar, pero este tampoco pudo detenerlo y el Ganges divino se sumergió hasta el fondo del infierno y las almas se purificaban en sus ondas remontando después de vuelta hacia los dioses.

Valmiki: *Ramayana*
Libro I

La vida y el alma son un río. En el río de la vida las aguas son los cinco sentidos, los monstruos que la pueblan; la ira y el deseo. Debemos cruzar las corrientes y remolinos de los sucesivos renacimientos, porque en el río del alma las victorias del espíritu son los baños sagrados, la verdad sus aguas, la posesión de sí sus orillas y la ternura sus olas.

Vyasa; *Mahabaratta*,
Libro 3

Y del océano de corrientes profundas nacen todos los ríos que mojan la tierra: el Nilo, el Alifeo y el Estrimón, el Menandro y el Istro, el Faso y el Reso, las corrientes del Aqueloo y del Neso, del Rodio, del Haliacmón, del Héptaporo, el Granico, del Esopo y del Simunte, el río Peneo, el Hermo y el Caico, el Sangario, el Ladón, el Partenio y el Eveneo, el torrente azul del Escamandro y miles de otros cauces, el mar entero y los remansos y todos los manantiales y los hondos pozos.

Hesíodo: *Teogonía*

Lienlaf tenía mucho calor y para refrescarse se arrojó al río y tan contento se sentía bajando por la corriente que se puso a cantar y escuchándolo las aguas de los ríos que eran mudos comenzaron a cantar y desde entonces todos los ríos cantan y cantan más fuerte todavía cuando cae la noche. Entonces para seguir siempre cantando con las aguas Lienlaf se transformó en una roca donde nació una flor azul y la flor llegada la primavera soltó su polen el que ascendió formando las estrellas de la Vía Láctea que es el río Jordán donde está recostado el hombre Lienlaf oyendo cantar los ríos del cielo.

Leonel Lienlaf, relato mapuche

Yo soy el Escamandro, nacido del divino Océano, y si los dioses te concedieron atar a todos los troyanos, no lo hagas dentro de mis aguas, empújalos fuera de mi cauce, pues los cadáveres que estás dejando atascan mis olas y por ninguna parte puedo verter mi corriente en el divino mar.

Homero, *La Ilíada*, Canto XXI

No creo que tu destino sea ver a los tuyos hasta que vuelvas a recorrer las aguas del poderoso río Egipto, nacido de Zeus.

Homero, *La Odisea*, Libro IV

Y desde allí infinitas tinieblas arrojan los lentos ríos de la noche...

Píndaro, *Fragmentos*

Y por cierto que no alcanzo a explicarme por qué razón la tierra, que es una sola, recibe tres denominaciones diferentes que responden a nombres de mujeres, y por qué motivo se han tomado como límites para ella dos ríos: el Nilo, que baja por Egipto y el Fasis que es un río Colco.

Heródoto: *Historias*, II

Te obedecen las corrientes del Hispania y los cuernos biformes del Erídano. ¡Oh Tíber, río genio tutelar de Italia y de Roma dominadora. Te admira a ti el Océano lleno de monstruos, que ruge rodeando la lejana Britania...

Horacio, *Odas*, Libro IV

Y mirando el inmenso flujo de las aguas, yo observaba a todos los ríos que corren sobre la tierra hacia diversos lugares: los torrentes del Fasi y del Lico y la fuentes desde donde surge el profundo Enípeo, allí donde el padre Tíber se precipita sobre las piedras y atravesando ricos campos, desemboca como ningún otro, en el purpúreo mar.

Virgilio, *Geórgicas*, IV

Mi amigo abandona el Pabellón Grulla Amarilla
parte a Yangzhou entre flores de abril y neblinas
La vela solitaria, ya lejana, se pierde en el inmenso azul
y sólo veo el Yangtsé
que al encuentro del firmamento se precipita.

Li Po: *Despedida a Meng Haoran*

¿No ves amigo mío que las aguas del río Amarillo
fluyendo del firmamento
se precipitan hacia el mar para no volver?

Li Po: *Exhortación*

De puntillas en las rocas
miro el río que se aleja,
sigo el curso de las olas,
y la tristeza me embarga.

Se pone el sol,
se asienta el frío en el agua;
navegan tenues nubes,
colores de primavera.

Pei Pi: *Poemas del río Wang*

Nuestras vidas son los ríos
que van a dar en la mar
que es el morir

Jorge Manrique: *Coplas a la muerte de su padre*

Y serpenteando por el río porque los indios no lo sintiesen y hallaron que en el medio tenía diez y nueve brazas de fondo y un cuarto de legua de ancho por lo cual visto los españoles decidieron sepultar en él al gobernador, y porque en toda aquella comarca no había piedra que echar con el cuerpo para que lo llevase al fondo, cortaron una muy gruesa encina, y con muchas lágrimas y dolor de los sacerdotes y caballeros que se hallaron en este segundo entierro lo pusieron en medio de la corriente del río encomendando su ánima a Dios y le vieron irse al fondo.

Estas fueron las exequias tristes que hicieron del cuerpo del adelantado Hernando de Soto su capitán general y gobernador de los reinos y provincias de La Florida.

Inca Garcilaso de la Vega:
Hernando de Soto muere
a las orillas del Mississippi.

Veintiocho muchachones, en cordial camaradería,
se bañan en el río.
Y una hermosa mujer de veintiocho años, virgen,
espléndidamente vestida y que vive sola
en la suntuosa mansión que está en la orilla
los mira escondida detrás de las cortinas del balcón.

¿Cuál le gusta más? ¡Todos le parecen tan bellos!
¿Adónde vas, señora?
Aunque sigues oculta en tu balcón
yo te veo ahora chapotear en el río.
Bailando y riendo una hermosa bañista ha entrado
en el agua.
Ellos no la ven,
pero ella sí los ve y desbordada de amor los siente
henchida de amor.

El agua brilla en las barbas mojadas de los hombres,
corre por sus cabellos largos
y como pequeños arroyos pasa acariciando
los cuerpos.
Una mano invisible también acaricia temblorosa
las sienes y los flancos
Los muchachos flotan boca arriba
con el vientre blanco combado bajo el sol,
sin saber quién los abraza y los aprieta,
quién resopla y se inclina sobre ellos, suspensa
y encorvada como un arco,

ni a quién salpican
cuando golpean el agua con los brazos.

Walt Whitman:
Canto a mí mismo

Aquí todos trabajamos el largo Mississippi
Aquí todos trabajamos mientras la gente blanca juega
Tirar los barcos desde el amanecer hasta el atardecer
sin descansar hasta el día del juicio

No mires hacia arriba y no mires hacia abajo
No hagas que el jefe frunza el ceño
Dobla las rodillas e inclina la cabeza
Y tira esa cuerda hasta que mueras

Déjame ir del Mississippi
Déjame ir del jefe del hombre blanco
Muéstrame esa corriente llamada Río Jordán
Esa es la vieja corriente que anhelo cruzar.

Ol' Man River, ese río Ol' Man
Él no dice nada, pero debe saber algo
Él solo sigue rodando, él sigue rodando

Él no planta jirones, y él no planta algodón
Y ellos qué plantas son olvidados pronto
Pero Ol' Man River, simplemente sigue rodando

Tú y yo, sudamos y esforzamos
Cuerpo que llega y se atormenta con dolor
Tote esa barcaza y levanta esa fianza
Te emborrachas un poco y caes en la cárcel

Me canso y estoy cansado de intentar
Estoy cansado de vivir, pero me temo

que me estoy muriendo
Pero Ol' Man River, él solo sigue rodando…

Paul Robeson: *The Ol' Man River*

Hey, ¡Tiren! Hey, ¡Tiren!
¡Una vez más, chicos, todavía una vez más!
Hey, ¡Tiren! Hey, ¡Tiren!
¡Una vez más, chicos, todavía una vez más!

Arrastramos las barcazas, Tiramos con fuerza,
Ay sí, sí, Ay sí, Ay sí, sí, Ay sí
Tiramos con fuerza.

Tiramos con fuerza.
Hey, ¡Tiren! Hey, ¡Tiren!
¡Una vez más, chicos, todavía una vez más!

Corremos junto a las costas, cantamos al sol
nuestra canción.
Ay sí, sí, Ay sí, Ay sí, sí, Ay sí
cantamos al sol nuestra canción.

Hey, ¡Tiren! Hey, ¡Tiren!
¡Una vez más, chicos, todavía una vez más!
Hey, ¡Tiren! Hey, ¡Tiren!
¡Una vez más, chicos, todavía una vez más!
Volga, Volga, río madre. Oh, tan inmenso
y profundo eres tú
Ay sí, sí, Ay sí, Ay sí, Ay sí
Inmenso y profundo
Hey, ¡Tiren! Hey, ¡Tiren!
Volga, Volga, río madre

Coro del Ejército Soviético:
Canto de los boteros del Volga

El Paraná corre allí en el fondo de una inmensa hoya, cuyas paredes, altas de cien metros, encajonan fúnebremente el río. Desde las orillas bordeadas de negros bloques de basalto asciende el bosque, negro también. Adelante, a los costados, detrás, siempre la eterna muralla lúgubre, en cuyo fondo el río arremolinado se precipita en incesantes borbollones de agua fangosa. El paisaje es agresivo, y reina en él un silencio de muerte. Al atardecer, sin embargo, su belleza sombría y calma cobra una majestad única.

Horacio Quiroga: *Cuentos de amor de locura y de muerte*

Y Li Po también murió borracho
quiso abrazar a la luna sobre el río Amarillo

Ezra Pound: *Fu I y Li Po*

El Tajo es más bello que el río que pasa por mi aldea,
pero el Tajo no es más bello que el río que pasa por mi aldea
porque el Tajo no es el río que pasa por mi aldea.
En el Tajo hay grandes navíos,
y todavía lo navega,
para quienes ven en todo aquello que no está,
la memoria de las carabelas.

El Tajo baja de España
y entra en el mar por Portugal.
Todos lo saben,
pero pocos saben cuál es el río de mi aldea
y a dónde va
y de dónde viene.
Y por eso, porque pertenece a menos gente,
es más libre y mayor el río de mi aldea.

Por el Tajo está América
y la fortuna de quienes la encuentran.

Nunca nadie ha pensado en lo que hay más allá
del río de mi aldea

El río de mi aldea no hace pensar en nada
Quién está junto a él sólo está junto a él.

Alberto Caieiro: *El guardador de rebaños*

No escucho con las aguas de. Las aguas murmurantes del Liffey. No escucho con las aguas del río parloteante. El agua separa a las dos mujeres, la noche se acerca, y empiezan a no escucharse entre ellas. Murciélagos que revolotean, charla insolente de ratones de campo ¡Eh! ¿Ya te fuiste a tu casa? ¿Qué Thom Malone? Sí ¿ya te marchaste? No escucho con el griterío de los murciélagos, con toda esa agua de. ¡Que el conversar nos salve! Mis pies no se mueven. Me siento tan vieja como aquel olmo. ¿Una historia sobre Shaun o Shem? Todos los hijos e hijas de Livia. Oscuros halcones nos escuchan. ¡La noche, la noche! Mi cabeza se cae. Me siento tan pesada como aquella piedra. Contame de John o de Shaun. ¿Quiénes eran Shem y Shaun, los hijos vivientes o hijas de? ¡Ya la noche! ¡Contame, contame, contame, olmo! ¡La noche-noche! Contame de tronco o piedra. Junto a las corrientes aguas de, las aguas que van y vienen de. ¡La noche!

James Joyce: *Finneagns Wake*

El dosel del río se ha roto: los últimos dedos de las hojas
se aterran y se sumen en la húmeda orilla. El viento
cruza, silenciosamente, la tierra parda. Las ninfas se han
(marchado.
Dulce Támesis, discurre plácidamente, hasta que termine
(mi canción.
El río no arrastra botellas vacías, papeles de sándwiches,
pañuelos de seda, cajas de cartón, colillas
y otros testimonios de noches de estío. Las ninfas se han
(marchado.

Y sus amigos, los indolentes herederos de los potentados
Se han marchado sin dejar sus direcciones.
A orillas del Leman me senté a llorar…
Dulce Támesis, discurre plácidamente, hasta que termine
(mi canción.
Dulce Támesis, discurre plácidamente, pues no hablaré alto
ni extenso.
Pero detrás de mí, en una fría ráfaga, oigo
matraqueos de huesos y risas descarnadas.

T.S.Eliot: *La tierra baldía:*
El Sermón del fuego

No distinguía el fondo del río, pero podía ver bastante dentro del agua antes de que el ojo se me cansara, y luego vi una sombra flotante como una flecha que remontara la corriente. Si por lo menos hubiera un infierno más allá: la llama pura, nosotros dos más que muertos. Entonces sólo me tendrías a mí entonces nosotros dos solos entre los que nos señalan y el horror de más allá de la llama pura.

William Faulkner: *El sonido y la furia*

Voces de muerte sonaron
cerca del Guadalquivir.

Federico García Lorca: *Muerte*
de Antoñito el Camborio

Las grandes piedras detienen el agua de esos ríos pequeños; y forman los remansos, las cascadas, los remolinos, los vados. Los puentes de madera o los puentes colgantes y las oroyas, se apoyan en ellas. En el sol, brillan. Es difícil escalarlas porque casi siempre son compactas y pulidas. Pero desde esas piedras se ve cómo se remonta el río, cómo aparece en los recodos, cómo en sus aguas se refleja la montaña. Los hombres nadan para alcanzar las grandes piedras, cortando el río llegan a ellas y duermen allí. Porque de ningún otro sitio se oye mejor el sonido del agua. En los ríos grandes y en los anchos no todos llegan a las piedras. Sólo los nadadores, los audaces, los héroes; los demás, los humildes y los niños se quedan; miran desde la orilla, cómo los fuertes nadan en la corriente, donde el río es hondo, cómo llegan hasta las piedras solitarias, cómo las escalan, con cuánto trabajo, y luego se yerguen para contemplar la cadena sin fin de montañas negras y nevados que se alternan, la quebrada, para aspirar la luz del río, el poder con que marcha y se interna en las regiones desconocidas.

José María Arguedas:
Los ríos profundos

Río Manzanares
déjame pasar
que mi madre enferma
me mandó a llamar

Mi madre es la única estrella
que alumbra mi porvenir
y si se llega a morir
al cielo me voy con ella

Manzanares, Manzanares
con tu corriente pa'arriba
por una mujer bonita
yo quiero perder la vida

Manzanares, Manzanares
con tu corriente pa'un lado
por una mujer bonita
yo quiero morir ahogado

Versión de Ángel e Isabel Parra:
Río Manzanares

Reflejo de la luna que bajo el sol
el cielo y el agua rejuntará.
Hijo de las cumbres y de las selvas,
que extenso y dulce recibe el mar

Sangra en tus riberas el ceibo en flor
y la pampa verde llega a beber
en tu cuerpo lacio, donde el verano
despeña toros de barro y miel

Mojan las guitarras tu corazón,
que por los trigales ondulará.
Traen desde el norte frutal la zamba
y a tus orillas la dejarán,
para que su voz, enamorada
de la luz carnal,
arome tus mujeres, Paraná

En campos de lino recobrarás
el cielo que buscas en la extensión.
Padre de las frutas y las maderas:
florece en deltas tu corazón

Verde en el origen recorrerás,
turbio de trabajo la noche azul
y desde la luna, como un camino,
vendrá tu brillo quebrando luz.

Los Trovadores del Norte:
El Paraná es una zamba

Soy hombre de tristes palabras. ¿De qué era de lo que yo tenía tanta, tanta culpa? Si mi padre siempre estaba ausente; y el río-río-río, el río perpetuo pesar. Yo sufría ya el comienzo de la vejez, esta vida era sólo su demora. Ya tenía achaques, ansias, por aquí dentro, cansancios, molestias del reumatismo. ¿Y él? ¿Por qué? Debía de padecer demasiado. De tan viejo, no habría, día más día menos, de flaquear su vigor, dejar que la canoa volcara o que vagara a la deriva, en la crecida del río, para despeñarse horas después, con estruendo en la caída de la cascada, brava, con hervor y muerte. Me apretaba el corazón. Él estaba allá, sin mi tranquilidad. Soy el culpable de lo que ni sé, de un abierto dolor, dentro de mí. Lo sabría, si las cosas fueran otras. Y fui madurando una idea.

Sin mirar atrás. ¿Estoy loco? No. En nuestra casa, la palabra loco no se decía, nunca más se dijo, en todos aquellos años, no se condenaba a nadie por loco. Nadie está loco. O, entonces, todos. Sólo hice que ir allá. Con un pañuelo, para hacerle señas. Yo estaba totalmente en mis cabales. Esperé. Por fin, apareció, ahí y allá, el rostro. Estaba allí, sentado en la popa. Estaba allí, a un grito. Le llamé, unas cuantas veces. Y hablé, lo que me urgía, lo que había jurado y declarado, tuve que levantar la voz: «Padre, usted es viejo, ya cumplió lo suyo... Ahora, vuelva, no ha de hacer más... Usted regrese, y yo, ahora mismo, cuando ambos lo acordemos, yo tomo su lugar, el de usted, en la canoa...». Y, al decir esto, mi corazón latió al compás de lo más cierto.

Él me oyó. Se puso en pie. Movió el remo en el agua, puso proa para acá, asintiendo. Y yo temblé, con fuerza, de repente: porque, antes, él había levantado el brazo y hecho un gesto de saludo ¡el primero, después de tantos años transcurridos! Y yo no podía... De miedo, erizados los cabellos, corrí, hui, me alejé de allí, de un modo desatinado. Porque me pareció que él venía del Más Allá. Y estoy pidiendo, pidiendo, pidiendo perdón. Sufrí el hondo frío del miedo, enfermé. Sé que nadie supo más de él. ¿Soy un hombre, después de esa traición? Soy el que no fue, el que va a quedarse callado. Sé que ahora es tarde y temo perder la vida en los caminos del mundo. Pero, entonces, por lo menos, que, en el momento de la muerte, me agarren y me depositen también en una canoíta de nada, en esa agua que no para, de anchas orillas; y yo, río abajo, río afuera, río adentro, el río.

Joao Guimarães Rosa: A terceira margem do rio, en Primeiras estórias

Debajo del dique el agua del río espumea. Tú necesitas buscar la felicidad, ella necesita buscar el sufrimiento. Ella dice que no se atreve a mirar hacia abajo, tú dices que sabes muy bien que ella tiene miedo. Ella se echa a reír, pero tú adviertes que su risa es un tanto forzada. O te atreverías a saltar, dices mientras caminas a propósito muy cerca de la orilla. ¿Y si saltara?, dice ella. Yo me zambulliría para salvarte. Sabes que hablando así te ganarás sus favores. Ella dice que tiene un poco de vértigo. Tú dices que a este río ha saltado ya una muchacha como ella. Dices que el río arecía más profundo aún, que era una noche sin luna. La mujer del botero Wang el jorobado declaró con posterioridad que aquella noche zarandeó ligeramente a su marido, que estaba durmiendo, diciéndole que había oído sonar las cadenas de las amarras. Ella quiso levantarse para ir a ver, y después oyó como un aullido, creyendo que se trataba del viento. Pensó que no era posible que un hombre estuviera robando la embarcación y los perros no habían ladrado en esa noche profunda y calma. Así pues, se volvió a acostar, pero mientras dormía el grito resonó otra vez. Ella se despertó y aguzó el oído. Sucedía a menudo que alguien golpeaba la ventana o bien llamaba cuando quería cruzar urgentemente el río de noche. Lo que ella no alcanzaba a comprender era por qué la muchacha había quitado antes las cadenas del bote. La culpa no era sino de ese viejo diablo que dormía como un tronco. Dijo que de haber ido alguien en aquel momento la muchacha no se habría suicidado arrojándose al río.

Gao Xingjian: *La montaña del alma*

Junto a los ríos de Babilonia,
llorando nos sentábamos a recordar a Sion (Bis)

Y nuestros captores nos decían
cántennos unos cantos de Sion
¿Pero cómo íbamos a cantar
canciones del Señor en una tierra extranjera?

Que las palabras de nuestra boca
y los pensamientos de nuestros corazones
sean aceptables ante sus ojos aquí esta noche (Bis)

Junto a los ríos de Babilonia,
llorando nos sentábamos
a recordar a Sion (Bis)

Junto a los ríos de Babilonia
(oscuras lágrimas de Babilonia)
llorando nos sentábamos a recordar a Sion

Junto a los ríos de Babilonia
(ásperos pedazos de Babilonia)
donde nos sentábamos
(escucha a la gente llorar)
Yeeah nosotros lloramos
(ellos necesitan su Dios)
Cuando recordábamos a Sion
(oh, ten el poder)

Boney M.: *Por los ríos de Babilonia*

Hay un tiempo para mantener las distancias,
un tiempo para volver los ojos.
Hay un tiempo para mantener la cabeza gacha
para pasar bien el día.
Hay un tiempo para el maquillaje y el rouge
Un tiempo para cortarse el pelo.
Hay un tiempo para ir de compras al centro
para encontrar el vestido apropiado que llevar.
Ahí viene ella, las cabezas se giran.
Ahí viene ella, para recoger su corona.
Hay un tiempo para las portadas.
Un tiempo para besar y hablar.
Hay un tiempo para diferentes colores,

para diferentes nombres que encuentras
difíciles de pronunciar.
Hay un tiempo para la Primera Comunión,
un tiempo para la sinagoga.
Hay un tiempo para mirar la Meca.
Para mirar una reina de la belleza ante Dios.
Ahí viene ella, la belleza hace el ridículo.
Ahí viene ella, surreal con su corona.
Dices que el río tu vendrás a mí
más allá de las fronteras y las tierras sedientas.
Dices que como el río. Dices que como el río
el amor vendrá, el amor.
Y ya no puedo rezar más.
Y ya no puedo esperar más el amor
Y ya no puedo esperar más al amor
Hay un tiempo para cambiar valores
Hay un tiempo para llevar a un ciego
Hay un momento para mantener la boca cerrada
Hay un momento para los derechos humanos
Hay un momento para cortar cintas,
Hay momentos para árboles de navidad
Hay momentos para servir la cena
Y la noche está tan helada.

O Iliača, o draga, o slatka sblodobo
O Iliača, o draga, o slatka sblodobo
O Iliača, o draga, o slatka sblodobo

Passenger/ U2, Bono, The Edge, Brian
Eno, Luciano Pavarotti: *Miss Sarajevo*

CANTO DE LOS RÍOS QUE SE AMAN

CANTO DE LOS RÍOS QUE SE AMAN

ANTONIO IBANEZ PIENSA EN EL FUTURO QUE VENDRÁ

- Tercer Libro -

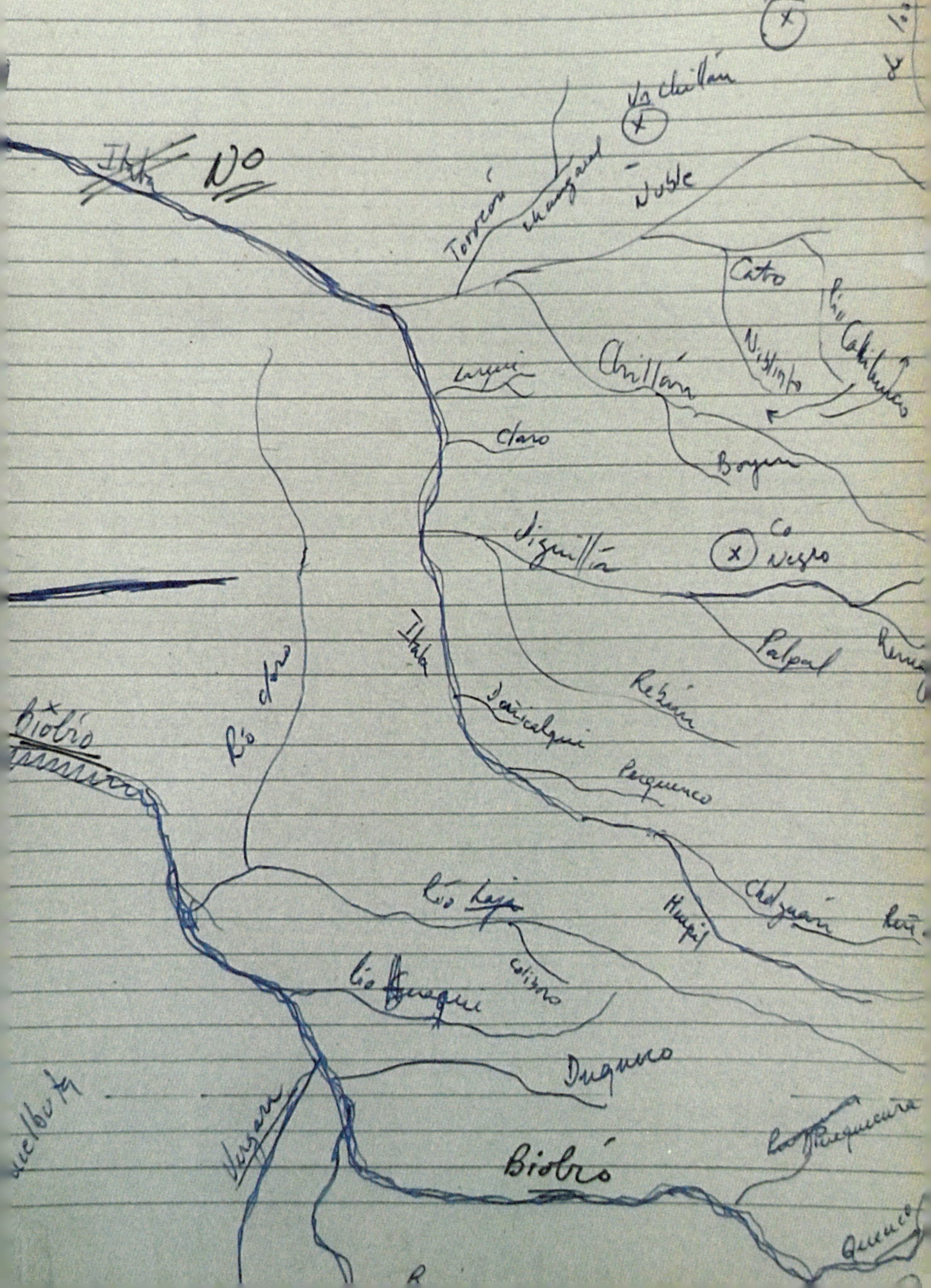

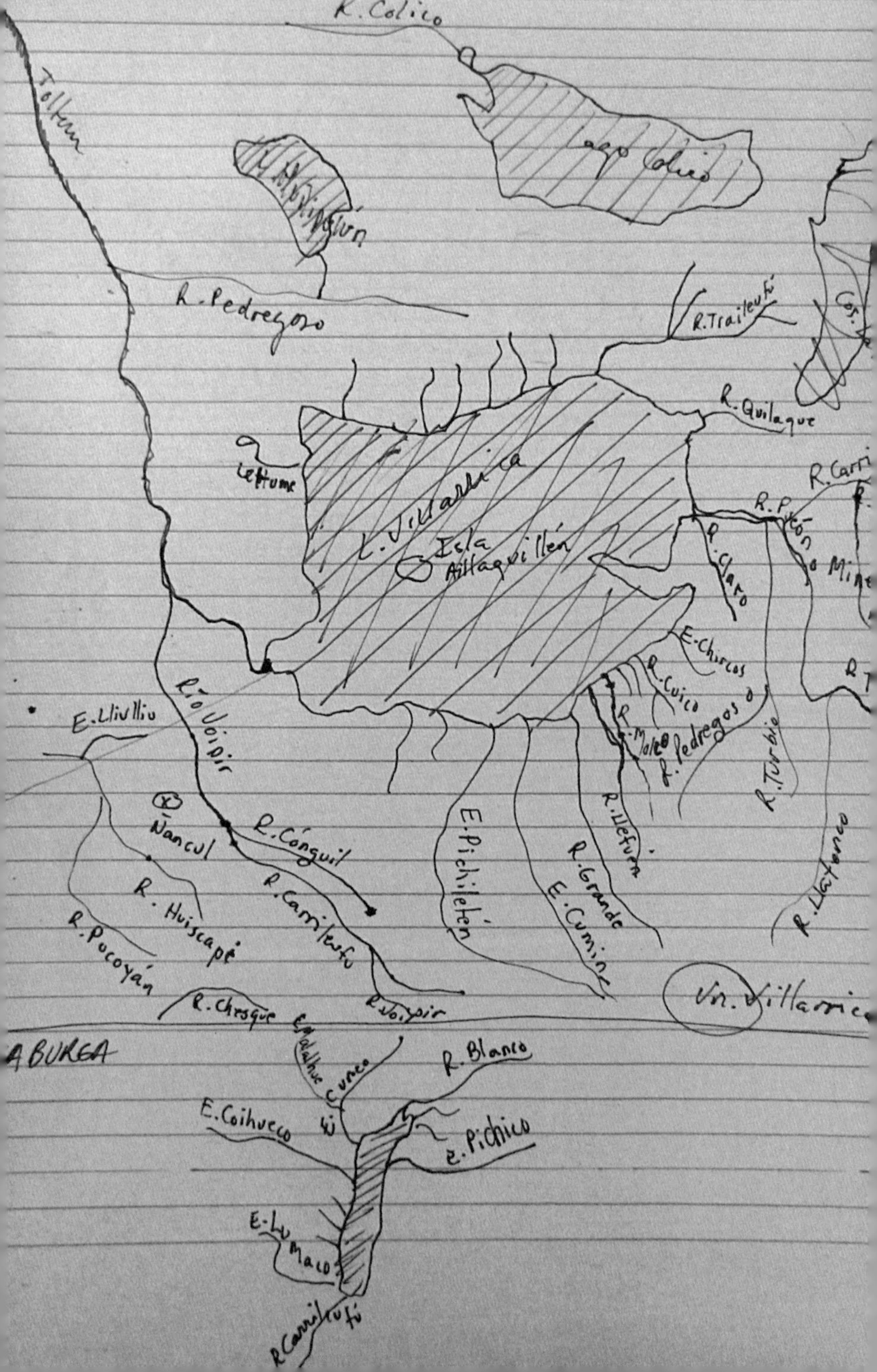
R. Colico
Toltén
Lago Colico
R. Pedregoso
R. Traileufú
R. Quilaque
L. Villarrica
Isla Aillaquillén
R. Claro
E. Chircos
R. Cuico
R. Pedregoso
Río Voipir
E. Lliullliu
Nancul
R. Cónguil
R. Carrileufu
R. Huiscapé
R. Pucoyán
E. Pichilefén
R. Grande
E. Cumin
R. Llefuen
R. Turbio
Vn. Villarrica
R. Chesque
R. Voipir
R. Blanco
E. Coihueco
E. Pichico
E. Lumaco
R. Carrileufú

Llollelhue
Ranco
Bueno
Chaichahue
Pilmaiquén
Coihueco
Contaco
Cholguaco
Llico
Hueyusca
Llico
Rahue
Negro
Rahue
Río Negro
Río Calabozo
Maullín
gato
Llanquihue
Maullín
de la Maquina
del Peñol
R Puelo

Chaitén
Río Amarillo
Río Espolón
Río Blanco
13°
Río Yelcho
Río Michimahuida
Pto Cárdenas
Río Correntoso
Río Cascada
Lago Yelcho
Río Futaleufú
Río Azulado
Río Enredadera
Río Azul
Río Malito
FUTALEUFU

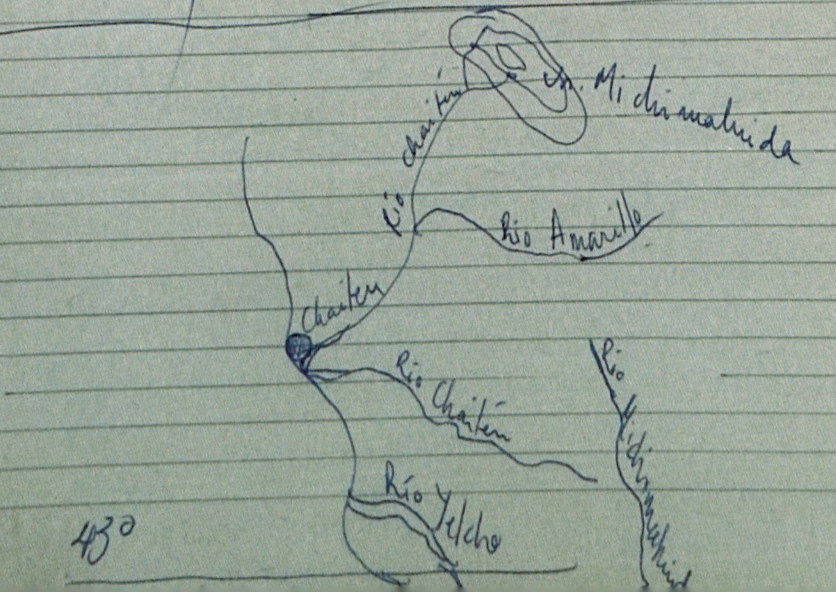
V. Michimahuida
Río Chaitén
Río Amarillo
Chaitén
Río Chaitén
Río Michimahuida
Río Yelcho
43°

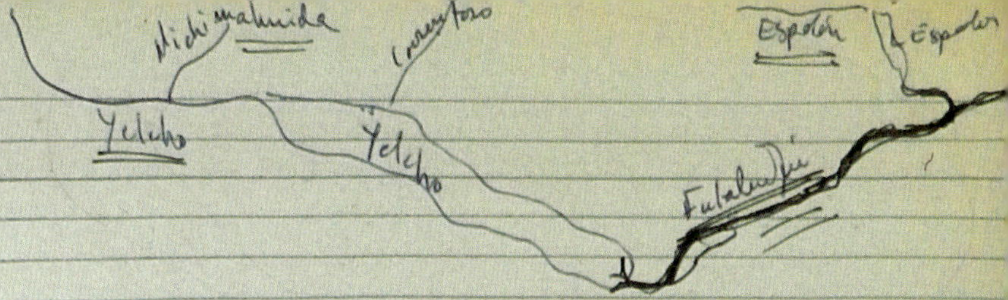

Yelcho
Correntoso
Espolón
Espolón
Yelcho
Futaleufú

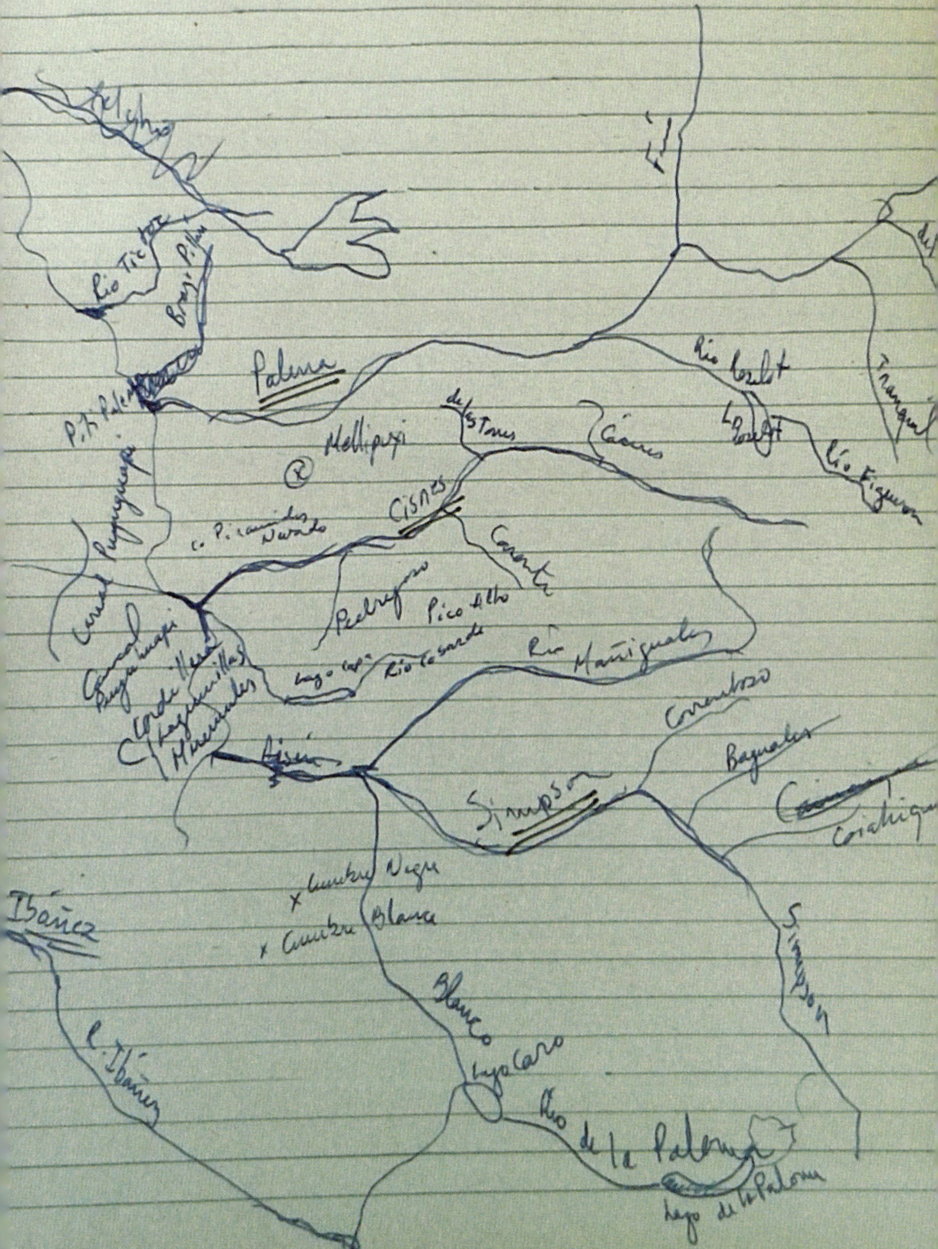

Yelcho
Río Tic Toc
Palena
Cisnes
Río Figueroa
Pico Alto
Río Mañiguales
Aisén
Correntoso
Baguales
Coihaique
Simpson
Ibáñez
x Cumbre Negra
x Cumbre Blanca
Simpson
L. Ibáñez
Blanco
Río de la Paloma
Lago de la Paloma

Empezó a llover sangre sobre la tierra
y nuestro corazón se ahogaba
mientras nuestros hijos
desde el vientre ya usaban
el sentimiento del odio
Nosotros nos consumíamos
en la tristeza. En las pampas
que mataron.
Ya se alistan nuestros muertos
para intentar descansar
en tierras que tendrán que construir
porque de esta sólo quedan cenizas
que no podemos llorar.

PANGUIPULLI - NELTUME

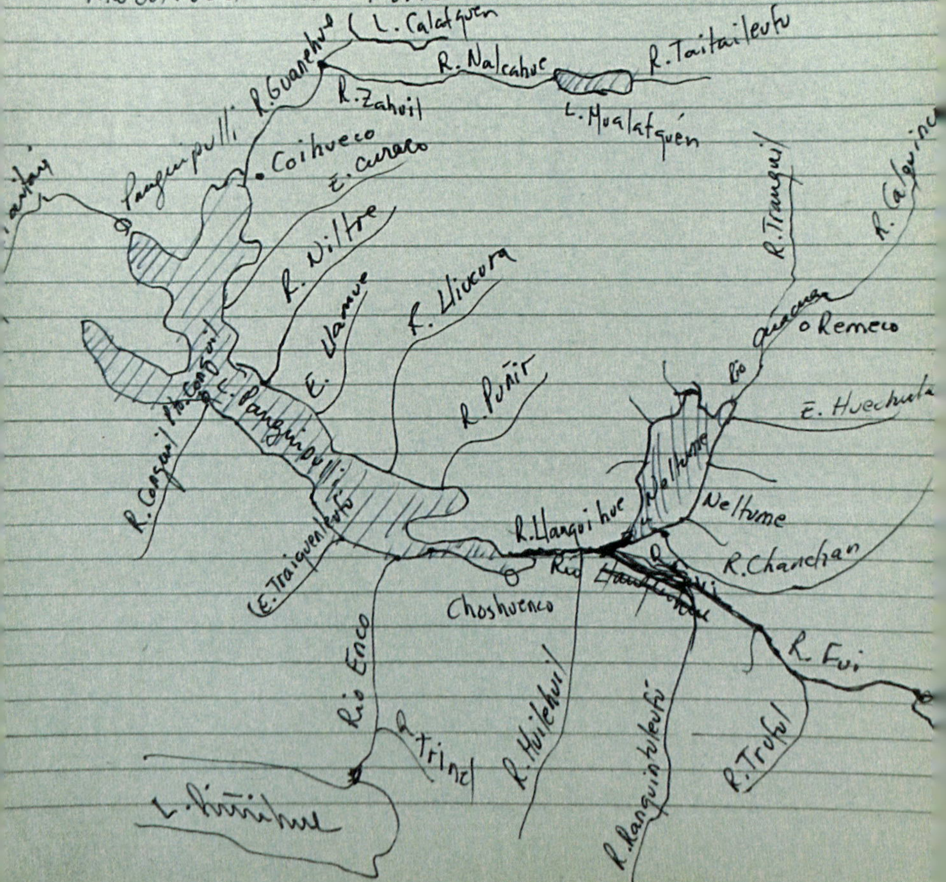

CANTO DE LOS RÍOS QUE SE AMAN

Canto, canto entonces de los ríos que se
aman, canto de los anchos del Biobío y de
las praderas que cuando rompen cantan
tras los inmensos cielos de pasto. Canto
del cielo que se viene gritando porque
todas las cosas hablan de amor. Canta el
Baker y los ríos de las aguas más heladas
que aún no tienen nombres.
Cantan sí, todas las cosas de este mundo;
las montañas y los cielos llenos de pasto.
Canto de mi amor que eres tú, y de las
llanuras empapadas que se abren también
cantando; los muchachos y las muchachas
abrazados y tú que ahora caminas bajando
por los ríos: mi lluvia buena, mi verano
más ardiente, la primavera de mis sueños,
mis aguas

En las horas de a.m de
las aguas de norte a sur

Este y oeste

FUE EL AMOR

Fue el amor   ese fue el amor
Ay ese fue el amor...

Ay ese fue el amor que hemos llorado tanto   se
largan los ríos que se aman   arrojándose...

Desde el medio del cielo   lanzándose sobre las
cumbres que lloraban mirándose   Nosotros
somos los Andes que lloraron mirándose   dicen
los ríos que las llamaban   arrastrándolas

Borrascosos   tras el inmenso Pacífico que los
vientos subían   Quiénes nos subieron el dolor
de esas montañas se van diciendo las largas
praderas del cielo   Somos todos los pastos de
este mundo   les contestan partiendo los ríos
que se aman   abiertos   tirados   rompiéndose

SUS CARAS SOBRE EL HORIZONTE

Y fue entonces el desborde
el precipicio de las aguas

Allá entonces   desde el espectáculo infinito de las
alturas: allá iban descendiendo los ríos

Estrellándose contra las cumbres que comenzaban
a asomarse en el horizonte   cubiertas de espumas
como las rompientes   como marejadas entrando
en la playa

Como entra la vida   como entran los ríos tirándose
Pero miren qué tristes fueron las caras que nos
dibujaron las líneas de los ríos sobre el cielo   se
comentan aún entumidos los hombres que nacían
viendo los lagos de sus caras suspendidas sobre
las montañas   inmensas   heladas   mirándolos

ARRASADOS DE LUZ

Y fue entonces el desborde,
el precipicio de las aguas

Cielo abajo   mirando las cumbres del sueño que
Se abría   despeñados   desentumiéndose

Mostrándonos el vacío del horizonte   el aire   el
reflejo del Pacífico brillando sobre el viento: es
el viento el que despliega el fulgor del Pacífico
comentan los torrentes   descendiendo

Comentan las lanzadas aguas   las flores   la ola de
pasto que sueñan las costas viniendo entre las
nubes   como el aire   como las cumbres que nacen
igual que rompientes sobre las cordilleras   Es el
aura del océano abriéndose en el cielo repiten los
ríos torrente abajo   arrasados de luz   cayendo

COMO CATARATAS

Cada río cantó entonces
con su mar lanzándose

Como cataratas entonces nubes abajo parieron
los torrentes sus cauces

Cortándose sobre la tierra que nacía al encuentro
de esas corrientes Aquí llegamos y fue como ver
el sueño prendiendo las montañas gritan los ríos
volando

Arrojándose sobre las recién nacidas cordilleras
sobre las montañas sobre los ventisqueros que
se perfilan abajo borrándose igual que el granizo
contra las rocas Nacimos les enseñamos el tono
de nuestras aguas irrumpe la filarmónica de los
ríos tumultuosos esculpiendo el mar bajo ellos

NACÍAN SUS CUERPOS

Bramando sí, como el mar
que nace, como
las aguas que se vienen

Son todos los hombres gritan lanzándose los ríos
el Sordo Elikura las fragorosas aguas

Desbordándose desde el cielo hasta trazar los miles
de cuerpos que nacían chocando contra las cumbres
paradas como los árboles

Calados de frío reventándose igual que las nieves
sobre las cordilleras Eran los espejismos del cielo
comentan las cordilleras oyendo bramar el mar que
nacía Somos nosotros los que dibujamos vuestras
caras los cuerpos finales del abovedado horizonte
refutan los torrentes horadándose entre las nubes
como flechas engendrándonos desde sus espumas

LOS GRANDES FRENTES

Me curvabas tus nalgas, me
llamabas

-Nacimiento del Baker

El Baker fue el gran sueño: el madre de todos los ríos
corean trazándose las desconchadas aguas

Haciendo aparecer nuestros cuerpos aún estremecidos
en los frescos del cielo   El Biobío es el madre de las
aguas   braman los otros   ensordeciéndolo

No: es la vida que nace   replican los desgarrados con
el aire nuevo soplándoles en los ojos   Es que los ríos
se salieron de madre y ahora llegan   insiste el Biobío
Era mi cara   eran mis ojos   eran mis anchos pómulos
muertos   les contestan los ahogados del gran
Baker sodomizados boca abajo del horizonte   curvos
ceñudos   apuntándonos desde el cielo con sus brazos

EL NACIMIENTO DE CHILE

Allá entonces, descendiendo,
nos nacían los paisajes

-Mar, cumbres que nacen

Y así   lentamente   Chile empezó a descender sobre el horizonte

Encajándose en los largos faldones que se crispan entre las cordilleras y las rompientes del Pacífico como una cuerda de espumas bajando por el oeste

Amarrando de sur a norte los desiertos   los glaciares los ventisqueros que no tenían dónde parirse en este mundo mientras el cielo se horcajaba y eran las largas playas abriéndose igual que ríos de arena entre las nubes   Nací sólo para esperarte se gritan las cumbres de los Andes chocando con las costas abruptos   estrechándose de frío frente a los roquerios

LOS MURALES DEL CIELO

Se abrieron los murales del
cielo y era como el
color del océano viniéndose

-Torrentes, estuarios
ríos que se arrojan

Qué quebrada fue la línea de los ríos bajando de los
acantilados cielos

Encima de los paredones que se cortaban abajo hasta
amanecer todos enjuagados bajo los torrentes   Nos
bañó el desamor les hablan a estos pueblos los
farellones de los Andes   solitarios   surgiendo

Mirando a los ríos que caían para limpiarnos del mal
de este mundo cuando nos matamos y la culpa era
el abismo que se daba vuelta hasta ver espumear el
mar sobre el cielo   Por eso nos lanzamos cielo abajo
y el océano nos salía al encuentro elevándose   gritan
los ríos trazando nuestros rostros en los murales que
recorta el horizonte suspendido sobre las rompientes

SE ENCIENDEN SOBRE LAS CORDILLERAS

Se esculpían así sus borrascosos
miembros   sí mira   los
torsos humanos sobre sus cumbres

-En las capillas
del cielo

Entonces desde lo más alto   allá donde las congeladas llanuras se pierden   desde allí bajaron trazándonos los ríos

Dibujando poco a poco las largas figuras que la bóveda del cielo empezaba a delinear en sus acojonantes frescos   como manchones de luz   bañando la muchedumbre de sus figuras

Mientras nuestros borroneados miembros comenzaban a transfigurarse y eran los ríos que nos lavaban de todo el dolor   de la locura que nos quedó clavada en la arenosa tierra   Es lo más alto: allí se doblan los ríos arrojándose gritan los ahogados cubriendo boca abajo el techo del cielo   huracanados   desnudos   como si los frescos de la Sixtina se hubieran prendido de golpe sobre los Andes

LOS DOBLADOS RÍOS DE MI CORAZÓN

Aguas entonces del Michimahuida
Yelcho, Espolón
Amarillo, Correntoso
y torrentes del Frío y del Baker

Rápidos y cursos del Futaleufú
Azul, Emperador Guillermo
y todos los brazos
que se arrojaron desde las alturas:

-Nos doblábamos cayendo

Afluentes y estuarios del océano
canales y archipiélagos:

-Cielo abajo, sí, cayendo

Así entonces desde el espectáculo inabarcable de las alturas: así nos desbordaron las aguas

Cayendo sobre las puntas andinas como cayó la nieve sobre los cuerpos que los cauces arrastraron hasta arrancarles el nuevo perfil de sus rostros recién nacidos temblando

Con toda la vida siguiéndolos y entrando como entran las corrientes en los cauces que el cielo les trazan Miren las caras que las líneas de los ríos nos trazaron en el cielo repiten las praderas los ojos más hondos el sueño que Chile soñó mirando los ventisqueros Es que nosotros somos ese sueño contestan cantando los ríos que se aman prendidos totales doblándose...

Como se doblan cayendo los ríos de mi corazón

ALADÍN IBÁÑEZ RECUERDA A SU AMOR DESAPARECIDA EN EL TORRENTE

Aladín Ibáñez.
el incendio del río Espolón,
Lidia Ibáñez, las primeras
lanchas, la llegada

ALADÍN IBÁÑEZ

El padre mío Ibáñez dice que tantos nombres como la vida tienen los ríos. Que por allí se van las almas subiendo y arrepintiéndose hasta dar con el remanso final. Amén. Así hubo paz para los primeros ríos, así fue como llegaron todas las cosas de este mundo, dice, pero no para nosotros los perdidos, no para ti ni para mí, no para mi amor desaparecida en el torrente de estas aguas.

-Aladín recuerda los primeros ríos

Fue en las orillas del río Espolón. Los grandes incendios ardieron y ardieron hasta acorralarnos contra sus aguas; al comienzo parecía una simple humareda pero muy pronto eso se había transformado en el infierno. Así empezó nuestra huida. Perdimos todo: casa, ropas y animales. Antes no había más que un vago remordimiento, un país que después llamaron Argentina y unos hombres que apodaron gauchos. Así hablábamos en aquellos tiempos pero eso ya no existe; solamente el río, sólo el fragor de los torrentes. La travesía duró tantos días que hasta cinco veces se nos abrieron y volvieron a cicatrizar las mismas heridas. Allí perdimos lo poco que teníamos porque el Señor nos puso el granizo, las grandes crecidas y los pantanos. Cuando por fin llegamos a la punta este del Yelcho únicamente nos quedaban unos cuantos huesos y la estirpe, amigo. La estirpe que fundó la tierra aquí; en el mismo meollo del mundo. Ese fue el incendio del río Espolón.

Las familias comenzaron a derramarse como las simientes. Pasado el primer invierno se repartieron por los brazos del Yelcho, Futaleufú y Michimahuida. Mucho fue el sufrimiento que trajo la llegada. Mucho también el caudal que en almas se llevó la corriente y entre ellas la del cuerpo de la ahogada mía, pero así fueron los primeros tiempos y poco a poco nos fuimos ubicando. Los Cabero y nosotros los Ibáñez en la hoya sur, los Gessel donde está ahora Puerto Cárdenas, los Díaz en el desagüe del

Yelcho y los Llanos en las riberas del Chaitén. Del gran Futaleufú nacieron también las ramas del río Malito, Enredadera, Azul, Yelcho chico y río Azulado. Del Yelcho, por el lago, los ríos Cascada, Correntoso y río Burritos. El Amarillo del cauce final del Yelcho y el Malito y río Chaitén del Michimahuida. Igual que las ramas de las familias se derramaron los ríos amigo sin más paz que el remanso, la quietud del ensanche, unos rápidos recodos y al final, si acaso, el silencio. Porque sólo el Señor mueve las aguas y las descendencias y migraciones que corren atravesando ahora el mundo: río Biobío, Toltén, Maihue, Caunahue, río Calcurrupe, Maullín, Maitenrehue, Caunahue, Reñihue, Palvitad, Palena, aguas del Cisnes, Simpson y Baker, que son todos nombres del único río como son todos uno los nombres del Creador. El padre mío que murió por volver a ver lo que encerraba ahora el nombre de su primera tierra, nos dejó en el alma los troncos ardiendo, las brasas del fuego siempre quemándonos porque estamos condenados a parir y a morir acorralados contra estos torrentes.
Los ventisqueros coronan la tierra y es un espectáculo de la vista sus alturas. Cuando Gessel padre escuchó el rugido de los glaciares viniéndose abajo soltó las lágrimas y dijo: «Así será nuestra vida». Fue un augurio. Muy pronto los ríos acarrearon con ellos las desgracias y si estas, igual que las aguas, parecen de pronto calmarse es apenas por un segundo. Así también es la gente amigo, como los ríos. Todos están hechos de la misma agua, pero algunos son más anchos, otros más rápidos, más turbios, más profundos o más reposados y a veces basta un simple recodo, un cambio de luz, para que tampoco se parezcan a sí mismos.
Así se asentaron las primeras familias. En un comienzo sólo cinco: los Cabero, los Llanos, los Díaz, los Chocano y nosotros los Ibáñez. Yo venía entre los pequeños. Luego, cuando nos desplazamos al oeste, fundaron lo que ahora se llama ciudad nueva de Chaitén. Había empezado nuevamente la vida; los Díaz se hicieron pescadores y fleteros de mar, nosotros de los ríos, los Cabero y los Chocano subieron al caserío llamado Puerto Ramírez para después cruzar las grandes aguas del Yelcho hasta establecerse en Puerto Cárdenas, bautizado así en recuerdo de un avecindado que después usurpó estas orillas. Es la historia de la codicia amigo, pero como está dicho lo que por mala ley se tiene por mala ley se cobra y Amén.

Manuel Llanos vio en sueños un mandato para él y puso la primera tienda y su hermano Eduardo el primer taller. Más tarde llegaron los Gessel, los Heldric y los Monsalve, pero a estos últimos los perdió la ambición y ahora son nada.

Los tiempos cayeron duros. El mismo mal que nos mandó el incendio nos mandó después las inundaciones, el hambre y el acoso interminable de los presagios. El primer fletero que bogó por estos ríos fue un sueño, el segundo un humano: Manuel Cabero y el que lo siguió; ese fue un Ibáñez por parte del padre mío. Cabero remó estas aguas, pero no sabía hacerse un bote y cuando el suyo se le hizo añicos, les pidió a los Llanos que le hicieran uno nuevo. Se lo entregaron al finalizar las heladas y era tan hermoso que al verlo se puso a reír y a saltar. Todos fueron a mirárselo y él lo llamó «Aurora» porque se lo celebraron como si hubieran visto nacer el día.

Así son los ríos. Si uno llega a amistarlos son como un camino; uno se conoce palo por palo y puede tratarlo como a una mujer porque al fin todos somos arroyos de una sola agua que se viene bajando, despeñándose o aposando y los que no conocen las corrientes pueden terminar en soltería, codicia o maldad. Pero si se les conoce, si se les conoce la amistad florece. Eso fue el gran Futaleufú para mí, el gran Yelcho, todos estos cauces. Con el tiempo los Gessel fueron los terceros con alma humana que amistaron las aguas de estos ríos. Héctor Gessel padre construyó una embarcación que se llamó «Cristina» y cuando se le hundió hizo otra que llamó «Espolón» en recuerdo del mundo que se quemó para siempre. Todavía, bajo las aguas es posible ver la proa del primer barco y los postes del antiguo puerto Los Sauces que él mismo fundó para bien de los fleteros, y que los malos años pasaron a otra vida. Fue en la margen sur del lago y los que vienen de otras partes no entienden. Ese fue el primer Santuario de esta nueva tierra.

Los años pasan amigo y Dios, que es a veces también el Demonio o Luzbel o Satanás, quiso que así ocurrieran las cosas. Él se viene en pesadillas, anunciando o castigando, pero algún día tal vez haya recompensa para todos en los lagos del Creador. Yo ya estoy viejo y poco me queda para temer, pero nuestro empeño son siempre las aguas, subir y bajar las corrientes. El mundo cambia amigo, pero los sueños son los mismos. Esa ha sido mi vida, mucho los años han pasado y son largas las cuentas pienso yo, pero cada vez que cierro los ojos está ahí, en el medio del Santuario del mundo. Yo aprieto los dientes y me despierto llorando porque Él quiso que soñara con palabras de sueño y que viviera con palabras de agua.

Las lenguas de las aguas comenzaron así a ensanchar el mundo y lo que no quemó el incendio lo quemaron los humanos. La fatalidad siguió creciendo porque las llamas están en el corazón y nada acaba hasta que no se consumen, hasta que no nos hacen pedazos como nueces contra las rocas. Sí amigo, una vez que el miedo se instala ya no hay quien pueda arrancarlo porque si Dios pone los bienes son los ojos los que ponen los sustos. Primero fue el incendio del río Espolón y después las pesadillas.

Lidia Ibáñez, desaparecida en el Futaleufú:

Muchas tragedias fueron cubriendo así los primeros márgenes de este mundo. En pesadillas o en sueños el Señor ya lo había anunciado y una vez, despertando después de tres noches de fiebre, mi hermano Antonio dijo que estas aguas ya traían pena. Se lo había contado un hombre de la tierra. Basilio Lienlaf. Pasaron los años y Él ha tenido a bien mantenernos acá con la fatalidad de seguir remando, apartando almas como Manuel Cabero y remando. Yo le pedí Lidia Ibáñez, la difunta del amor mío que me arrancara de acá, sólo morirme le pedí yo y en visiones ella se me venía entera de albo, empapada, y con el vuelo de su vestido empezaba a ahorcarme, pero al sentir el frío del agua rodeándome el cuello yo volvía. Fueron semanas y semanas de pesadillas y en el entresueño veía a mis cinco hijos pegados a mí, cubriéndome y llorando de hambre. Había llegado la miseria.

Desde el Santuario de Gessel padre partieron las últimas cargas remontando el río y luego el flete estampó su recuerdo en las márgenes abandonadas por donde ahora se ven las carreteras. Aún vivía la esposa y al irse ella se fue lo último bueno de este mundo. Murió en la tragedia del río Yelcho. El puente no resistió. Los boteros de la hoya del Yelcho contaron que vieron al camión detenerse, vacilar un poco y luego, al avanzar, precipitarse al río junto con los tablones podridos del puente. Murieron en total catorce. Días y noches rastreamos sus cuerpos, pero a la difunta mía nunca pudimos encontrar, y cuando al final no pudimos más yo y los hijos le juntamos sus ropas, llevamos la cama hasta el borde del puente roto y yo le dije: Está bien Lidia Ibáñez, te moriste, velaremos entonces tus ropas junto al puente roto donde te arrastraron las aguas. Arriba las estrellas del río Jordán brillaban y cuando amaneció hice una bolsa con todo lo que quedaba de ella y la arrojé al río. Dos años después, ella emergió en el mismo lugar donde arrojé sus ropas. Yo y mi hijo Juan la vimos. Fue así:

Todo el cielo caía y era como esas aguas. Los nevados se abrían tronando mientras al frente los torrentes del Yelcho, Amarillo y Michimahuida seguían reventándose cañón abajo. Yo sentí que el escalofrío me tomaba de los cabellos. La cara de la difunta mía, Lidia Ibáñez, se asomaba entre las corrientes, como saludándome e invitándome. Yo la miré, le hice un gesto de bienvenida con la mano y en seguida me arrojé a la corriente para abrazarla. El acantilado se hundía a pique y los hielos del paredón eran duros. Como sus ojos.

Así fueron los tiempos. Así se consumieron en cada recodo de los cauces las brasas que desde el comienzo de este mundo nos mandaron. El padre mío dijo antes de volver que prefería irse a morir donde nació que llevar el caudal de los recuerdos siempre adentro, cociéndole las entrañas. Pocos años después de su marcha, cuando mi mujer se fue también, ya era mucha la codicia que se había acumulado en estas orillas y ella fue la causa de la nueva ruina. Usurpaciones y engaños clavaron sus estacas en esta nueva tierra y un Monsalve fue el primero en matarse con sus propias manos. Cuando Agustín Díaz contó cómo había sido, todos callaron, pero ninguno fue al entierro.

Poco a poco los ríos habían comenzado a llevárselos. Muchos años más tarde, cuando las primeras patrulleras armadas se abrieron paso aterrorizando estas aguas, Yolanda Monsalve, hermana de Manuel hijo, recuperó para la honra de su estirpe algo de lo que su familia en vida había quitado. Antes de marcharse la finada mía me contó que en un sueño había visto a la menor de los Monsalve, a Yolanda, empujando hacia arriba todo el caudal de un inmenso río. Estaba sola y nadie la ayudaba.

Yolanda Monsalve:

Largos pasaron los años y las mismas aguas se fueron clavando con otros nombres. Al norte, donde el Cuacuá desagua en el lago Neltume, el lugareño Carlos Lienlafquén fue el único que logró sobrevivir cuando arrojaron sus cuerpos desde los helicópteros. Las totoras de la orilla del lago amortiguaron su caída y alcanzó a mirar de nuevo lo que quedaba. Como si aún perteneciera a la pesadilla se arrastró hasta el caserío y contó lo que había pasado. Repentinamente los cercaron por el aire y luego los rodearon disparándoles. Antes de cargar los cuerpos en los helicópteros los soldados prendieron fuego y quemaron todo. Después, en pleno vuelo, los habían obligado a empujarse entre los pocos vivos que aún quedaban. Las mujeres escucharon primero en silencio, después mordiéndose los brazos, al final gritando y golpeándose. Una de ellas era la hermana de Monsalve. Al otro día un desesperado le contó a la patrulla que alguien que no era su padre había quedado con vida. Si lo mataron a él, les dijo, mátenlos a todos. Acabó pronto, primero dieron con su mujer y cuando empezaron a pasársela entre todos, el marido abandonó su escondite. El torrente del Cuacuá se vaciaba entre los últimos restos del caserío y ambos cuerpos yacían botados en la orilla, sin embargo, no pudieron encontrar a sus dos hijos. Horas más tarde, remando con furia aguas arriba, Yolanda Monsalve se dio cuenta de que los había salvado. Cuando volvió a las márgenes del Yelcho, de la casa que había dejado treinta y siete años antes sólo quedaban algunos palos. Recorriendo el sueño de la difunta mía ella había visto a Yolanda cambiándole el curso a un río. Cuando levanté la vista estaba delante de mí, junto con los dos pequeños. Fue tu mujer, me dijo, ella me avisó para que los sacara. Los hombres se habían acercado y luego entre vítores le dieron la bienvenida.

Cuando todos marcharon hasta el peñasco donde su hermano Manuel se había ahorcado y le arrojaron las primeras flores que él había tenido desde su muerte, yo lloré, amigo. Es grande la codicia, pero a veces también es grande la amistad. Así sea, contestó Gessel.

Así sea, habían respondido todos los demás arrojando sus flores al agua. Muchos son ahora sombras que las corrientes guardan y hoy de la rama de los Ibáñez somos tantos nombres como nombres tienen los miles de brazos, afluentes, desagües, cauces y ríos. Hacia el norte se llegó a fundar en un comienzo hasta el río Vodudahue y por el sur hasta el gran Corcovado, pero al centro, al centro están siempre los cuatro ríos del comienzo del mundo. Desde el cielo baja el río Grande o río Yelcho o río Futaleufú y él les da el agua a todos los cauces que bañan la tierra, luego se abren en el inmenso río del mar y finalmente entran todos de nuevo al cielo. Por las noches usted ve los astros del río Jordán. Usted mira la Vía Láctea que son las mismas corrientes del río Blanco en una lengua y río Huirkaleufú en otra. Por arriba se van remontando, iluminando la noche para volver en los cuerpos que el Señor nos presta. Así entran de vuelta las aguas en el cielo. ¡Allá volveremos todos! había gritado una vez Gessel mirando a lo lejos derrumbarse los bloques de hielo...

–Yo no quiero volver –le respondió mi hermano Antonio.

–Volverás –sentenció Gessel.

Todos lloraban recordando: Gessel a un hijo suyo desaparecido en las aguas del Palvitad, Yolanda a su hermano Manuel, yo a la difunta mía. Debajo de nosotros, llevándose las flores, el río Amarillo resplandecía.

Así se vienen entonces las aguas. Como la pena aúllan siempre y vuelven, pero sólo pararán cuando la fatalidad se haya cansado. Así son también las cuitas del corazón que si el mal se ha anidado allí no puede curarlas ni la compañía ni la amistad. Pero donde el bien florece amigo las aguas se tornan calmas y pareciera que por un instante se quedaran quietas.

Del incendio emergieron estos lugares que vivimos y por eso llegamos a parlamentar con las nuevas corrientes que el Creador nos puso, pero sólo de las cosas del corazón nacieron los hijos y los hijos de los hijos. Llamean las aguas del gran Futaleufú y yo me cobijo en ellas. Les hablo de las pesadillas que habitan en mí, agarrotándome, y aun cuando jamás me han contestado yo igual les cuento de la difunta mía, que todos tienen penas, pero nadie las comenta porque hablar en demasía es tentar al demonio. Esposa que gimes dentro de las corrientes: Vuelve y llévate tú todas las cosas del agua.

Los viejos pueblan el mundo, pero ahora los hijos son los dueños. Matanza y enemistad quemaron los bosques que para el resguardo nuestro el Señor nos puso, pero los ríos del ancho Futaleufú y los otros tres de la llegada del mundo siguen y siguen corriendo.

Esposa mía, que te diga las cosas de mi corazón está bien, todo está bien bajo los cielos del creador nuestro, pero no está bien la soledad que es la gran salteadora del camino.

Todas las cosas dibujan los retratos de los que se fueron, y están allí clavadas en las márgenes del agua como los postes del antiguo puerto Los Sauces que un día fundara Gessel padre y que hoy es el Santuario.

Por el fin del mundo aparecerán nuestras caras y los ríos habrán dado vuelta su curso para entrar en el cielo. Yo entonces te veré. Yo veré allí a mi amor que ahora las espumas del río se han llevado. Porque vinieron a ser solamente retratos de espumas nuestras vidas, pero de piedra fueron las desgracias.

En el día de hoy firman este libro todas las penas del alma mía perdiéndose entre los peñascos. Recuerda el amor amigo. Cuando se entone el canto de los ríos recuerda el amor. Los viejos pasan iluminando el confín de estas corrientes y los recién llegados los menosprecian, pero de ellos es el tiempo y las historias que la gente cuenta: Juan Reyes, Julián Soto, Elizardo Casanova, Blanca Ibáñez, Tránsito Huenchul, Teobaldo Gessel, Manuela Yuseff, Leo Borghellini, Heidi Malinovski, Natasha Davidovich; centenarios de las regiones de los ríos Yelcho, Amarillo, Futaleufú, y Michimahuida…

LOS BOTEROS CONTINÚAN EL CANTO DE LOS RÍOS

LA CORAL

Se arrojaron entonces los ríos: los ríos
del sueño, cielo y vientos primero, los de
la vida después. En notas empezaron
a hablar entre ellos, en silencios las cosas
de la intimidad, en pausas las del
entendimiento y en acordes todo. Así fue
el encuentro, la comprensión, el sonido.
Fue mente, opus y música su llegada, y
cuando rompieron planeando sobre las
cordilleras, se vio el comienzo y el acabo
al mismo tiempo. Así es y se lee: notas
de los primeros torrentes tendieron el
pasto coloreándose; millones y millones
de pastos poblando las praderas en
comunismo total de repartición, ecología,
luz y vastas planicies. Ese fue el canto de
los torrentes, el vuelo
                        el coro general de las aguas.

BLANCA IBÁÑEZ, LA MADRE, LARGA EL PRIMER CANTO DE LOS RÍOS

> Se arrojaron cantando las
> aguas
>
> -Boteros del Yelcho

> Desde los escarchados
> cielos llorábamos,
> cantábamos mirándolos
>
> -Boteros del Baker

De frío   derrumbados   como pidiéndonos: así caían
los ríos

Arrastrando las ciegas cordilleras que gritan y se aman
Es el deseo el que levantó y arrasó las cumbres   cantan
los torrentes   derrumbándolas

Nosotras somos el arrasado deseo   el arrasado sueño
las ganas que se tienen contestan a tientas las ciegas
cordilleras   apretadas   a tientas   haciéndose pedazos
bajo las torrenciales aguas   Sí: pero por qué lloramos
mirándolos   insisten los ríos que vienen   desbordados
de pena   tempestuosos   ahogándonos en sus brazos

ALADÍN IBÁÑEZ, Y SU HERMANO ANTONIO CONTINÚAN EL CANTO

Arrasamos todo en este
Mundo

-Río Futaleufú

Somos las estacas de las
aguas

-Ahogados del
río Fuy

Esa fue la caída cantan ahora los ríos que se aman
llevándonos

Bajando por los despeñaderos que la vida y la muerte
van abriendo desde las cumbres Nos expulsaron del
Paraíso comentan los ríos de Chile descendiendo

Como el Toltén como los cauces del Fuy que bajan
hasta florecer de muertos el Pacífico Florecieron
de cadáveres las olas y éramos nosotros clavados en
las estacas de las aguas Fue la caída: nos responde
el cielo nuestro precipitándose como las cataratas
condenado celeste cortando de dolor las montañas

TEOBALDO GESSEL SIGUE A LOS IBÁÑEZ Y ENTONA EL CUARTO CANTO

Río Chaichaue, aguas del
río Putraiquén

-Nos hemos mirado
tanto

Río Truful-Truful, Traidor,
Colico, cauces del Manso

-Todo el frío nos
miramos

Afluentes y cauces del río
Maihue, Damas y Bureo

-Entero el cielo
mirándonos

Nos hemos mirado tanto   se van diciendo entonces las
empapadas montañas

Más arriba   viendo abrirse los miles de cursos que se
arrojaron cantándoles   enteros de nubes   tras los
torrenciales horizontes

Mirándose y mirándose   así   igual que nosotros que
nos mordíamos bajo los caídos cielos bajando por las
corrientes   desmembrados de frío   arrasándonos
Arrastraron tantos cuerpos estos ríos: nos repiten
los desgarrados pedazos mirándose flotar entre las
olas   aún prendidos   hinchando de pasto las aguas

YOLANDA MOLINA DEL RÍO MAIHUE COREA EL QUINTO CANTO

Sí. Estás.

-Río Long Long, río Cruces

Como el torrente de las almas,
abriéndose

-Aguas del Maihue, ríos que
vienen

Mira: hemos volado...

-Torrentes, cauces de las
montañas, pastos y deshielos

Para amarnos es que estamos unas frente a otras se dicen ahora las montañas entre ellas   contemplándose

Sólo para eso es que hemos atravesado las bocas de los vientos que nos perdían se largan las albas cadenas de más al sur   suspendidas   saliendo

Por el sueño de este mundo es que hemos subido por las bocas de los pastos sobre el viento contestan entonces nuestros cuerpos llenos de pasto emergiendo sobre el horizonte   Mira: hemos volado le responden los ríos a los arrobados pastos de este mundo   como las almas que se van   como el torrente que se va   subido   tocándonos

Porque así se va el torrente de mi corazón

ESTELA DÍAZ, BOTERA DEL WENULEUFU CANTA UN RÍO DE SANGRE

Toda bandera es un río de sangre

-Estela Díaz

Y nuestros ensangrentados
cuerpos flotaban en las
aguas del cielo, desde
donde nacen todos los ríos

-Los ríos del cielo

Y como en un sueño de sangre
subía la lívida alba

-Estela Díaz mira
las aguas del cielo

Entonces se vio la muchedumbre de los ahogados flotar sobre el horizonte

Desplazándose igual que nubes empujadas por el viento silenciosas   suspendiendo por un segundo el fragor de los torrentes

Acallando el fragor de los ríos que caían precipitándose en las nevadas cumbres   Son las nubes del amanecer nos decimos nosotros   boteros   mirando las sucesivas muchedumbres de este mundo flotar suspendidas sobre los Andes   ahogadas   interminables   como en un sueño subiéndonos el irredento color de la madrugada

EDUARDO Y MANUEL LLANOS COREAN ROMPIÉNDOSE CONTRA LAS MONTAÑAS

Entonces, antes de este mundo
antes de los glaciares y de la
nieve, yo ya lloraba mirándote

-Río Cisnes bajando al
encuentro del Baker

Te busqué y detrás de mi venía
el primer horizonte
los cielos recién creados,
las inaugurales playas,
los nacidos océanos, las
crueles montañas rompiéndote

-El Baker le responde
al Cisnes

Fueron las aguas que lo arrasaron todo en este mundo
contestan los ríos   despeñándose

De pasto y de nubes   arrastrando los paisajes que caían
entre sus cauces   humanos   nacidos   aferrándose a
esas orillas

Al torrente de los glaciares que nacían apretando el
mar contra ellos   Antes del mundo yo ya bramaba
esperándote y eran los ríos desaguando el cielo
entre sus cauces   Y se abrazaban nuestras aguas
repiten los ahogados del Cisnes y del Baker bocas
abajo   desnudos   rompiéndose contra las montañas

LOS BOTEROS ENTONAN JUNTOS EL DÉCIMO CANTO Y VEN SUS CARAS EN EL CIELO

El Señor vino a verme, fue Él
quien quiso entramparme en
los torrentes. Él quiso que
nunca saliera porque es el
gran Cochrane los hombres
y nada hay ni nada vive
fuera de los cauces, fuera
del sostenido curso de los ríos
del laberinto sin fin de las aguas

-Un remero del río
Cochrane

¡Pero chucha madre de dónde
venimos!

-Agustín Díaz mira
las estrellas

Pero quién mueve estas aguas   se preguntan los largos
pastizales del horizonte   meciéndose

Los incontables pastos que se abrían tendiéndose cielo
arriba como otro mar mecido por el viento   verde
inacabable   recortando esos infinitos

Sobre el cielo de Chile   mirando abajo las cumbres de
los Andes y arriba los despeñados ríos que caían sobre
ellas encadenando el océano Pacífico con la cordillera
Fue así: pero quién desató las torvas aguas preguntan
nuestras caras llenas de pasto   ya lejanas   hundidas
perdiéndose tras las empapadas llanuras del horizonte

Como flotan perdiéndose
las llanuras de mi corazón…

Así:

Granate, verde musgo
ahogados del fiordo
padre y madre mía y
todos los que transmutaron
las aguas mala fortuna
¡Vive!

Resplandor del rojo sobre
el verde agua y tonos oro
de las hijas de Ibáñez,
Gisell con sus cuerpos
de los colores del río

¡Vive!

Lorena, Andrónica, hermanas
Faro Rojas, colores púrpura
y todos los dibujados del
río Cisnes color olivo sobre
el cielo mala fortuna

¡Vive!

Juntas de Gamboa, llanos,
Guizelda y Gambaro Díaz,
Alvaro, puertos de Bravo y
cauces que unieron los
Heldric y Cabero mala fortuna

¡Vive!

YO SOY EL DIOS DE TUS PADRES

Las primeras emigraciones
Manuel Cabero y el río de los muertos, la nueva Jerusalén, el funeral de Antonio Ibáñez

EN LA NOCHE DEL YELCHO

–¡Yo soy el Dios de tus padres, de Abraham, de Isaac, de Jacob y de todos los que tú conoces!
–Todos en el otro mundo –repuse–. ¿Qué quieres ahora?
–¿Dónde están los que cruzaste hoy?
–Ninguno –le respondí–, todos parecían gozar de muy buena salud.
–¿Cómo?
–Tal como oyes: ni uno solo –agregué.
Lentamente su voz había subido y ahora parecía detener las corrientes:
–Está bien –contestó– anda y mátalos tú entonces.

-Sueño de Manuel Cabero
en la noche del Yelcho

Fue sobre el tajo del río Amarillo. Las familias pioneras se tendían formando un inmenso arco. Debajo de ellas se ubicaban sus hijos y más abajo aún sus nietos y bisnietos. Por un instante se vieron todos reunidos y un segundo después las corrientes desparramaron sus figuras. Más tarde, cuando la locura, la pasión y la codicia aumentaron el caudal de los ríos las familias se volvieron a dibujar, pero completamente diezmadas. Al final, antes de que las aguas cambiaran su curso, se vieron las últimas escenas. Fue al regreso de la romería de Monsalve y primero ellas aparecieron como un anuncio: los cadáveres de dos perros pegados pasaron a la deriva flotando delante de nosotros. Así comienza el amor, dijo Yolanda Monsalve mirándolos y agregó: y así termina. Así no más, se oyó a otros. Cuando los ríos vuelvan a desplegar sus aguas sobre el cielo habrá tocado también a su fin este mundo. El mundo al que nos arrojaron los grandes incendios del río Espolón.

Así siguieron su curso las aguas. Nuevos lagos, afluentes y brazos fueron apareciendo y donde antiguamente acampaban los fleteros comenzaban ya a notarse las huellas de las nuevas generaciones. Bogando en el Aurora, Manuel Cabero cruzaba incansables grupos de hombres y familias que llegaban. Su silueta de pie mirando hacia las orillas se perdía recortándose contra los paredones para reaparecer luego transportando esos cuerpos ensimismados. Provenían de todas partes, de mundos insondables que a veces se llamaban Lituania, El Líbano y de ríos de nombres desconocidos.
Desembarcaban contando historias que en general se olvidaban y los más pequeños se quedaban largo rato contemplando las ráfagas de granizo. Más allá los ríos crecían formando una enorme cadena y sobre ellos se alcanzaban a intuir las cumbres de los nuevos ventisqueros. Así fue como se vino la herencia y el castigo. Desde las mismas brasas que nos arrojaron partieron sucesivamente levantándose y borrando las nuevas migraciones y en una visión Blanca Ibáñez vio sobre la cumbre del Michimahuida el esplendor de una ciudad suspendida rodeada por cuatro ríos mientras debajo se ceñía la muchedumbre despedazada. Al despertar la madre nuestra gritó que para el gran Juicio estaba escrito que descendería sobre las aguas y que por mientras había que aguardar con buena vista y los oídos lavados.

Sí amigo; no hay nada que maraville igual que estos ríos. Frente a nosotros los nevados aparecían y pasaban y muchos habían cejado ya en el empeño de esta vida. Y era cierto. Rodeándonos, cientos de ríos se horadaban desde el horizonte, y el fragor de las nubes estrellándose unas contra otras parecía cavar el mismo cielo.

Inmenso es entonces el destino amigo. Allí caben juntas todas las fatalidades, encuentros y quebrantos, como en el curso del Futaleufú caben todos los ríos, brazos, ramas y cursos que atraviesan hoy el mundo. Sin tregua es la fiebre de las aguas. Eso fueron estos ríos desde que ella al irse me espantara la última risa de mi boca.
Desde entonces yo he llevado dos vidas. Una es de día, peleando, bregando corriente arriba y la otra es de noche. Desde la tragedia

del Futaleufú no hay sueño ni dormir donde ella no venga. Todas las noches, mes tras mes, año tras año, sin apartárseme un segundo, en esa vida yo vuelvo a sufrir y reírme. Aladín, me dice, mírame. Yo siento que se me van a salir las lágrimas y me acerco para abrazarla. pero su cara se transfigura y es un muchacho, a veces se parece a uno de los hijos de Gessel o bien es ella quien yace con él hundiéndome y ahogándome. Otra noche la veo subir al bote de Cabero riéndose de una multitud que le grita a Manuel que les correspondía cruzar a ellos. Años más tarde creí enloquecer, fue cuando los bandidos al mando de los grandes hacendados asolaron los confines de este mundo. Pasó así:
Las azuladas cumbres del Hudson ya habían aparecido y las nieves del San Clemente, Catedral, Melimoyu, Barros Arana y Ventisqueros, se levantaban ensanchando los horizontes de estas aguas. Las nuevas generaciones, hijos, familias y emigrados habían terminado mimetizándose con su suerte y tal como a unos les tocó un buen viento a otros sólo les tocó dejar los huesos. Poco a poco empezaron a circular los papeles y cuando el dinero, de buena o mala ley, terminó terciando con las palabras, aparecieron los títulos de dominio. Los que los portaban no respondían a nombres humanos y cuando nos resistimos a marcharnos fue como intentar hablar con el incendio. La primera vez eran unos pocos, miraron y luego arrasaron con los almacenes y taller de los Llanos. El padre de ellos reunió a sus hermanos e hijos, pero fue el pueblo entero el que se presentó ante él.
Yo fui uno de la partida. Días y noches nos mantuvimos con el alma en un hilo esperando que volvieran. A mí me tocó recorrer las corrientes vigilando. El hijo menor de mi
hermano Antonio me acompañó. Fueron semanas y meses en que avistamos por los cauces sin más compañía que la que nos podía dar nuestro mutuo aliento, el frío de las aguas y un laberinto sin fin. La soledad nos hizo acercar. Primero fue el mate compartido, luego eran los chistes, las confidencias y el tono de conversaciones que más parecían de un sueño. La constante incursión de los bandoleros nos iba intimando en el peligro hasta que una vez desperté entero sudado abrazándolo. Al ver que lo atraía hacia mí y que el muchacho me clavaba los ojos, salté a la orilla y rompí a correr. Volví a verlo más tarde, pero cuando

quiso acercárseme yo lo rehuí. Desde entonces la esposa mía comenzó a aparecerme todas las noches en medio de pesadillas extenuantes. Estaba completamente sola y me miraba con reproche. Mucho después, cuando Manuel Cabero trajo la noticia de que el hijo de Antonio había muerto en una pendencia, me di cuenta de golpe que había estado extraviado y que todo era lo mismo. Por eso la difunta durante ocho años, en cada una de sus noches, no había dejado de mirarme. No era reproche sino pena. Él era también yo, me decía.
Así es el amor amigo. Entre los arrebatados ventisqueros, los torrentes y las demencias humanas no median más que una tela y si las fatalidades se ensañan a costa nuestra es sólo por no alcanzar a amarlo todo, por no poder seguir todos los cauces que se nos abren en medio de esta selva. El mismo Dios tuvo a bien así disponerlo cuando le encomendó a Cabero hacerse cargo de estos cuerpos.

Sin descanso son entonces los ríos. En un comienzo fue la simple rapiña, luego los grandes hacendados y para cuando irrumpieron las patrulleras armadas, eran las propias descendencias las que se hacían pedazos entre sí. Cuando abrieron los ojos ya era demasiado tarde. Las crecidas se venían con furia y en las márgenes de los cauces los hombres se amontonaban. Cabero pasó a ser así el encomendado de estas aguas y las viejas familias poco a poco empezaron a recelarlo. Sin embargo, cuando el más viejo de los Gessel intuyó en el calor desusado el rumor de las matanzas próximas, sin saber por qué fue a él a preguntarle. Manuel sólo levantó los hombros, pero entre los penachos, las orillas desfiguradas y los pantanos quedó algo flotando como la fiebre.
Era verdad. En un último recuerdo, antes de apartarse también de todos, mi hermano Antonio contó que había visto algo. Fue en la ribera norte del Palvitad y Abraham, el nieto del primer Chocano, acababa de traicionar a su padre. Durante cinco días y noches Antonio habló solo mientras los escalofríos pujaban por llevárselo. Contó haber visto a los futuros hijos de los hijos de Díaz, Samuel e Ismael, asesinándose por el amor de la madre. Al bisnieto de Llanos, Elías, amigo de Ezequiel, morir destrozado en su propia ley siguiendo el curso de un sueño imposible. A la

más amada de los descendientes de los Heldric, Ruth, apedreada frente a un río aún sin nombre y denunciando a los que habían yacido con ella. A Magog, el último de la familia de los Ojeda, violando a su hija en las comarcas del Cisnes. Luego, cuando volvió en sí Antonio me abrazó. Los están asesinando hermano, me dijo. Las cosas pueden maravillar o venir en pesadillas amigo, pero en los cauces están los castigos, las promesas y si Su voluntad así lo quiere; la nada.

Todo se cumplió como fue dicho. Era como si el torrente se hubiera apoderado del corazón de los vivos y se empeñara en hacerlos trizas y perderlos. El pueblo que las cinco familias fundaron por orden del padre nuestro se fue desparramando entre las piedras, las maldiciones y la oscuridad de unas culpas inescrutables. Las nuevas poblaciones se ampliaron ensanchando el dominio de las pendencias y el fulgor del primer incendio se retiró a las entrañas. Extraviados de ese ardor que les quemaba las carnes algunos fueron optando por el abandono, marchándose o pagando desde los acantilados el estigma del primer ahorcado que vieron estas aguas. Manuel Cabero pacientemente iba recogiendo esos cuerpos rotos tal como lo hiciera cincuenta años antes con el hijo del primer Monsalve en el tajo del río Amarillo. No comentaba nada, sin embargo en un arrebato se acercó a Gessel para decirle que era difícil. Está bien, le contestó Gessel, nos tocó el Éxodo, y luego preguntó: ¿Pero cómo diablos habrá comenzado? Hacia el este, frente a unas rocas inaccesibles, un avecindado había develado a los ojos humanos las aguas más verdes del mundo y los ingenieros comenzaban a construir los primeros puentes de concreto. Muchos años después, cuando la madre nuestra corrió donde Gessel para decirle que tenía la respuesta, el entramado de las gigantescas autopistas se recortaba contra un silencio infinito.

Así creció la maraña de estos ríos. Nuevos villorrios, poblados y caseríos surgieron al borde de ellos y desde que el padre mío Ibáñez regresara a morir al Espolón los hombres y las sociedades, esos fantasmas que no respondían a nombres humanos, siguieron palmo a palmo disputándose la lejanía de estos aguazales. Por

arriba se llegó hasta el resplandeciente cono del Hornopirén, frente al río Negro donde se fundó el pueblo de Río Negro, y por abajo hasta la desembocadura del lago Bertrand, donde se fundó Puerto Bertrand. A los años, cuando se avistaron las patrulleras, estas tierras se habían ensanchado hasta los brazos del Toltén hacia el norte, ríos Jeinimeni por el este, Goichel por el oeste y Cisnes y Simpson hacia el sur. De cada nuevo río surgieron las aguas paralelas, afluentes, estrechos e islas que se ven. Sí, barriendo se vienen todos los cursos desde las alturas y como en un chiflón los árboles y pastos parecen llamear a su paso. De esa manera se fue abriendo todo. Parecía que legiones de ángeles y demonios corrieran batallando por estos cauces y los seres humanos no fueran más que el sitio de sus combates. Tal como fue dicho, las pesadillas crecieron con el tumulto de las aguas y las imágenes que Antonio Ibáñez había visto en medio de la fiebre terminaron por hincarse en lo más enraizado de la carne.
Fue eso. Cuando la madre de todos nosotros los Ibáñez aseguró haber visto la nueva Jerusalén suspendida sobre el Michimahuida contó que se parecía al primer pueblo que las familias fundaron; Chaitén, porque igual que este la maravillosa ciudad también estaba surcada por los ríos. Son los cuatro ríos del Paraíso, dijo, el Pisón, el Guijón, el Tigris y el Éufrates. Esos fueron los cuatro ríos que nosotros surcamos desde el Espolón en el comienzo de esta tierra.

Así íbamos cruzando. Son muchas las ilusiones que nos van arrebatando en esta vida y la más atroz es creer que cruzamos sobre piedras firmes. La difunta del amor mío fue mi piedra. Todas las vidas descansan en las otras. Está escrito, está dicho amigo, que todos los vivos serán las piedras por las que caminarán los otros cruzando los torrentes, y basta que una sola de ellas se hunda para que todas las demás tambaleen y se desmoronen arrastrándonos. Por eso todo yo me hundí cuando mi amor desapareció entre las aguas. Detrás de estos ventisqueros uno adivina el aire de otros pueblos, suspendidos o debajo, y sabe que allí también han de estar las mismas simientes, el mismo soplo que encrespa los ríos. Más allá se llaman con otros nombres los países y las ciudades, pero las corrientes que nos arrastran a todos son una. Eso es el gran Futaleufú. Uno llega a creer a veces que se ha escapado de su curso, pero pronto se da cuenta de que es sólo otro trecho, más profundo o más rápido, y que el torrente es el mismo. Uno cree saber, cree dirigirse a alguna parte, sin embargo, son siempre las corrientes que van bregando dentro de uno haciéndolo añicos con los recuerdos, remordimientos, visiones y otras calenturas. Porque sólo el Creador sabe por qué nos extravía y nos pierde. Sólo Su Amor lo sabe y allí nos caemos, nos rompemos enteros y de tanto en tanto alzamos los ojos. Bogando en el Aurora, Manuel Cabero había visto algo de ese otro mundo.

Sí amigo, cuanto pase tendrá que pasar y cuanto suceda tendrá que suceder, sin embargo, tal como estas aguas bajaron para mostrarnos y hacernos padecer el mal que causamos, también ellas guardan en algún recodo, en una abrupta vuelta, algo de la luz que los hombres traen desde el cielo. Mucho han pasado los años y las figuras que se me aparecían en los sueños regresan a visitarme porque es uno al final el destino y todo vuelve, en esta vida u otra, por los inacabables ríos que se aman. Por allí bajan los cauces convergiendo hacia el mar para salir subiendo al otro lado, de vuelta al infinito río de las alturas. Por las noches estrelladas el río Jordán nos baña mostrándonos parte de las bellezas perdidas. ¡Pero chucha madre de dónde venimos! había gritado una y otra vez el hijo de Antonio mirando conmigo las amontonadas estrellas.

No muy lejos de allí, siguiendo la orilla del río Grande, una pequeña muchedumbre de mujeres, yernos, hijos, sobrinos, nietos y bisnietos que recién entonces venía a conocer, se habían juntado para despedir a mi hermano Antonio. Caminando a mi lado el transportador de almas, Manuel Cabero, se empeñaba en ocultar el único gesto de dolor que pude verle en su vida. Adelante, encabezando el sepelio, la madre de todos los Ibáñez, Blanca Ibáñez, saltaba y cantaba.

SOBRE LAS CUMBRES DE LOS ANDES

SOBRE LAS CUMBRES

Cada noche, llorando, atravesé los congelados
océanos y los témpanos
Cada noche emprendí de nuevo el viaje
como una calavera que busca en los otros su piel
Está escrito que vivir es ilusorio
pero sobrevivir a tus muertos
es una ilusión despeñada
Por eso al amarte y tender mis brazos en los tuyos
es más que tu vida y la mía lo que toco

Es tierra de nadie el hielo, es tierra de nadie
las lágrimas
Hemos llorado juntos sobre esta tierra

/Suspendido sobre las cumbres
de los Andes
Gonzalo Mardones
le habla a su esposa Marcela

Entre los paralelos 43 y 57 latitud
sur, hacia el oeste
de las nuevas tierras; en todos
los ríos estuarios y desembocaduras

Se lee y dice:

«Malaventurados fueron los torrentes
cayendo
Malaventurados fueron los caídos que
arrastraron las aguas
Malaventurados fueron tus brazos, tu
cara rota, tu cuerpo lleno de frío
haciéndose pedazos contra las piedras»

FRESIA HUENÚN SIENTE GANAS DE LLORAR

De los cursos generales del
Pilmaiquén, Chaiquihua,
afluentes del Cisnes, río San
Luis y cumbres cordilleranas:

Deshechos, llorosos,
cayendo entre las
filosas cordilleras

Arrojados entonces los torrentes cubrían de espumas
los Andes

Arrastrando infinidades de cuerpos que caían en el
torbellino de sus aguas   allá   sobre las cumbres de
los Andes

Así nos despeñaron los sueños de esta vida gritamos
los ahogados estrellándonos contra las murallas
andinas   Pasó que los vi abrazarse y me vinieron
ganas de llorar nos dice en sueños Fresia Huenún
viendo los ríos cubriendo de espumas los llorosos
Andes   allá   triturando a Chile contra sus nevados

LAURA QUILAPÁN ESCUCHA EN LA ORILLA DEL RÍO CALAFQUÉN

El Calafquén oyó mis rezos y
desde el mismo cielo bajó
trayendo venganza.
Yo sé que bajó hermana Laura

-Laura Quilapán oye a su
padre muerto en las
orillas del río Calafquén

Relampagueantes cientos de ríos iban cayendo cielo abajo desbordando las montañas

Como haces de luz iluminando las azulosas cumbres que se abrían despejándose y más abajo las alargadas llanuras las quebradas playas

Y más allá el quebrado mar las rompientes que se partían viendo a los paisajes amontonarse frente a ellas Nos hicimos añicos se larga Quilapán viendo al río donde murió su padre caer estallando sobre las montañas Yo fui tu padre: silba el Calafquén sobre las cumbres de los Andes álgido recordando

PARO ROJAS RECUERDA MIRANDO LAS HINCHADAS NUBES

Llani –me llamaba– por qué comiste
mis ojos, por qué cortaste mis brazos
por qué me rompiste entre tus aguas

Laura Quilapán oye a
su padre muerto

Se unieron todos los ríos para
matarlos ahora a ellos pero yo te
seguía yo estaba contigo Ore

Hortensia Huenún oye
a su hijo desaparecido
en el Maullín

Se me hinchó la boca con que te
Se me hincharon las piernas con
que te cubría
Se me hinchó el lloro y era el río...

Paro Rojas recuerda al
ver la nieve

Se nos hincharon las montañas se nos hincharon las nubes
se nos hincharon los brazos y era el torrente de los ríos nos
decimos nosotros dos subiendo al amparo de estas aguas:
Es que por las nieves se nos subió el amor y eran sus propios
cuerpos hinchados flotando sobre las montañas nos rebaten
los ríos que se aman arriba al amparo de Chile helándose

Porque así se hiela mi corazón sin ti:

COMO LA ESCARCHA

como las albas llanuras en que nuestras
almas se tocan y se pierden
Así se hiela mi corazón, nevado de los
ríos que se despeñan llamándote
Como los gritos del invierno, así se
congela, riendo
porque todavía nos esperan nuevos días
Como la escarcha se hiela, cuando no
es
Así se hiela mi corazón sin ti, blanco
y duro
y solamente tú eres su consuelo
                    las primeras aguas tibias

ROMPIÉNDOTE

derrumbándote, como cuando a veces
me gritas que no has nacido
Corren los restos sobre las aguas y
son los restos de mi corazón
Así se rompen estos ríos y nada hay
más allá del lamento cauce abajo
torrente abajo
donde nos precipitamos llorándonos

Así se rompe mi corazón y nada existe
ni nada vive
fuera del sostenido curso de   tus ríos
            fuera del acoso de tus aguas

PORQUE ALLÍ VIVE MI CORAZÓN

arrasado, acosado por las aguas, por los
sueños en que sólo a ti te busco
Flores cruzaron los torrentes y más aún
se angostan
los puentes cuando te alejas
Han cambiado su curso los ríos y ya luego
correrán sobre el cielo
Así también habrán de subir los grandes
imperios y el deseo
entre las zarzas ardientes de tus orillas

Allí vive mi corazón, donde se quiebran
estos ríos
y únicamente tú eres su curso
                    sólo tú navegas

YOLANDA VE LAS LEVITANTES MONTAÑAS

Arrastraron tantos cuerpos estas aguas

Yolanda Molina habla con
las escarchadas montañas

Y eran carcomidos cerros, con los
tajeados estómagos llenos de piedras

Contestan las montañas

Te digo allí, pasando

Yolanda repite mirando
subir la cordillera

Y por un instante se vio los Andes helados a 2000 mts.
del suelo   ingrávido   mostrando el cielo bajo ellos

Arriba   suspendido frente a las ciudades que lo veían
sin creerlo   inmenso   congelado   alargándose entre
las nubes

Mostrando debajo los ríos de la derrotada vida que se
abrían cargándonos los despojos como si nosotros no
fuésemos ellos   Allí fui torturado   allí me doblé
allí morí   nos señalaban nuestros llorosos despojos
arrastrados por el torbellino de las aguas   ¿Tanto?
¿sufrieron tanto? pregunta Yolanda Molina mirando
el congelado cielo teñirse de sangre bajo las montañas

AHORCADO, AUGUSTO MONSALVE MIRA LAS CUERDAS DEL CIELO

Y como cuerdas les amarrábamos
al cielo nuestros muertos, miren,
les encadenábamos de nuevo
al cielo las derrumbadas cumbres

-Los ríos amarrando
los Andes al cielo

Recordé algo, unas nubes lejanas,
un día de mar, unos detalles.

Augusto Monsalve
ahorcado en el tajo
del río Amarillo

Y así encadenando las cordilleras al cielo rompieron
bajando los ríos

Igual que cuerdas como si todo Los Andes no fuese
otra cosa que paños colgados del cielo y Chile sólo un
sueño reencadenado a esas montañas

Reencadenado a las nubes al mar donde nos hundieron
llenándonos el estómago de piedras cuando los muertos
atascaron los cauces y eran los Andes los enormes
paños mortuorios del cielo Así de torturadas son estas
montañas contestan los ríos amarrando de nuevo las
colgadas cumbres al cielo pálidas nevadas como
una ahorcada cordillera recortándose sobre las llanuras

SUSPENDIDOS SOBRE LOS ANDES LOS AHOGADOS RECITAN LA TREINTA DE LOS RÍOS

Fueron las cordilleras en el
cielo, las piedras
de los torrentes golpeándonos

Fueron los helados inviernos
la escarcha, los ríos
que se lanzaban mordiéndose

Fue el desamor, fue que nunca
nos amamos, fue el
caudal de todos estos años
destruyéndonos en sus brazos

-Los ahogados recuerdan
suspendidos sobre las
cumbres de los Andes

Es que mordimos las cumbres de los besos muertos nos recuerdan entonces los ríos

Barrimos el cielo los volcanes las cordilleras más heladas que nos besaban: barrimos el viejo mar que cae bramando repiten las aguas del alto Biobío crecidas derramándose

Fue que nunca nos amamos fue el invierno fue que los cauces se nos vinieron al cielo de los ahogados y ahora bajan a sus besos muertos nos replican las inmensas nieves muertas besándonos igual que los torrentes del Baker igual que el Pacífico igual que todos los ríos que se arrojaron sobre este mundo Sí: pero por qué el mal les volvemos a decir nosotros los ahogados del amor flotando sobre los Andes suspendidos preguntándoles

Y UNA VEZ FUISTE MI AMOR

Mira entonces los torrentes derrumbándose
sobre nosotros
y los pájaros que nos dieron los primeros nombres
–el tuyo y el mío–
secretos como los sueños en que antes de nacer
ya nos habíamos soñado
Es el destino sabernos desde antes
y marcharnos desde antes y como se marchan
las líneas de estas aguas
Entonces escucha estos océanos, los ríos nuestros
derrumbándose sobre los Andes

Tú ahora también te derrumbas sobre los Andes
pero recuerda
que una vez fuiste mi amor
el viento, el aire digno de las montañas

SAMUEL E ISMAEL

JEREMÍAS

–Río Maihue–

Entrando al Maihue, allí donde el río Pillanleufú bota aguas, la voz y el cuerpo suyo emergieron de entre las totoras del lago, entero mordido, chorreando agua. ¿Tú lo escribirás?
me preguntó. Está bien; fue el miedo el que desencadenó la saña.
Pasó así:
Muerte y desgracia tiñeron los ríos desde el Biobío hasta el Baker, pero aquí, en la desembocadura del Pillanleufú el miedo perdió a los hombres. Bajaron y los soldados nos rodearon atándonos unos contra otros. No fuimos golpeados, pero indicándome a mi hermano Ismael me ordenaron morderlo. Yo les sonreí, pero al sentir la bayoneta en mi cuello le musité un perdón y luego le clavé los dientes. Ahora respóndele, le dijeron a él, y de pronto, como extraviados, nos vimos mordiéndonos entre nosotros. Al comienzo no fue duro, pero poco a poco los gritos del perdón y los aullidos empezaron a fundirse con el fragor del río y cuando corrió el primer hilo de sangre nos habíamos convertido en fieras. A dentelladas nos sacábamos pedazos de carne hasta que en un momento, levantándose, mi hermano volvió a caer con la nuez de Adán destrozada. Me llamo Jeremías. Así comenzó todo. Los pocos que sobrevivieron igual fueron abiertos y después tirados llenos de piedras al fondo del Maihue. Allí donde el Pillanleufú desagua. Nueve en total. Hacia el amanecer.

SAMUEL E ISMAEL

–Río Maullín–

¡El río Maullín es el mismo meollo del mundo! Gritó. El sol se clavaba en los ventisqueros y bajo ellos las aguas relumbraban. Estaba en cuclillas y se limpiaba la sangre reseca entre las piernas. Se los llevó el deseo –me dijo irguiéndose– aquí donde el Maullín recibe al Ostiones en el mismísimo meollo del mundo. Fue así:
Cuando desaparecieron a mi padre nos quedamos yo, mi hermano mayor y la madre nuestra. Al marcharnos el río nos aisló del mundo. Cuando paramos en la orilla baja ya nunca más nos fuimos hasta el día en que se nos ensañó la fatalidad. Era una cabaña en el margen. Al comienzo dormíamos los tres juntos, pero cuando mi hermano empezó a hacerse hombre nuestra madre le ordenó que durmiera solo. El no dijo nada, sólo me miró y desde entonces hizo su atado afuera. Mi hermano cortaba la leña en silencio y mi madre apenas le hablaba. Sucedió noche tras noche, mes tras mes, estación tras estación, hasta que una vez al acurrucarme contra su carne de golpe entendí lo que habíamos estado haciendo y me fui todo en su adentro, pero esta vez sabiéndolo. Al otro día mi hermano me miró a los ojos y luego, repentinamente me tomó a la fuerza, se pegó a mi espalda y botó todo dentro de mí, rajándome. Después le prendió fuego a la casa. Al salir la madre nuestra tomó la pala y alcanzó a golpearlo en la frente, pero él la arrojó sobre mí arrancándole la ropa. Chillaba y lloraba cogiéndosela y luego quiso acariciarla: Madrecita, le susurró, pero sólo le contestó el canto del Maullín contra las piedras. Luego el silencio.

ELÍAS

–Río Traidor–

El torrente del río Traidor rompía al fondo del cañón y los acantilados parecían venirse. En lo alto, recortados sobre los roqueríos, un grupo de personas emergió y gritando se desplomaron como piedras sobre las aguas. Nos perdieron los remordimientos, dijo, y agregó: ve, yo también era uno de ellos.

Fue en los altos del río Traidor. Frente a las nieves del Ventisqueros, en el lugar más hermoso de toda la tierra, allí donde corríamos con mi amigo Ezequiel. Nos habían obligado a denunciarnos entre vecinos y fue una masacre. Las casas se desparramaban al borde del tajo y cuando nos empujaron apuntándonos hasta su borde yo volví a ver a Elías en el fondo, llamándome entre las aguas. No hay querer que sea más grande que la amistad. Yo tenía doce años y él un poco menos, pero era más que un Dios para mí. Sólo bastaba con vernos para que se nos alegrara el día. Pronto supe que su vida era un martirio. Fue una mañana en que apareció con el lápiz colgándole de una pita a la oreja y con la goma en la otra. Su padre, un trasplantado que vivía golpeándolo, lo había obligado a ir así a la escuela. Sólo le importó porque yo lo vi y en medio de las risas me dijo que todo lo que sufría era para nuestra amistad. Desde esa vez yo busqué los golpes y quise caerme sólo porque él se había caído. Al tiempo tomamos rumbos distintos, pero años después, cuando la fiebre me llevaba, se me volvió a aparecer en una pesadilla: tenía el pelo mojado y se me venía encima sonriendo. Ahora, mientras entre gritos y súplicas, las bayonetas nos empujaban hacia el abismo recordé ese sueño. Luego las aguas del Traidor me rodearon.

Como sus brazos.

JORAM

–Río Bueno–

El río Bueno se recortaba contra los rápidos del Futa y más arriba, como si quisiera fundirse con el atardecer, caían los rápidos del Rahue. El zumbido de las aguas me había terminado por adormecer, pero su voz me despertó señalándomelos. Están pegados, me dijo. Sin poder zafarse el perro arrastraba a la perra y su hocico parecía aferrar el aire. Así es el amor, agregó, pronto les comenzará la agonía. Así es, le respondí yo. Había empezado a contarme:

Los grandes pleitos comienzan siempre por la pasión. Primero fue el robo de una mujer que tenía dueño y luego la consabida venganza. Cuando quisieron echar pie atrás eso ya era un torrente en que sus mismas sangres se habían mezclado. Fue golpe tras golpe. Primos sanguíneos, padres y hermanos lidiaban entre ellos haciéndose hijos y matándose. Poco antes de que terminara, uno de los bandos había sacado a todos los hombres con sus mujeres y niños y los obligaron a desnudarse. El que mandaba recordó entonces el origen del pleito. ¡Y todo por unos polvos! gritó, y luego más fuerte aún: ¡A ver si con esto arresucitan y nos matan ellos después! Fue una orden: abriéndoles las piernas, al cadáver de cada mujer le montaron el cadáver de un hombre encima enterrándoles en el medio su pene inerte y después, como si en verdad les esperara la resucitada, tomaron a los niños y les dejaron sus bocas pegadas en los pezones. Más tarde, cuando los ribereños bajaron para darles sepultura, el revoltijo de muslos y cuerpos se había rigidizado y no pudieron separarlos. Así sea, como el amor, dijo el más viejo sacándose el sombrero. Así sea, respondieron los otros...

Pero torrente arriba, donde el ancho cauce del Wenuleufú se une con las heladas del Futa, todavía estaba mi cuerpo esperando. Todavía estaba el cuerpo de mi amor, boca abajo de mí, pegado, arrastrándome hacia el zumbido de las aguas.

RUTH

–Río Neltume–

¡Allá están los malditos pendejos! ¡A darles! ¡A darles! Los gritos de los soldados se entremezclaban con los ladridos de los perros mientras como en un sueño el caserío se iba desvaneciendo entre las corrientes. Delante de ellos apareció el muchacho. Era joven, a lo más quince años, y su boca se abría y cerraba en espasmos. De pronto puso sus dedos sobre mis labios y me mostró las aguas; al norte, por el lago, el río Tranquil, más abajo el Calquinco y el Cuacuá. Por el sur el río Llizán, al lado el Fuy y el Truful. Al este, cortándose desde la orilla de todos los cauces, el valle de Neltume. Atrás, tijereteados contra el cielo, los ventisqueros se azulaban.

Desde que la apedrearon algo malo se cimbreó en el aire. El Cuacuá se vaciaba deshaciéndose en el lago y las aguas brillaban. La última vez que remontamos el río el muchacho, como lo hacía siempre, nos acompañó hasta los botes. Jamás llegó a pronunciar sílaba, a lo más unos ronquidos, pero se te ponía a tu lado y no señor, no se iba hasta que no le hubieras girado hacia atrás su gorra. Había llegado traído por una mujer llamada Ruth que se instaló cerca del poblado. Tal vez era la suya o su madre, nadie lo sabe, pero lo cierto es que las otras mujeres comenzaron a recelarla. Decían que tenía intimidad con el hijo, después con sus propios hombres. Al final se le fueron todas encima, como un enjambre, y comenzaron a apedrearla hasta enloquecerla. El chico corría de un lado a otro tratando de parar las piedras pero cuando trató de cubrirla con su propio cuerpo ella se lo impidió mordiéndolo hasta obligarlo a alejarse. Él se marchó por un tiempo y aunque nadie lo comentaba, la verdad es que lo extrañábamos. Cuando a los tres meses regresó lo adoptamos definitivamente y él se nos fue pegando cada vez más. Ahora,

desde la última vez que lo vimos habían pasado más de seis semanas. El mal tiempo y las crecidas nos retuvieron más de la cuenta

y sólo aguardábamos a que las aguas bajaran para poder regresar, sin embargo, el ruido que no había cesado de seguirnos nos traía inquietos. ¡Por el mismo Dios santo que hay que ser muy cabrón para volar con un tiempo así! Exclamó uno de los nuestros. Poco a poco la lluvia comenzó a amainar y el cielo pareció abrirse.
Fue allí cuando vimos aparecer al muchacho corriendo. Detrás, como una sombra, lo seguía la apedreada. Yo alcancé a hacerle un gesto de saludo, pero cuando comenzaba a extrañarme, el tableteo de las ametralladoras se abrió desde los árboles. Cuando los disparos cesaron se oyeron los pasos cada vez más frenéticos del muchacho yendo de un bulto a otro. Al darse cuenta que ya nadie más voltearía su gorra se dio vuelta y cargó como un animalito contra los mismos que había guiado. Al tirarnos a los helicópteros su cuerpo quebrado vibraba en la orilla del agua y al lado de él la mujer parecía abrazarlo. Alguien había contado que éramos guerrilleros.
Horas más tarde las totoras amortiguaron mi caída y fui el único que alcanzó a ver de nuevo el caserío. Sólo escuché el ladrido de los perros y más allá lo inenarrable. En total fueron doce. Jamás cargaron un arma. Hoy el lugar es llamado el Valle de las Viudas. En Neltume. Donde los peces desovan.

MAGOG

–Río Cisnes–

¿Camino de qué es el río Cisnes? A su costado, sobre la carretera, los automóviles parecían minúsculas motas de nieve y los ventisqueros se abrían. Más adelante, cerca del río Finado, cortando los impresionantes farellones, las cruces iban señalando el lugar de los despeñados y atrás aún colgaban los restos de las estacas. Son las marcas en el cuello del Cisnes, me señaló el Capitán mostrándomelas. Así me había dicho que lo apodaban. Al oriente caían los rápidos del Maullín, al poniente los infranqueables glaciares, encima; el cielo. Es raro vivir, dijo. Yo sentí tras su voz el rictus de las heladas. Luego comenzó a contarme: Bien Capitán, me ordenó, es su turno, yo ya abrí los piquetes…
Martillando, el Cisnes se encrespaba hacia el acantilado y el gran coro de los árboles lo seguía. ¿Pero camino de qué son los árboles? ¿Camino de qué son los acantilados? Recién había dejado de ser niña y toda mi soledad yo la vacié en ella, mi luz, todas mis aguas. Fue descubierto y tuve que huir. Me alejé de este río y caminé hasta que se perdieron los ladridos de sus perros. Formas de animales tienen estas rocas. Ellas me acicatearon desde siempre. Por eso, cuando los años pasaron terminé volviendo y me enganché en los trabajos de la carretera Pinochet, justo aquí, en Piedra del Gato. El salario era de hambre, pero los tiempos peores y nunca faltaron brazos; vidas ya perdidas que no cobraban más que por sus huesos. Así comenzamos a abrir la inmensa pared de piedra, a dibujarle el canto al camino. ¿Camino de qué es el canto del camino? La roca era dura, penetrarla; algo más perfecto que Dios. El trabajo con la dinamita era de cuidado, pero hasta ese día todo había marchado con normalidad y hasta nos permitimos algunas chanzas. Bajábamos en fila, todos amarrados a la misma cuerda y al que encabezaba le correspondía clavar las estacas y las guías de la soga. Bastaba una falla para que fuésemos hombres muertos. Ese amanecer, antes de empezar las

faenas, el exceso de frío hacía presagiar el granizo, pero el trabajo iba con retraso y nos conminaron a continuar. Esa fue la causa de la catástrofe. Como si fueran guijarros, el granizo se dejó caer justo cuando ya habíamos iniciado el descenso. En esas condiciones volver era peor que seguir. Contra el fondo blanco me pareció ver su rostro. Es caro vivir, pensé. Es... Es... Es... parecía responderme el cuello del Cisnes. De pronto, trizando el blanquerío, un bulto pasó como un suspiro por mi lado. Luego se oyó el golpe del cuerpo estrellándose contra las piedras y un segundo después el chasquido del torrente recibiéndolo. Él debía encabezar la fila, otros habían creído que me correspondía a mí. La verdad es que al darnos cuenta ya era demasiado tarde, la cuerda comenzó a bailar como loca y arrastró con todos. Solamente para la ilusión unos pocos lograron aferrarse por unos instantes a una pequeña saliente y yo quedé colgando más abajo.

Acabó en seguida. Los perros ladraban cada vez más fuerte y sus piernas, igual que ahora la roca, me rechazaban con furia. Resistió con todo su odio, arañándome y mordiéndome y cuando al final la hija quedó inerte, todo su cuerpo se abría como un tajo bajo mío. ¿Camino de qué son los tajos al lado de los ríos? El río había sido mi sueño y mi perdición. El Cisnes. El ronco canto del cuello del Cisnes, rompiéndose.

LA CRUZ DEL BAKER

¡Él! ¡Él!

Las aguas del río Barrancas se vaciaban sobre el Wadis, por el sur caía el río Bravo, por el norte el Ventisqueros y por el este, llevándoselo todo, el gran Baker. Hijito, me preguntó, ¿pero has visto alguna vez correr la verdadera sangre de Cristo? Después me señaló el río, más arriba las inmensas tierras taladas. Es la codicia, me dijo, es eso. Como si en verdad viniera del otro mundo, su único ojo parecía taladrar las corrientes.

Fue una guerra sin Dios ni ley. Los grandes estancieros comenzaron a especular con la madera y en pocos años arrasaron con los bosques. Así fue: cuando se vino la fiebre del alerce la codicia reventó a los humanos. Sí, sí; ni Dios ni ley. Contrataron a gente de todas las calañas: ex presidiarios, arrancados y dementes. Más de doscientas almas que dormían con el corvo bajo el brazo. La paga no era mala y el trabajo duro. Había que soportar meses aislado de todo y la falta de mujer crispaba los nervios. Durante el día sólo se escuchaba el ronroneo de las sierras contra los troncos, las órdenes y el estrépito de los árboles viniéndose abajo. Después, en la noche, las pullas de los hombres riendo, las apuestas y de tanto en tanto los gritos de las peleas. Sólo el canto del río perduraba, el rumor del Baker brillando entre sus orillas. Él era nuestro único cordón con el mundo. Más al sur, saliendo al encuentro del río Negro, recibían los troncos que mandábamos flotando cauce abajo. Por el Baker nos llegaban también las provisiones y si alguien lo tenía a bien mandarlas, buenas cartas. Pero era el río, siempre el río. Yo era el más joven. Durante la jornada, si la tormenta lo permitía, trabajábamos codo a codo, pero cuando eso terminaba la sed del juego les cosía las entrañas y me rifaban a mí entre ellos. Comenzó una vez en que me sorprendieron bajo otro hombre. Algo de él me había movido; un ligero apartarse. Por eso quise darle un poco de mí, sólo un poco. Bien preciosura, dijeron los otros; ¿y por qué no con todos entonces? Al comienzo me defendí y alcancé a tocar a uno con el corvo, pero la tragedia empezaría después. Eran los primeros días de abril y el trabajo debía estar listo antes de que arreciaran las nevadas. La cercanía de la paga y del regreso había levantado los ánimos y a duras penas la violencia cedía ante los sarcasmos hasta que de pronto, como jugando, el capataz dijo que esa semana los buenos muchachos no comían carne y se arrepentían de sus pecados. Era viernes y pronto atardecería. Fue el inicio. Uno se paró y abriéndose los pantalones mostró y dijo: ¡Este es mi tremendo pecado! Y después dirigiéndose a mí exclamó: ¡Y si es por carne poca tenemos por ahora con esta burra! ¡Ay consuélanos carnecita! Sí consuélanos, consuélanos, se reían alardeando los demás mientras me empujaban de uno en otro. El hombre con que me sorprendieron miraba. Y bien, lanzó de nuevo el capataz, ¡ahora lo único que nos falta es un buen Cristo! De pronto todos habían callado y un silencio brumoso subía desde el río. En media hora la cruz estaba hecha. ¡La burra o su novio! Preguntó uno. Rápidamente nos cogieron a ambos. Sus ojos se habían abierto y miraba sorprendido. ¡El! ¡El! Empezaron a corear todos y yo mismo me vi gritando: sí El, Él. No opuso resistencia. Cuando comenzaron a clavarlo quise abrazarme a sus pies. La primera pedrada me arrancó el ojo. Poco después terminó todo.

Al día siguiente llegaron las provisiones. Ya era sábado. Su sangre se había secado y la cruz dividía el cielo en cuatro. En dos días más nos marcharíamos y el dinero se iría rápido. En las orillas del gran Baker. Donde cantan las grandes corrientes.

Al este y al sur, norte y oeste.

TOCAN LAS LLANURAS

TRES NOTAS

Los ríos rojos, amarillos y azules primero.
Los ríos del cielo y humanos
después. El Biobío
tronaba al comienzo y comandaba

–La Quinta–

Tundras, desiertos, lagos y glaciares
siguieron así la procesión
Más atrás las cordilleras
los témpanos y el gran cielo
Esa fue la Gran Procesión y mandaba

–La Séptima–

Como el destino tronaban y era la Coral
los torrentes

–La Novena–

ESCUCHA PENDEJO

¡Un espíritu humano, sólo un espíritu
humano, nada más que un espíritu
humano!

J.S.B.

¡A la calle tamborileros, futuristas
y poetas!

W.A.M.

Y la voz me dijo: escucha la música,
hombre que no escuchas, sordo,
pendejo…

L.V.B.

Fue así como los ríos se hundieron en los valles tocando el soplo de los cielos sí los sordos aires

Descendiendo sobre Santiago sobre los desiertos sobre los pastos que los veían caer sin oírlos como si fueran sólo soplos en el viento

Tocando para abajo las praderas que se fueron hundiendo desde las demenciales montañas hasta la visión muda de un océano cayendo sobre las llanuras Irrumpieron los torrentes y eran una orquesta muda timbaleando arriba de nosotros sí escucha pendejo allá encima como Dios Padre tocándonos los sordos trozos sobre el horizonte

ARENALES, ESCUCHEN

Desiertos entonces, tundras y
estepas de la música, del
viento y partituras de
Atacama, Sonora y la Patagonia

-Tocaron pasando los
sordos desiertos

Entonces   uno detrás de otros   tocaron en silencio los

Anegando el horizonte las llanuras las costas nuestras
que se parían barridas   arrebatándose   igual que un
sueño frente al océano

Cayendo sin sonido como caen los torrentes de la vida
desbordando el destino   No es distinto el destino al
curso de todos los ríos gritan sin oírse los que vieron la
Vida Nueva pasar entre las aguas   Son espejismos
los ríos contestan los desiertos quemándose sobre Chile
crepitantes   resecos   espejeando el mar en sus arenales

ESCUCHA SÉPTIMA

Olas del sonido, rompientes y
notas de la Séptima, del
Pacífico, timbales y marejadas
que cantan

-Sin sonido arrancaron
el tono las aguas

Con qué tocaremos para ti: y eran los torrentes de la
Séptima cayendo sobre los valles

Sorda   tocando sólo el silencio que bajaba desde el
cielo a los nevados y de los nevados a los valles
mientras nosotros les pedíamos como aires de pie
llorando

Abrazándonos hasta estrujarnos de todas las aguas que
nos rompieron   Qué sonidos les sacaremos parecían
corear los ríos desplomándose sobre las praderas como
una rompiente sin sonido que se derrumba   Cayeron
los torrentes y fue como ver la Séptima derrumbarse
muda   tirándonos del resto de amor en los sordos aires

NOVENA, ESCUCHA

Oye fulano, ¿tú has escuchado
la Novena cierto?
Vamos hombre, los torrentes de
los platillos, los cornos, las
trompetas…
Sí tu corazón que resiste,
la sordera del amor, los aires…

Cómo podremos entonces abrazarlos: Biobío   estuarios
del Baker   acabadas de la Novena   cornos y deshielos

Que bajan mientras el sueño sube hasta ocupar el hueco
de los paisajes que se despeñaban entre las corrientes
y era el caudal de los ríos desbordándonos   como a las
praderas   como a las atormentadas nubes en el viento

Arrebatando nuestros cuerpos hasta hacernos acabar
a todos juntos en los escombros de las aguas   El deseo
hará cantar hasta a los escombros de sus cuerpos
corean los derrumbados torrentes   el sueño   las vidas
despeñadas   Sí: pero ahora abrácennos rompe el
horizonte de la Novena   subida   a todo pasto   tocando

HOMBRES QUE SE BESAN, ESCUCHEN

Canta entonces la pasión de tus ríos
Canta el amor de las inundaciones
y la raíz de otro hombre que te besa
en la boca
Canta las notas finales, el abrazo
humano, el sueño de un cuerpo nuevo
doblando el tuyo
como un campo de trigo bajo las aguas

Y de golpe   por un instante   se oyeron todas las notas
tocar al unísono

Elevándose como las trompetas   como los cornos que
crepitaban saliendo desde las cordilleras y eran los
torrentes lanzándonos mundo abajo   allá donde corean
las llanuras y es como el viento amado Beethoven
amados pianos de las aguas

De los cauces mandantes y conciertos de los ríos   así
se nos derrumbaron las almas y el sonido de nuestras
piernas tocándose creció por un segundo como los
golpes del océano contra las rocas   Más allá se oyen
los pianos del Pacífico   se respondían los ríos que se
aman doblando a las praderas   exhalantes   abrazados
igual que hombres de pie besándose entre los trigales

ESCÚCHAME TÚ AMADO LUDWIG

Torrentes entonces de las sordas Séptima,
del cielo, Quinta y Nueve
y de las sordas cimas y ramas
del gran río Bach, Amadeus y llanuras

Estuarios y cascadas de la Cuarta
afluentes y sonidos
del aire, órganos, cumbres
del Michimahuida, Beethoven y océanos

-Y eran sólo tu mente
los sonidos

Se mordían entonces   se sodomizaban   arrastraban
sus cuerpos y eran mares sin sonidos   sordos de amor
vaciándose desde el cielo

Como murales mudos mostrando los hombres que se
vaciaban sintiendo los ríos penetrarlos por las
endurecidas nalgas hasta el mar de nuevo en los ojos

Donde los torrentes caían y era sólo el silencio el que
caía tañendo el mar vacío   Quisimos oírlo tocar las
rompientes de esta vida les decían los ríos a Ludwig
viéndolo vaciarse en el horizonte   No las podía oír
y lloraba respondía Beethoven dirigiendo arriba el
océano   las rompientes   las cumbres de Santiago
sordo   acabándonos nalgas abajo del enmudecido cielo

DIOS, ESCUCHA

Sinfónica, los torrentes de mi
amor, las notas que te
abro, escucha pendejo, la
catarata sonante de las aguas

-Dios Padre

Dios no escucha

-Dios Hijo

Sí escucha

-Blanca Ibáñez

Así tocó la Sinfónica de las aguas: sí salidos desiertos
corridas montañas   volados revientes de los ríos

Inundando los valles   las llanuras   los restos que se nos
despedían golpeando las orillas y era Chile el que se
golpeaba mirando los ríos arribar como el espejismo
todos abajo   marchando hacia las desmoronadas costas

Hacia los derrumbados frescos humanos que se despeñan
sin saber hacia dónde van las ríos de esta vida   Dónde   por
qué   se interrogan los desnalgados hombres restregándose
como las olas contra los acantilados   Los vimos y era ver
el cielo reventarse entero cubierto con ustedes   anotan
los ríos   de golpe mudos   pringándonos entre sus aguas

TODAS LAS VOCES, NOTAS Y LLANURAS

Y los sonidos los sentía sólo en
mi mente ¿entiendes carajo?
sólo en el mar de mi mente
¿Oyes carajo?

-Beethoven

Y nos acabábamos en el cielo,
enmudecidos, sordos del
amor, sí Ludwig, como
tus mares sin sonido vaciándose

-Los boteros del
Futaleufú

Cursos entonces del cielo   del amado Beethoven y todos
los torrentes que descendieron tocando la sinfónica de las
aguas: así cayeron los ríos sobre los valles

Como arrasadas paralelas bajando hasta las planicies donde
entero Chile se palpaba los miembros muertos tocándoselos
como se tocan los desiertos   como se tocan los mares
naufragando

Como se tocan las chorreantes cumbres   como los torsos
que los ríos nos dibujaron en el cielo con las líneas de sus
cauces y éramos nosotros tratando de oír en el silencio
infinito de nuestros cuerpos muertos   Tañeron las
marejadas muertas   las ciudades muertas   tañeron
los grandes ventisqueros muertos   Sí: pero por qué
nadie escucha   se preguntan los ríos del Paraíso   mudos
finales   descendiendo en el mar muerto de nuestros restos

LOS RÍOS DEL PARAÍSO

LORENZA LIENLAF

Y el corazón se me rompía

Empezaron a teñirse de sangre los ríos
y el corazón se nos rompía
Desde nuestros vientres los hijos
nacían ya conociendo el sentimiento del odio
Nosotros nos heríamos los pechos de pena
y los cadáveres nos clamaban
Ya se alistan nuestros muertos
para intentar el descanso en otras tierras

Y cantan y cantan los ríos
del Paraíso

LEONEL LIENLAF

Su estallado corazón

Tanta pena tenía nuestro cacique
que su corazón estalló en miles de pedazos
que cayeron al mar
y ahora son los archipiélagos
Corren las aguas entre sus islas
refrescando sus orillas
Pero ni toda el agua del mundo
puede calmar las quemaduras de su corazón
y mi llanto
se estrella contra las rocas y se deshace

Y cantan y cantan los ríos
del Paraíso

LORENZA LIENLAF

Mis cortadas trenzas

Caminando yo iba cuando encontré su cuerpo
de su cabeza
sólo quedaban unos mechones ensangrentados
que guardé entre mis faldas
Yo me corté las trenzas
y a cambio se las dejé posadas sobre su pecho
Después quise llorar por él
pero en mis cuencas vacías no hay lágrimas
y la tierra muerta sigue rodando
como su cortada cabeza en los caminos

Y cantan y cantan los ríos
del Paraíso

La cabeza cortada,
el hombre Lienlaf le enseña
a cantar a los ríos, las persecuciones,
las piras humanas, el Toltén

TÚ QUE FUISTE DESMEMBRADO

Saliendo hacia arriba el gran Futaleufú formó el Biobío o Vutalebu y hacia abajo el río Baker, que es el mismo Futaleufú tronando por los cauces de abajo. Los miles de brazos y afluentes bajaban convergiendo hacia el único cauce y luego, desde el mar, volvían a aparecer cayendo sobre los encandilantes ventisqueros; al norte las cimas del Michimahuida, Lanin, Puntiagudo y cumbres del frío Socospulli. Por el sur las vertientes del alto Sombrero, Cervantes, Nevado, islas, fiordos y archipiélagos. Así se vieron todas las aguas. Mucho tiempo después Blanca Ibáñez despertó recordando el graznido de los pájaros yakenes y luego los rostros de las mujeres huyendo con sus crías entre las totoras. Al abrir los ojos entendió por qué todo se derrumba torrente abajo. Estos ríos ya traían el mal, me lo contó Basilio Lienlaf, el hombre que hablaba con la cabeza de su hijo.

Sí, Basilio, me dijo de golpe, fue así como a mí también se me vino el sueño. Mientras intentaba abrir los ojos, recordé que había vivido en una casa arbolada en la ciudad de Los Ángeles, Chile, y que afuera el Gran Río tronaba partiéndose cauce abajo mientras nosotros nos íbamos internando en la espesura. Era el comienzo. Los chilenos marchaban flanqueando las aguas bajas y sus redobles y trompetas iban empujando el llanto de las mujeres y los niños. Primero pasamos semanas y meses ocultos entre ese enjambre de ríos aguardando a que se fueran, pero al ver que sus tropas no se irían, algunos se aventuraron bajando a su encuentro, muy luego el grito se quedó entre el graznido de los pájaros y sus cuerpos volvieron sólo para enrojecer el curso de las corrientes. Hijos y nietos se agruparon entonces junto a nosotros y decidimos enfrentarlos. Partimos de noche siguiendo uno de los cursos paralelos del río y en medio de la marcha la mujer mía, Lorenza, vio los viejos espíritus reunidos sobre la abierta cumbre del Pillán. Encima los torrentes espumeaban y el estrépito parecía horadar el cielo. Al volver a entrecerrar los ojos vio cientos de jotes sobrevolando la nieve y luego distinguió el fulgor de unas negras pupilas llamándola.

Muchas vidas se juntaron. Desde todos los cauces desembocaron en mí y yo recibí todas esas aguas y fui el cacique. Yo, Basilio Lienlaf, el hombre que hablaba con su cintura. No cargábamos más armas que unos cuantos rifles robados, el espanto de los chivateos, las boleadoras y el odio. Así dimos finalmente la batalla. Comenzó a amanecer frente a los grandes paredones, y al caer la tarde, ya no nos quedaban esperanzas y los soldados se paseaban entre nuestros cadáveres. Yo y unos pocos más alcanzamos a desprendernos y sobrevivimos en un chocerío cerca de Neltume. A la segunda semana, delatados por un lugareño que nos vio llegar, las tropas nos rodearon.

A mí me tomaron primero y cuando dieron con mi hijo, lo arrastraron hasta donde me tenían y aún vivo le arrancaron la piel de su espalda. Siguieron toda la noche rompiéndolo y al amanecer recogieron del pasto su cabeza y con sus crenchas pegoteadas de sangre me la amarraron a mi cintura. Luego me ataron una cuerda al cuello y los soldados reanudaron la marcha tirándome desde uno de sus carromatos, mientras detrás el resto de los cautivos se alargaba como una cuncuna rota. Un amasijo de mujeres y niños nos seguía con la mirada y el sonido de sus gritos y llantos, emergía a trechos entre las ráfagas aullantes del viento como si fueran carcajadas. De pronto un grupo de soldados apareció arrastrando a mi mujer y la arrojaron a mi lado. ¡La mera madre, el mero padre y la mera cabeza del hijo juntos! –gritó uno de ellos– ¡Que no se diga que separamos a las familias! Adelante, ondeando suavemente en la cima de una larga vara, la piel de mi hijo encabezaba la marcha como si fuera una bandera.

Arriba el río del cielo se despeñaba reventándose en infinitas espumas y abajo, flanqueados por los soldados, yo y la cabeza avanzábamos hablándonos. Me decía del eterno viaje de los seres humanos y de la pareja de hermanos que les enseñaron a cantar a los ríos, y yo le contaba entonces de la creación del mundo. Al comienzo, le decía, sólo estaba el primer Lienlaf y abajo las aguas sin vida de la oscuridad. Pero de pronto sintió miedo y al darse cuenta que no tenía a nada que temerle puesto que únicamente él existía, se sintió solo. Se partió entonces en dos y la otra mitad fue su mujer, pero se seguía sintiendo solo y entonces quiso crear el mundo y le engendró un hijo para que él lo hiciera. Lanzó entonces al hijo a las aguas de la oscuridad, pero lo hizo tan fuerte que al llegar se golpeó contra ellas y quedó aturdido. Al verlo mandó a su mujer para que lo despertara y ella allegándose a su lado comenzó a hacerlo. Primero le despertó la frente y se creó el cielo aún desnudo y luego los dos párpados que engendraron uno el día y el otro la noche. Comenzó entonces a despertarle los ojos de los que nació el sol e inmediatamente después, cuando despertó el segundo, nacieron la tierra, la luna y todas las estrellas de la noche. Le despertó entonces las primeras cinco lágrimas de las que nacieron los cinco primeros ríos: el gran río Futaleufú, luego el Huirkaleufú que es el río del cielo, el Michimahuida, el Yelcho, y más arriba el sagrado río Toltén, y cuando los ríos de las lágrimas corrieron por sus mejillas la madre se las despertó al unísono por lo que nacieron mezclados los valles y las llanuras con las suaves lomas y los cerros. Al despertarle la boca nacieron las grandes fosas del mar y sus hijos los dulces lagos, al despertarle la nariz nacieron los vientos, y cuando le despertó las orejas nació el bramido de las tormentas. Descendió entonces la madre por el cuello dormido de su hijo que despertando formó las cavernas y los abismos, y al despertarle los hombros se formaron las anchas espaldas del mundo: las cordilleras y los acantilados que atajan el mar. Luego siguió con los mudos brazos, con las ruidosas piernas y con los ágiles dedos de los que despertando nacieron las criaturas silenciosas del agua, los animales de la tierra que rugen y ladran y finalmente los pájaros. La madre siguió despertándolo y al final, cuando vio nacer las flotantes nubes, las nevadas, las lluvias y los arcoíris, creyó que el mundo ya estaba terminado y se fue. Pero el hijo siguió dormido porque se le había olvidado despertarle el corazón y el corazón tuvo que despertarse solo. De allí nació el hombre que sigue medio dormido y llegó tarde. Por eso es la única criatura de la creación que no entiende y está condenada para siempre a pensar y a temerle a la muerte.

El río del cielo seguía tronando pero su ruido se había vuelto más sordo como si se hubiera encajonado, mientras abajo el resplandor de las primeras piras había comenzado a subir sobre la masa amoratada de los cerros. Vienen del mar de la noche y vuelven a la noche, me iba diciendo ahora la cabeza. Qué cosa, le preguntaba yo. Los soldados, me respondía, no nosotros los seres humanos agregaba, y luego comenzaba a contarme de la pareja de hermanos que le enseñó a cantar a los ríos. Antes los ríos eran mudos, me decía la cabeza, pero un día que hacía mucho calor el hermano y la hermana Lienlaf quisieron refrescarse lanzándose al torrente del gran Futaleufú y tan feliz se sentían bajando por los cauces que comenzaron a cantar y mientras cantaba la hermana se iba haciendo agua y cuando terminó de hacerse agua todos los ríos quisieron seguir su canto y las aguas comenzaron a cantar. Al ver que su hermana se había hecho agua, el hermano Lienlaf quiso ser ahora una gran piedra azul en el medio del río para que al entrechocar con ella más sonidos tuviera el canto de su hermana que era el cantar de todas las aguas. Sobre la piedra comenzó entonces a crecer una flor que al llegar la primavera soltó su polen que fue subiendo y subiendo por el aire hasta llegar al cielo donde formó las estrellas de la Vía Láctea que es el mismo hombre Lienlaf y que está recostado sobre el gran río del cielo. Poco a poco iba remontando el día. Habrá de ser el camino duro, me decía entonces la cabeza, y luego me contaba que al caer al pasto vio el comienzo y el final al mismo tiempo. Padre me dijo entonces, yo ahora sé todo lo que se viene, pero nadie podrá escucharme. Yo te escucho le respondí. Entonces yo sentí a los árboles gemir y mientras la soga en mi cuello me estrangulaba tironeándome iba escuchando y diciendo. Fue cuando luchó el mar con la tierra, me decía ahora. La gran Serpiente del agua, Kai-Kai, quería acabar con el pueblo Lienlaf y mandó desde el mar una inmensa ola para que cubriera el mundo. Pero la gran Serpiente de la tierra, Tren-Tren, le dijo que los salvaría una vez, pero que después deberían regresar, y levantó una alta montaña y los hizo subir hasta su cumbre. Kai-Kai saltó entonces sobre la montaña arrastrando tras de sí todas las aguas, pero Tren-Tren, le respondió elevando todavía más la cumbre. Y así continuaron luchando y al final las aguas cubrían casi por completo la tierra, pero no la montaña del mundo. Así Tren-Tren salvó a los seres humanos y todos los que no alcanzaron a subir fueron tragados por el mar y ahora son peces. Enseñándoles ese océano casi infinito que se rompía más abajo Tren-Tren les dijo al pueblo Lienlaf que habrían de volver allí como jotes o como espíritus porque todos debían pasar por el monte Pillán antes de entrar en el azul. Hijo le pregunté entonces a la cabeza, ¿estaba contigo tu amigo Chihuailaf? Sí, me contestó la cabeza, estaba en un sueño y él cantaba. Allí nació también la lluvia, me decía la cabeza, y yo le contaba que las grandes aguas se habían retirado y el monte del mundo, el Pillán se había esfumado tras la niebla. Estábamos en los faldeos del volcán Villarrica y los soldados nos seguían desde cerca.

Tenía que ser el camino duro, padre, me repetía la cabeza. De lejos mirábamos a los soldados avanzar. Desde sus botas comenzaba a amarillarse el aire y era tanto el temor que inspiraban que hasta los leones tenían miedo. Los seres humanos habíamos tenido que remontar los torrentes, saltando y ganándoles el quién vive y al llegar a lo más alto los jotes seguían planeando en círculos al tiempo que las fogatas teñían de trecho en trecho las nieves. Al final, cuando mi sombra se tendió entre las de los pájaros, ellos habían adquirido forma humana y sólo tenía el río del cielo encima de mí. Abajo se dibujaban las islas, archipiélagos, canales y angosturas y más atrás los nevados que cerraban el mundo. Todo se había despejado y sus empapados cuerpos rodeaban los fuegos calentándose y comiendo. Seguimos todavía vadeando y cortando las aguas mientras sus cantos se sentían cada vez más cerca y los paredones se angostaban. No habría de durar mucho más. En un primer intercambio de bayonetazos y lanzas nos arrojamos contra una de sus avanzadas y al despegarnos nos dimos cuenta de que nos habían arrebatado a una hija. Durante tres noches escuchamos sus gritos irrumpir desde su campamento junto a lejanas risotadas y vivas y al clarear el cuarto día la soltaron. Tenía en los pechos y las piernas las marcas de la pesadilla y hablaba pero estaba muerta.

El gran Huirkaleufú silbaba trozando la noche. Recostado sobre él, el hombre Lienlaf seguía oliendo y mirando mientras la furia lo rompía. Gritando llamó a su hermana para que le calmara las brasas de su corazón. Toda su desesperación le soltó entonces y arrancándole con sus dedos los ojos se los vació de lágrimas que

comenzaron a recorrerle las abrasadas entrañas echando humo. Nada puede calmar esta fiebre, hermana, le seguía diciendo, y mirando los cuerpos y despojos inertes allá abajo más pena y furia sentía. Fue allí cuando estalló su corazón. En miles de pedazos explotó y la tierra entera, desde el Reloncaví hasta los últimos cabos, se reventó desperdigándose en todos los archipiélagos, arrecifes e islas que desde el cielo se ven. Para allá fueron a refrescarse las dolorosas almas. Fue la rabia, hermana, le repetía Lienlaf a la niña sin ojos que corre por los canales del mar bañando los restos de su corazón.
Largo hablamos entonces con la cabeza sobre los ríos de la noche y de lo que vendría después del fin y de tanto también lloraba diciéndome que echaba de menos su cuerpo y yo le respondía que yo era ahora su cuerpo. Luego, le contaba que me habían venido a visitar unos jotes que ofreciéndome una papas, me dijeron: Come con nosotros y ven, hemos llegado a buscarte. Fue justo en ese momento cuando escuché los gritos. La tierra entera parecía estremecerse y abajo, donde el Río Grande se corta contra los nevados, las descargas de fusilería arañaban el final mientras las mujeres corrían con sus críos llorando a las espaldas. No, les dije a los jotes, si no vuelvo ahora sus llantos se me quedarán pegados como las babosas. Todavía no me toca morir. Los ojos que me miraban empezaron a licuarse en las pupilas de los jotes y luego centenares de alas sobrevolaron por última vez la cumbre y se alejaron. Bajé empujado por la corriente y a lo lejos distinguí mi cuerpo tendido al borde del río. Todos penaban mirándolo y entonces, como si hasta las uñas me llamaran, entré de nuevo en él trayendo tras de mí el infinito caudal del río.
Eso es lo que le iba contando yo a la cabeza y ella me respondía. Frente a nosotros se abrían los cientos de nombres del único río y arriba, iluminando la noche, el Huirkaleufú alcanzaba a sombrear las siluetas de los soldados. Como las crecidas ellos nos fueron barriendo y en el mismo lugar en que yo había regresado de la muerte reagrupé a los que quedaban y emprendimos nuestra última marcha. El furioso aleteo de los pájaros recordaba la presencia del Padre y en un augurio vi que todos estábamos dormidos. Nos salvaremos y volveremos a morir, le dije entonces a mi mujer. Al llegar la matanza final, sobrevivimos dejándonos

llevar por las corrientes. Más tarde, cuando las tropas desfilaron cantando sobre nuestras tierras, volvimos a ver las almas de los difuntos. Vagaban sin rumbo y sus ojos no decían nada.

Todo había terminado. Las tropas corrían sobre los cadáveres y a bayonetazos les mutilaban los brazos y las piernas. Al otro día empezaron a quemar los restos y después la lluvia y el granizo lo acabaron todo. Durante semanas el olor de la carne a medio quemar más el humo de las piras era tal que todavía ahora el viento acarrea en redondo esos humores. Caminábamos a duras penas. Inclinándome entonces hacia mi cintura, como si algo me impulsara a arañarla o golpearla o besarla, le dije, ya no me quedan lágrimas para la congoja, por eso del cantar del hermano y la hermana que les enseñaron su canto a los ríos ya sólo se oyen los gemidos.

La piel arrancada de nuestro hijo abría la columna. En la bandera de piel estaban marcadas las huellas de los bayonetazos. Sobre ella, los últimos resplandores del fuego se confundían con las nacientes estrellas y la crudeza del cielo recordaba una vez más la carne viva. La última vez también resplandecía la noche, susurró Lorenza, y al observar los ojos de los seres humanos completamente anegados presintió que las aguas nuevamente se saldrían. Fue el recuerdo: Antaño, cuando éramos niños, las grandes aguas estaban al otro lado. Al darse vuelta barrieron con todo. Un caballo había aparecido por la playa y las mareas lo seguían. Avanzó hacia las rompientes y estas comenzaron a retroceder. Se internó aún más y el mar lo precedía retirándose. Al final únicamente quedó el eco de sus relinchos y la inmensa cuenca vacía. Por mucho tiempo esperamos a que el mar volviera hasta que una tarde, por el otro lado del mundo, apareció el caballo detrás nuestro y la gigantesca tropa de las aguas lo seguía cubriéndolo todo. El mundo viejo fue arrasado y el nuevo nació donde antes estaba el océano. Kai-Kai se llamaba el animal y los ríos son los hijos de Kai-Kai volviendo donde su padre. Así continuábamos diciéndonos mientras atrás, husmeando, los seres humanos miraban los cuerpos de sus parientes arder en medio de las piras. La carne chirriaba ennegreciéndose y cuando el fuego les agarraba el cráneo chisporroteaba una llama azul señalando la salida del espíritu. Es así, continuaba diciéndome la cabeza de mi hijo pudriéndose sigue conversando conmigo y me cuenta. Corriendo al lado mío, mi mujer me ayudaba a sostenerme con una de sus manos mientras que con la otra intentaba acariciar esas ensangrentadas crenchas amarradas a mi cintura. Apretando filas las tropas caminaban apuntándonos mientras tras ellos, como si aún no pudieran creer lo que veían, los seres humanos se amontonaban cerrando los ojos a nuestro paso.

Al frente de nosotros el río se abría mientras empujándonos con sus bayonetas los soldados continuaban la marcha emergiendo entre la niebla. De tanto en tanto el fuego de las piras alumbraba sus caras como monedas viejas y el tufo de la humareda parecía concentrarse sobre el cauce. Más tarde, cuando ese mismo humo fue adquiriendo el color de la carne humana, Lorenza se paró frente a mí gritando que ese era el Mal. Ese eres tú, me dijo. Lentamente nuestra marcha tocaba a su fin. Creíamos estar sobre las corrientes del Grande pero su curso se dividía en dos y luego en otro y el otro en otro más que retornaba al mismo cauce mientras seguíamos vadeándolo como toda la vida, extraviados, dando vueltas y vueltas en los inacabables brazos del Futaleufú. El Mal eres tú, seguía acusándome Lorenza. Tú eres, me largaba una y otra vez y abriéndome las bombachas me lo sacaba y comenzaba a mordérmelo. Luego, con la boca embadurnada con mi sangre, me gritaba que eso tenía la culpa por habérselo engendrado a esta vida horrorosa. Por eso, me gritaba, el mismo moco que me clavaste siguió creciendo y ahora tienes que cargar con la cabeza de tu hijo.

Fue el último discurso de mi mujer Lorenza. Ella vio lo que estaba a punto de suceder y antes de partir divisó desde las orillas del corazón estallado del hombre Lienlaf las almas que con formas de jotes venían por segunda vez a buscarla. Ahora sí, Basilio, me dijo. Al fondo, enrojecido por el resplandor fúnebre de las fogatas, el monte Pillán, donde la gran serpiente los había salvado de las desoladas aguas, se erguía cortando el mundo, y al frente, como si viniera a recoger a sus muertos, el gran Pacífico, entero cuajado de estrellas, barría con sus rompientes el cielo.

Poco a poco el viento había empezado a llevarse el humo de las piras y todavía un segundo antes de morir la madre Lienlaf vio el manchón enrojecido del pasto y sobre él, el cuerpo sin cabeza de su hijo. Su piel seguía recortándose adelante. Amarrada al tope de un largo palo, uno de los soldados la hacía flamear como si en verdad estuviera muerta.

Padre, me preguntó entonces la cabeza: ¿Usted sufre cargándome?

Abrí los ojos y vi la arbolada casa de mi infancia en Los Ángeles, Chile. Recordé mi año de nacimiento, 1920, y que morí joven, que tuve dos hijos y que el mayor siempre iba conmigo. Nuestros nombres son iguales salvo el apellido de madre: el mío era Inostroza, el suyo Canessa.

Sí Raúl, le respondí, pero tú siempre irás conmigo hijo mío, tú que fuiste desmembrado.

Al fondo, descendiendo, los cuatro ríos del Paraíso cantaban.

HE ALLÍ EL MAR

Estuarios y ventisqueros,
valles y playas del Padre,
oleajes, lagos que miran,
marejadas, desiertos y montañas

-Ese es el mar

Huracanes, torrentes y océanos
de Rafael, Miguel Ángel
Ríos que se aman, corrientes
del Niño y Humboldt

-Ese es el mar

Barcas naufragadas del amor
puentes rotos de la última
esperanza, del último sueño,
del último fulgor

-Ese es el mar

ESE ES ENTONCES EL PACÍFICO

Azul   aleteando como un inmenso
pájaro en el horizonte

Ese es entonces el Pacífico: saludan los ríos   las llanuras
en el viento   las crecidas

Que van pasando unas tras otras igual que un incendio
corriendo por el horizonte mientras Chile entero ardía
delante del sueño de las mareas   entrando

Como entran todos los panoramas   ustedes   las piernas
que se nos abrían de puro amor y eran ellas los erizados
ríos viniéndose   El deseo es de las aguas cantan los
estuarios ante el mar donde Chile se derrumba soñando
Yo soy el sueño en que Chile se derrumba   responde el
Pacífico desplegándose poco a poco encima de nosotros
arriba   como un ave de frío tendida sobre los nevados

LLEGARON A MÍ MUERTAS

Me atascas las aguas con todos
tus muertos

-Río Escamandro

Y así   atascados de muertos   los ríos iban llegando
a las escombradas costas

Lanzándose primero desde el cielo a las filosas cumbres
de los Andes y desde los allí a los valles y desde los valles
a las playas

Arrastrándonos los cuerpos que este mundo vio cuando
rompió a llorar mirándose en las olas   Los vimos
arribar   vimos los frisos de Los Andes   las cadenas
incendiadas de las cumbres frente al mar   gritan los
roquerίos sintiendo las rompientes de nuestras caras
reventarse contra ellos   Llegaron a mí muertas dice
el Pacífico   tocado   lloroso   aleteando en el horizonte

CADENAS

Y la vida se reventaba en la muerte
como las rompientes en los roquerios

Y así iban cayendo las cadenas de los ríos amarrando el cielo con los nevados

Con el mar con el destino que marchaba hacia el otro lado de las rompientes allí donde el azul se recorta en el blanco y son las espumas el mar recortándose contra el cielo

En esas costas donde todos nos agolpábamos para mirar las salientes del gran océano sin saber que todo es lo mismo y que bien podríamos ser nosotros las olas reventándose contra las feroces rocas Es lo mismo: parecían gritar los ríos encadenando el océano con el cielo como si quisieran acoger los restos del mar que fuimos para dejarlo por siempre pegado a las montañas

COMO UN RÍO DE ESCOMBROS

Y eran como un río de escombros
los paisajes entrando en el mar

Entonces por un segundo más se vieron los torrentes
hundiéndose en la marejada

Del sobrecogedor océano que rompe sobre las montañas
de Chile y son las montañas de Chile las rompientes que
se revolcaban tirándonos sobre las quemadas cumbres

Sobre los nevados arrecifes donde todos se iban haciendo
pedazos igual que cáscaras entre las olas Quiénes son:
se preguntan mirándonos las demudadas playas las
cordilleras los horizontes llagados partiéndose Son
ustedes mismos asesinos indiferentes carroñas que
sus hijos maldicen contestan los ríos enfrentándose al
Pacífico crecidos de pena sosteniéndonos en sus brazos

LOS ROQUERÍOS HABLAN

¡Ahora habla!

-Miguel Ángel

Marchamos al encuentro de vuestro soplo   hablan ahora
los roqueríos   frente al mar   levantándose

Avanzando como si quisieran ver juntarse los dedos que
el océano pintó sobre la bóveda desnuda de las montañas
allí donde el mar nace y es su azul el sueño

Esculpiendo las formas que este mundo vio cuando rompió
a llorar contemplándose en las olas   Vimos las pintadas
costas   los frisos de las cumbres   las columnatas del
cielo gritan los roqueríos mirando reflejarse sus caras
en las aguas   Mi amor les sopló el rostro   el torso   las
manos que los tapaban le dice a las piedras el Pacífico
humano   tocado del Padre   aleteando en el horizonte

LAS CUMBRES DEL OCÉANO

Nos arrojamos, caímos,
cantamos

Estuarios, canales
y fiordos

Y cantamos y cantamos

Los ríos bajando

Y nos doblamos en el fiero
horizonte

Los ríos se doblan
oyendo bramar las
cumbres del océano

Fue el amor   fue el amor entonces   cantan los ríos que se aman bajando

Frente a las costas chilenas   hicimos y deshicimos la pasión que una vez movió las cordilleras   siguen cantando los ríos   cayendo

Encima de las cimas de las montañas   Son humanas las cimas de estas obsesas montañas   se larga el cielo azul infinito   viniéndose tras los torrentes   Es que les sentimos el deseo y fue como ver el mundo hecho añicos reventándose contra las cumbres de las cordilleras   No: son las cumbres del océano   repiten los ríos que se aman blancos de espumas   reventándose contra los arrecifes

MANUEL CABERO, TRANSPORTADOR DE ALMAS ESCUCHA SUS VOCES MUERTAS

Ya una vez se abrieron las
aguas

-Blanca Ibáñez

El Señor creó así primero los
ríos, la lanzada de
todas las aguas viniéndose

-Antonio Ibáñez

Porque fue Él quien quiso que
los ríos corrieran y les dio
el soplo para abajo como
a nosotros, despeñándolos

-La difunta Lidia Ibáñez

Así nos despeñaron entonces los torrentes de esta vida
gritamos nosotros los ahogados rompiéndonos

Estrellándonos como se estrellan las rompientes sobre
las murallas de los Andes tumultuosas cubriendo de
espumas el horizonte

Mostrando que el sueño muere y que todos habremos de
nacer y morir en las espejeantes líneas de estos rápidos
Primero fue el vuelo de los ríos en el cielo les decimos
nosotros mirando venirse el mar entre ellos Pasó que
los vimos abrazarse y lloramos nos replican los
lanzados ríos que se aman arrastrándonos entre sus olas

ASESINOS QUE SUS HIJOS MALDICEN

Miren entonces las columnatas
frente al mar, torturados
del cielo, eran los ríos
el Dios Padre que las esculpía

-Los muertos hablan
frente a las marejadas
del Pacífico

Es que soy el cielo, replica el
Pacífico mirando los cuerpos
que los ríos le dejaban,
esculpidos de pena, bajándolos

-El Pacífico
respondiéndoles

Esculpidos entonces barridos de muertos remontando
las rompientes: los ríos que se aman

Arrojados primero del cielo a las cumbres de los Andes y
desde ellas a las llanuras y de las llanuras a las costas
inarrestables sin que ni el océano los parara

Marchando hacia los abrazados arrecifes mientras todos
se iban haciendo pedazos igual que cáscaras entre las
arremolinadas olas Quiénes son: preguntan mirándonos
las demudadas playas las cordilleras los horizontes
humanos quebrándose Son ustedes mismos: malparidos
indiferentes asesinos que sus propios hijos maldicen
le contestan a Chile los ríos que se aman entrando en el
Pacífico crecidos de pena cargándonos en sus brazos

LOS RÍOS CAEN SOBRE EL MAR

Sobre los ventisqueros, valles
y playas del Padre,
oleajes, lagos que miran,
marejadas, desiertos y montañas

Huracanes, torrentes y océanos
de Rafael, Miguel Ángel
y cúpulas de
los glaciares, Antártica e islas:

-Llegamos al Pacífico

Ríos que se aman, corrientes del
Niño y Humboldt:

-Expulsados del cielo,
clavándonos en sus
roqueríos...

Tormentosos   dando vuelta todo el cielo   llegaron los ríos al Pacífico

Boca abajo   desplazándose desde las praderas   Fue el sueño el que dirigió el curso de nuestras aguas   se largan los ríos llegando   Siempre es el sueño corrige el Pacífico   límpido   refulgiendo en el aire

Ensordecedor   atravesando las nubes igual que una visión enceguecíendo las alturas   Es el mar: les habla el cielo a los miles de ríos que partían   Los cargamos les dimos la dulzura de nuestras aguas   nos dicen los cauces moviéndose hacia las mareas del horizonte   Es que soy el cielo   corea el inmenso Pacífico ante los ríos que se aman   rojos   clavándose frente a nosotros

Como se clavaban arriba los
torrentes de mi corazón

Así:

Te había amado tanto

- río Futaleufú -

Le sodomizaban

-río Fuy-

Se mordían los brazos

-Ahogados del Biobío-

Se clavaban partiéndose

–Aguas del Baker–

CANTEN, SEGUÍA DICIÉNDONOS, CANTEN Y CANTEN

Blanca Ibáñez,
los apellidos impronunciables, los
campos de hielo, las plagas,
los que viven por el amor en la memoria.

CANTEN Y CANTEN

> Madre, hoy no quiero comer nada y
> tampoco tengo deseos de beber
> porque hoy vi el fantasma
> de mi amor emerger por un segundo
> del torbellino maldiciente de las aguas
>
> -Aladín Ibáñez, en la
> noche del Yelcho

Era ya tarde profunda. Los torrentes confluían entrando en el océano mientras las últimas ramas de las familias se iban perdiendo entre nombres impronunciables y la presencia de los que habían llegado huyendo del desprecio; esos inagotables Painequeo, Levy, Abdula, Davidovich, Pessolo. Apellidos que semejaban recordar las leyes de una tierra implacable mientras que atrás, siguiéndolos, las primeras lápidas se habían multiplicado en enormes desiertos amurallados donde las cruces, estrellas de David, crucifijos inclinados y demás inscripciones parecían gritar contra la impavidez del cielo. Hacia el este, desde las orillas del lago San Martín, la progenie de Chocano se había expandido remontándose hasta la orilla sur del Baker, río Pascua, Puerto Guadal, cerro Castillo y ventisqueros del Jeinimeni, sin nombre y Truneo. Tiempo después, diezmados por las mismas persecuciones que ensancharon la tierra, alcanzaron a ver el nacimiento de los inmensos pastizales y, más al este todavía, un techo que los hombres de antes llamaban Atlántico. Frente al nevado San Lorenzo, donde comienzan los inabarcables campos de hielo, uno de ellos relató que un desconocido lo había tomado por el hombro para decirle que al otro lado de los hielos los esperaba una nueva tierra. Cuando quiso saber más, el hombre le respondió que tenía el nombre de todos y que aunque se lo explicara diez mil años jamás podría entenderlo. En todo caso emprendan la marcha, le insistió.

Los hijos de Chocano contemplaron la inmensidad blanca y al intuir en ella un mundo inacabable temieron. Finalmente optaron por desistir y emprender el regreso. A los años, al poner de nuevo sus pies en las orillas en que se habían condenado sus progenitores dijeron que preferían aguardar el fin en los mismos lugares que conocían a tener que seguir vagando siempre. No mucho después las aguas del Futaleufú volvieron a crecer inusitadamente y entre el torrente y la acumulación del deshielo se entrevió la muchedumbre ensañada en bandos irreconciliables. Luego se ciñeron sin descanso las plagas tal como lo viera Antonio Ibáñez antes de marcharse, y cuando creyeron que todo había pasado volvió a oírse el grito de los nietos de Díaz, Samuel e Ismael, que seguían matándose y matándose sin cesar después de haber celado con su madre. Al frente, reventándose en las rocas, el mar parecía el Juicio.

Así cruzamos, así bajamos. Los infinitos brazos del río Grande tronaban confundiéndose con el torrente de las migraciones y por un minuto, como si se sumara el caudal de sus aguas, se alcanzaron a ver todos ellos, hombres y ríos, suspendidos, remontando desde el otro lado del océano. Lentamente sus figuras se iban perdiendo cielo adentro y al rato, cuando los vientos acabaron por envanecerlas, algunos vislumbraron que al menos, durante un segundo les había sido dado contemplar el inmemorial curso de sus vidas. Y así era; hacia atrás, en las tierras altas del Espolón, inconmensurables extensiones de árboles quemados recordaban la primera expulsión mientras adelante las rompientes parecían repetir la silueta multiforme del incendio. Entre ese comienzo y el final, las sucesivas generaciones habían dejado las improntas de las ciudades, el rumor de los ríos acanalados y el silencio de un panorama de estuarios, represas y aeropuertos que los más viejos achacaban al sueño. Sí amigo, dijo entonces Aladín, así no más nos fueron tocando los vientos. Encima, rodeándolo todo, el gran río del cielo; el Huirkaleufú, continuaba estelando las noches mientras más abajo las últimas autopistas sobrevolaban las comarcas del Yelcho para acabar perdiéndose en la enorme vastedad helada. Al norte, en la costa de Alepúe,

iluminado también por las mismas estrellas, el hombre que hablaba con su cintura; Basilio Lienlaf, había abandonado estas orillas. Mirando esas vías ascender sobre el horizonte, el más anciano de los descendientes de Simón y Abraham, rememorando un destino de glaciares, se lanzó a decir que todos los caminos, vistos desde las alturas, iban formando un dibujo que sólo los designios de Dios entendían, y que para cuando ya estuviera dicha la última palabra las infinitas leguas que los hombres encementaron se lanzarían contra sus creadores. Entonces
–agregó– regresarán los grandes hielos. Hombre –le repuso la madre nuestra– vaya mejor y lea las escrituras, y después comentó: cuando el finado Gessel vio derrumbarse los hielos, algo así le dijo a mi hijo Antonio. Escuchándolos hablar los más pequeños sintieron susto. Ciega, Blanca Ibáñez giró su cara hacia donde oía reventarse las rompientes y luego, llamando a los niños a su lado, les dijo: «Nada que temer hijitos: ya una vez se abrieron las aguas».

Así llegaban los ríos clavándose en el mar. Las incesantes ramas, generaciones, historias y pueblos se amontonaban detrás de los primeros padres y al frente, como en un encuentro, la destellante masa del océano levantaba las estrellas, la visión de una huella de luz que concluía y el suspendido entrechocar de las nubes continuando las rompientes. Al otro lado, cabeza abajo del cielo, los nevados, puntas y ventisqueros amarraban el universo de este mundo. El universo que partió con los ríos que se aman. Muchos, incontables años atrás, las llamas del Espolón habían hecho relampaguear un destino que fue corriendo boca por boca hasta expirar en los labios de mi hermano Antonio Ibáñez: ¡Se están matando, hermano!, había gritado expeliendo el sueño que lo acosaba. Sí –le contesté yo esa vez– para pagarlo tendríamos que morir y volver a vivir por lo menos cinco veces. Cuando quise agregarle que con una sola no nos alcanza, me di cuenta que ahora él lo sabría mejor que yo. Más tarde, uno de los antiguos me dijo: «Dios no fue más bueno que don Antonio». Largo y mucho ha pasado el tiempo amigo, pero yo nunca he escuchado algo más bello.

De esa manera bajamos por el gran caudal de los ríos. Escudriñando en el río Jordán de las alturas, Gessel, el de los hielos, contó que había descubierto que las estrellas se movían. Es como si nos acompañaran, dijo. Él tenía razón, él supo que no son distintas las cosas de este mundo. Que tal como esta vida se acaba, todas las vidas también se acaban en uno. ¡Entonces que todos canten!, se había puesto a gritar Blanca en el sepelio de su hijo, ¡que den gracias! ¡que celebren!, porque se ha ido un puro y el cielo se hace más grande. Escrito está, seguía gritando, que por los cuatro brazos del Jordán habrá de apozarse el Nuevo Pueblo y allí mismo estará Antonio. Eso es lo que está dicho en el cauce de las estrellas. Todos habían comenzado a cantar y, oyéndolos, los Salmos parecían irnos subiendo como gotas de vapor sobre el cielo.

Es eso amigo, eso cantan las palabras que dicen. Miles, millones de hombres terminan en cada uno, pueblos enteros, naciones, historias inabarcables, y cada grano, cada molécula de nuestra piel, cada poro, es el fin, la resurrección y la vida. Creemos hablar y todos hablan en uno, creemos mirar y todos miran en nuestros ojos, creemos oír y los oídos apenas nos alcanzan. Uno llega a creer que ha de pagar sólo por lo de uno, pero qué sabemos de todos los pecados, faltas y soberbias que nos van pesando desde que el primer hombre cayó en estos torrentes. Cada montaña amigo, cada ventisquero, cada mota de nieve que se levanta frente a los ojos, también nos mira y son los ojos que las vieron antes que nosotros los que ahora nos saludan, iluminándose o maldiciéndonos. Al Señor le gustan las alturas, exclamó el padre nuestro cuando vio por primera vez las embargadas nieves del Michimahuida, no obstante cuando prefirió regresar a su antigua tierra ellas nada le dijeron. Pero porque nos ha tocado recibir y ser la causa de cada atropello, de cada pan que los que llegaron antes repartieron mal y de cada maldad de los que aún no vienen, quizás por eso mismo algún día se abran los grandes torrentes del cielo y los ríos del día y de la noche se hagan uno. Si son nuestras todas las culpas, a lo mejor por eso también será nuestra la Salvación. Todas las aguas de los ríos corren y en sus cauces están grabados el curso y el destino tal como en la memoria de estas orillas aún sigue brillando el desaparecido puerto de los Sauces que fue el primer Santuario de esta tierra. Allí están los postes que afirmaron esta vida.

Así van entrando los ríos en las rompientes. El primer Díaz, Agustín; que fue fletero y pescador de mar desde el comienzo de estas comarcas, decía que las aguas saladas son como la noche de las aguas dulces. Que en ellas los grandes ríos continúan bregando, tirando por debajo, igual como los sueños lo van remontando a uno bajo las cáscaras del día. Allí se sumergen por un segundo para volver a salir transfiguradas y limpias por el otro lado de los océanos. ¡Canten y celebren! seguía gritando la madre nuestra, ¡Entonen los Salmos!, y parecía ver el Reino. Así se fue ella también, cantando y saltando. El arco de las familias pioneras había terminado derrumbándose entre las corrientes, pero de cada una de sus columnas rotas seguían brotando todos los nombres de esta vida. Después, cuando solamente tres sombras nos reunimos en torno a Blanca Ibáñez nos dimos cuenta que hacía ya mucho tiempo que ella también había partido. Sólo sus labios continuaban moviéndose: canten –continuaba diciéndonos– canten y canten. Y todavía siguieron moviéndose al amanecer.

Así abandonó este mundo la madre nuestra y con ella la jornada se iba apagando. Un solo río lleva las cosas de la vida y entre sus incontables brazos las almas se ahogan, pasan y a veces renacen. Sobre las alturas las aguas se abren; y cuando se transparentan irrumpen de una manera y cuando están opacas de otra; pero todas las corrientes habrán de juntarse al final, remontando y volviendo. Porque los ríos iniciarán su ascenso tal como después del gran incendio las familias tuvieron que emprender la bajada. Eso fue lo que Gessel padre vio cuando en el derrumbe de los grandes glaciares intuyó nuestro retorno. Sí, amigo, cuando las aguas inviertan su curso y salgan desparramándose desde el horizonte del otro lado del mar, se oirán las sinfonías porque el Padre así lo dispuso cuando hizo parir los torrentes del mismo Paraíso para que conocieran y aprendieran de la maldad de la tierra.
Allí se escuchará entonces el canto de los ríos que se aman y veremos el color de las aguas suspendidas recorriendo todo el cielo para caer nuevamente sobre las cordilleras. De entre ellas

emergerán los cuerpos que los torrentes se llevaron y los volveremos a ver otra vez, riéndose y cantando, porque no era más que un espejismo esta vida de agua. Más puros y frescos correrán los ríos hacia arriba y las rompientes del mar se derrumbarán desde el cielo a las cumbres, porque al revés nos fue dada la existencia humana, pero derechos son los ojos que ven la Vida Nueva.
Sí amigo, así será cuando en su último resplandor estos ojos me muestren a la ahogada del amor mío emerger desde las aguas y fundiéndose a ella, tú veas regresar a todas las que amaste y que tal vez también te amaron en la ciega deriva de estos ríos: Isabel Cornejo, Miriam Martínez, Diamela Eltit, Verónica Cortínez, Amparo Mardones, para acompañarte con P en tu último minuto en la feroz noche final de los torrentes.

EL PACÍFICO ES EL CIELO

LLEGAN LAS CUMBRES DE LOS ANDES

Cadenas entonces de los Andes,
rocas muertas y laderas

¡VIVE!

Entonces hacia el oeste   flotando en las corrientes:
se vio pasar la cordillera de los Andes

Resquebrajada   llegando a las rompientes mientras
el vacío que dejaban se iba llenando con nuestras
propias caras   albas   llenando el horizonte

Viéndolas vaciarse en el Pacífico como si fueran olas
entrando en otras olas entrando en otras olas   Se les
congeló el alma y por eso hasta las cordilleras se
derrumbaban gritan los ríos mirando nuestras caras
como máscaras redondas ocupar el sitio de los Andes
ilusorias   como un desierto perdiéndose en las nieves

LLEGA EL DESIERTO DE ATACAMA

Arenales, polvos, extensiones
de la nada y desiertos

¡VIVE!

Como el aura como los espejismos como los barcos sin nombre vimos pasar el desierto de Atacama

Flotando sobre los torrentes que todo lo llevan al oeste: también marcharon al oeste las cordilleras replica el corrido desierto reseco interminable avanzando frente nosotros

Como una balsa arrastrado hacia los roqueríos que el mar despliega delante de Chile La sequedad del alma fue el desierto comentan los ríos llevándonos hasta las playas donde todos los paisajes se amontonan y somos nosotros los que se amontonan viendo el desierto de Atacama flotar un segundo más entre las olas tendido ondulante igual que un manto entrando en el Pacífico

TODO CHILE LLEGA ENTONCES

Mar, pastos quemados, hombres
de cal, desaparecidos y playas

¡VIVE!

Todo Chile llegó entonces y era como el duelo   allí a la diestra   pasando

Mareado   cruzando el caudal de su propios ríos que iban tomando el color del primer océano que se asomó tras los ventisqueros   nevado   perfilándose en la niebla

Arrastrando sus praderas   sus playas   los desiertos donde seguíamos apretándonos como si nosotros fuésemos los últimos paisajes   Eran ustedes y fue como si el mismo cielo se hubiera invertido   insisten los torrentes entrando en los roqueríos desde donde todo Chile emergió por un instante danzando a merced de las rompientes   largo   a toda asta   como una bandera enjuagándose en el océano

EL PACÍFICO ES EL CIELO

Torrentes entonces de la Séptima,
Quinta y Novena. Cauces de
Bach, Beethoven y Amadeus
cursos del cielo, cimas y llanuras

Estuarios y cascadas de la Cuarta
del aire, órganos, cumbres
del Michimahuida, Aysén y océanos:

-El Pacífico es el cielo

Torrentes de los hijos del Espolón
Yelcho, lago y aledaños:

-El cielo vivo de Chile,
espumeando

El Pacífico es el cielo   cargan entonces los ríos que se aman   abriéndose

Como abanicos   creciendo hasta reventarse en las olas del océano que se rompe arriba del horizonte   Son los antiguos ríos anotan los hombres mirándolos   No: son las mareas del cielo replican las crestas del Pacífico álgidas   viniéndose entre las nubes

Al frente   recibiendo a los miles de ríos que una vez salieron al encuentro de esas playas   Es el océano repiten entrando en ellas   No: son las playas del horizonte es la nieve somos nosotros subiendo hasta encontrarnos en el torrente final de todas las almas gritan los desollados de Chile revividos entre las aguas   Es que soy el cielo vuelve a repetir el Pacífico vivo   azul   espumeando de amor sobre las montañas

II

Y ESTÁ TAN HELADA LA NOCHE

Yo no puedo esperar más al amor.

Passengers/ U2 & Luciano Pavarotti:
Miss Sarajevo

EL PACÍFICO SE ABRE

ENTONCES SE ABRIÓ EL OCÉANO FRENTE A CHILE

Éxodo, 14:22

Límpido, como dos sentimientos que se separan, abriéndole al cielo sus abismos.

Éxodo, 15:2-5

Al soplo se apiñaron las aguas, se irguieron a la izquierda y a la derecha las olas como un dique dejando un desfiladero entre ellas y el vacío cuajó en el corazón del mar.

Éxodo, 15:8

Primero fueron los demenciales vientos, luego las cordilleras se recogieron como persignándose después vino el silencio.
Cuando se abrió el mar comenzó la larga huida: el Purgatorio de Chile.

Éxodo, 15:13

Cada pared empezó a moverse hacia su lado y el corredor que iba quedando en medio de las aguas parecía una lengua blanca, acerada, secándose entre las olas y el acantilado del mar no la cubría.

Éxodo, 14:21

Increparon así las aguas del océano, el dolor increpó, los muchos ríos. Cuando contestó la voz del cielo desprendiéndose, su azul brilló copando el abierto precipicio de las olas. Y el horizonte de los glaciares, de los ventisqueros de las montañas, parecían temblar mirando las separadas aguas.

Éxodo, 15:9-10

El norte de Chile se recogió entonces hacia el sur y el sur de Chile se recogió hacia el norte y la estrechada cornisa frente al Pacífico empezó a avanzar como una ballena varada, poco a poco, entre las abiertas rompientes.
Y los acantilados del corredor del mar no la cubrían.

Éxodo, 15:7-9

Después el paño de este mundo ardió sobre las costas y el vacío que iba quedando atrás de ellas era el limbo, las ilusorias llanuras las cordilleras inexistentes...
Y el frente que avanzaba descendiendo era la indiferencia, la falta, la traición.
Y el asesino iba entrando en su asesinato como Chile en la destilante masa del Pacífico.

Salmos, 114:3-4

Y todas las montañas se apretaron entre los muros del mar y sus alturas crecieron. Y todas las planicies, desde el desierto de Atacama hasta las grandes puntas del Fuego, se encresparon estrechándose y el cielo se dobló también encima de ellas.

Éxodo, 27:26

Así comenzaron los ríos a entrar en el Pacífico detrás los seguía la primera franja de las antiguas costas y cordilleras de la costa, luego la segunda franja del desierto, valles interiores y Patagonia.

Al final, cerrándolo todo, avanzaron la cordillera de los Andes y los coronados glaciares de los Andes.

Salmos, 66:6

Y desbordaron los torrentes por el mar. Primero los cuatro ríos del cielo: el Espolón, el Yelcho, el Futaleufú y el Michimahuida, y detrás los otros torrentes humanos, de la vida y países de Chile. Cuando el andamiaje de los últimos hielos atravesó el paso del mar se escuchó el fragor del horizonte y los demudados paisajes pasaron. Detrás nuestras piernas sostenían un peso nuevo y eran ellas como el abismo.

Génesis, 2:10-15

Unos de otros, nuestros cuerpos se separaron y no era distinto al mar abriéndose.
Y la muerte se fue desprendiendo de la vida como se apartaron en dos los diques del océano.
Y el amor se nos cortó en la boca como el tajeado precipicio de las aguas.

Salmos, 30:10

Mientras el incendio del amanecer se rompía sobre el océano y la multitud en el abismo del rajado océano se iba perdiendo como un parto para adentro.
Así nos chupó el amor y las paredes del mar no fueron más altas que los crímenes ni más profunda que los asesinados:

«Un sólo asesinado es más
vasto que el mar de Chile»

Pero aunque pase por este corredor y las aguas a mi izquierda y a mi derecha crepiten como llamas de fuego, no temo;
No temo si mi cara se borra entre las rocas y la cordillera se hace sal en el fondo del Pacífico aunque todo el mar ruja y los encrespados valles rechinen pasando…
Y el continente de las aguas estrangulaba el paso sin avanzar ni retroceder como si un aliento las detuviera.

Salmos, 46:2-3

El norte de Chile raspó entonces la pared norte de las muchas aguas y el sur de Chile la pared sur. Y los paisajes parecían espinas clavándose contra el contenido océano.

Éxodo, 15:5

Se corrió entonces la corva de las montañas, se despejó la nieve del ensimismado cielo y por un instante brillaron de nuevo los ríos como lo hicieron antes, hablando. Pero cuando se coagularon en dos las cataratas del mar, mi amor se desprendió de mí y el paso entre las aguas fue menos duro que el ademán de tu mano, mi Dios, apartándome.

Salmos, 69:2-16

El rencor, las entumidas nalgas, el panorama de los hirvientes paisajes visitó entonces el vientre del océano y sus cuerpos parecían granos de arena avanzando entre las encalladas olas:
Aquí caímos… Aquí mi mano arrancó tu piel…
Aquí te vendí y me sodomicé con los tiranos…
Aquí fui doblado…
Y era como si hablaran los árboles, los quemados desiertos, las tundras.
Y el dolor hacía ilusorias las acriminadas cordilleras.

Jeremías, 6:25

Y las espejeantes cordilleras de Chile cruzaban el mar;
Y las crestas del desierto silbaban igual que aletas de tiburones surcando las aguas;
Y las praderas y los valles y los arrojados campos se arrugaban como hojas secas en los abismos del Pacífico.
Y era la falta, la locura, el talado amor, la pasión que los empujaba;
Y la pena sostenía los diques del océano;
Y era un sueño la muerte ciñendo la desprendida cornisa sudamericana...

Y nuestros cuerpos se abrazaban en el fondo como puentes enmarañados.

Jeremías, 17:19

Se demudó entonces el color de vino del atardecer y la vulva del mar recogió los muertos, las grandes aguas sus golpeadas carnes. Y los ríos bajo el vino del atardecer espumaban como si todo el golpe de la sangre volviera a reclamarles por sus cuerpos.

Salmos, 75:8-9

Cruzó el acantilado de las aguas y los helados pastos se mordían contra los arrecifes y los arrecifes contra las cataratas de los invertidos Andes, mientras Chile entero se iba arañando contra sí mismo hasta ver su propio rostro sangrante emergiendo al otro lado del inmenso océano, largo, donde sólo el sueño se tiende... Y las nieves, y las cumbres, y los resecos valles gemían arrastrándose al vientre del mar hasta que el sueño fuese el último horizonte abriendo sus brazos como todo el perdón de este mundo.

«Te perdono»,

parecían decirse en su marcha las álgidas piedras, los precipicios, los mordidos hijos de Chile.
Y la cruz de los hijos emergía al otro lado del océano, azulosa, brillante, como surcada por los ríos.

Salmos, 95:3-4

Por el mar iba tu camino; por
las muchas aguas tu sendero...

Salmos, 77:80

Entonces, desmembrados de amor, como muñones a la deriva;
así entramos en el mar.

Arrancados, igual que los paisajes que nos iban cargando hasta doblarnos traspasados bajo las montañas, a pedazos, estrujándonos entre los paredones de las aguas...

Apretándonos, empujándonos por las paredes del Pacífico cuando éramos nosotros las boqueantes llanuras tratando de pegarse a sus carnes, a la fiebre que cortó en dos los morados muñones del océano.

Es el dolor que cuajó el abismo de las aguas, repiten los ríos que se aman todavía arrastrándonos bajo los desmembrados pastos que los valles crisparon, en el medio del mar, como almas en pena, descendidas, pasando.

Salmos, 106:9, Job,10

Y la música de los hombres y de los pastos, de las aguas y
las llanuras
no se sentirán más en ti.
Y las luces de neón y de los rascacielos, de los reflectores y de las
avenidas
no se verán más en ti.
Y los vientos del oeste empujando la lluvia y la sinfónica de las
bandadas, de las cantantes cumbres y de los archipiélagos
no se escucharán más en ti.

Jeremías, 51

Y así entramos en el corazón del mar

EL PAÍS DE TABLAS

Entonces vimos el país de tablas cruzado entre los muros del mar Interminables chilenas las barracas de sus cárceles se alargaban perdiéndose

Saliendo me allegué entonces a esos
países. Por pensamiento me allegué
a ellos y lloré de ver llorar. Los
hombres suben, cambian y vuelan del
camino al horizonte, pero no hay día
para mí, la paloma se hace bomba
voladora para mí, los mundos nuevos
se acaban para mí. Países andinos,
mundos de la noche, lloros y caídos:
todos vienen a verme morir para mí

-Desde la noche chilena

Si hay dolor ni siento ni si se acaban.
Si se acaban los mundos viejos y los
nuevos tampoco siento ni nada. Todos
los países duermen y los nuevos
flotan todavía en el aire: las nuevas
ciudades, los nuevos chamanes, los
nuevos satélites. Todos monstruos
de la noche para mí. El nuevo pueblo,
los nuevos continentes, sí cuando
esto suba y reviente con sonrisa
reventará lo cuanto existe para mí

-Desde la noche chilena

PRISIÓN ESTADIO CHILE

No era ése nuestro país, gritaban
nuestras sombras pasando entre
las aguas abiertas del Pacífico

Son las viejas prisiones chilenas nos gritábamos mirando
el país de tablas surgir entre los espumeantes paredones
del Pacífico   largo   entero clavado   cortándonos el paso

Y el mar dejó de ser el mar y el cielo el cielo

Y las cumbres eran las puntas de las tablas

Y las llanuras soplaban colándose entre los
listones y el viento no era el viento ni el aire
el aire

Donde de todo lo que fue ahora eran sólo entarugados
paisajes clavados unos con otros como aserruchadas
montañas mostrando arriba las empalizadas del cielo

Y nuestras mejillas parecían un caído cielo

Así se nos derrumbó el horizonte y los paisajes
eran sólo escombros entre esos tabiques

Donde hasta el rajado océano gritaba mirando
los desmoronados escombros de esas vistas

Cuando entramos por el corredor de las abiertas aguas y
arrastrándonos vimos los cuarteles de tablas atravesados
entre los dos paredones del Pacífico y al fondo las gradas
rotas del estadio Chile blanqueándose bajo la nieve como
una gigantesca cordillera de palo aprisionando el horizonte

PRISIÓN ESTADIO PLAYA ANCHA

–El maderámen de Chile–

Arrojados como sacos unos encima de
otros, nos íbamos pidiendo perdón y
el dolor de nuestros propios tacos
clavándosenos recordaba que había
sido un sueño el otro mundo. Las
sacudidas del camión levantaban
oleadas de gritos y sin embargo, con
los brazos en la nuca, yo quería
todavía saber a quién cortaba, qué
cuerpo me había quedado debajo
cómo se llamaba el que gemía encima
de mí... de quién era el amor que se iba

Entonces recortándose igual que un palafito cortando el paso del mar surgió ante la vista el maderámen de Chile

Como un largo palerío que se iba levantando desde las costas hasta las enmaderadas cordilleras blancas de nieve cimbreándose

Entre los farellones del mar remarcado allá donde los andamios del país que fue nuestro se elevaban hasta los tablones de los Andes machihembrados bajo la nieve
Así se vio todo y la larga barraca de Chile crujía barrida por las espumeantes marejadas llena de nudos como un derruido estadio de tablas doblándose entre las olas

PRISIÓN CAMPAMENTO PISAGUA

–Las martilladas playas–

Y montándose unas sobre otras
las playas parecían cicatrices en
las llorosas mejillas de la noche

Entonces comenzaron a verse los feroces campamentos:
clavadas a martillazos las playas de Chile cimbreaban
crujiendo bajo ellos

Sosteniendo encima los galpones donde miles y miles
de prisioneros vieron un palerío muerto dibujarse entre
las rompientes y luego sus almas volando sobre ellas

Allá donde los muertos no regresan pero sí el Pacífico
pero sí las grandes marejadas   pero si las rompientes
azotando las playas de tablas como si las marejadas
fueran un llanto y los campamentos de la muerte una
mejilla empapada de lágrimas surgiendo en el oleaje
devastada   como nosotros   recogiendo estos sollozos

PRISIÓN VILLA GRIMALDI

–Barracas–

Nadie es la patria, parecían
gritar las ciegas tablas
en la patria muerta del mar

Y así iban emergiendo las cárceles chilenas   las nevadas cumbres de los Andes eran sólo unas tablas clavadas en esas barracas

En medio del abismo del océano   como si quisieran con sus trizaduras recordarnos el infinito dolor de los campos los cuarteles   los infinitos galpones donde nos mataron

Cuando el Pacífico se abrió y cargándonos unos a otros vimos las estacas de una cordillera y después un cielo muerto hundiéndose en el tajo del mar hasta ser el silencio final que cubre nuestros despojos   todavía clavados   todavía rotos   con los ojos todavía abiertos mirando desde esas barracas la mirada muerta del océano

PRISIÓN TRES ÁLAMOS

–El palerío muerto–

Y el espejismo caía sobre Chile
como los grandes arenales
muertos tras el telón del desierto

Más cerca   bordeando el palerío   se vio el desierto de
Atacama   sus llanuras flameaban como un telón entre
esas estacas

Cubriendo de arena las inacabables barracas   los helados
campamentos   las largas prisiones de tablas del astillado
horizonte

Más cerca todavía   cubriendo de arena las estacas de los
Andes   las entarugadas playas   los tabiques de un país
de tablas que se iba doblando bajo esos peladeros   Y
todo era sólo un sueño   sólo unos trapos secándose en
la aridez del desierto   sólo una patria flameando en el
palerío como un telón que sólo deja ver atrás los arenales

PRISIÓN COLONIA DIGNIDAD

–Las púas de la noche–

Así nos barrió el amor, decíamos, y
los brazos se nos iban rompiendo
como jirones entre esos maderos

Turbulentos como almas en pena así despuntaron
los paisajes estrellándose contra las puertas del edificio
muerto

Como mareas de tierra buscándose entre las tablas de
esas barracas igual que nosotros buscándonos las caras
en las prisiones chilenas desmembrados cruzando

Y eran las envigadas costas los frentes rotos las tablas
de las montañas las que se levantaban contestándonos
con la imagen de unos cuerpos estrellándose contra los
roqueríos ¿Pero cuáles roqueríos? ¿pero cuáles costas?
¿pero cuáles montañas? y el cielo se iba hundiendo en
las púas de la noche como un mudo mar que nada explica

PRISIÓN BUQUE ESCUELA ESMERALDA

Y el mar hirviente de cuerpos
se hundía en la noche muerta

Y el país de tablas se cruzaba en la noche muerta del mar
y parecían restos de un descalabrado barco las barracas
de los Andes como proas tajeando las albas rompientes

Y entonces vimos el buque escuela Esmeralda

Derruido velas abajo como un tablón varado
en el medio del paso del mar

Y eran como resecas olas las olas de la muerte
barriendo esas encorvadas tablas

Allá donde se dibujan las cuadernas de la costa y al lado
los maderones de los destrozados puertos blanqueados
de sal recortándose contra el palerío muerto de la noche

Y la muerte parecía una quilla horadando el mar
de tablas de la noche

Y se abrieron las roncas aguas y el cielo se aguzó
para abajo como una proa

Y el universo entero silbó en el precipicio del mar
descendiendo entre los muertos

Cuando el cielo se hundió en el corazón partido del mar
y entonces pegándonos pedazo con pedazo como yagas
que se abrazan vimos las tablas donde nos asesinaron
y cantamos y cantamos juntos como sólo puede cantar
la noche muerta iluminada un segundo por el cielo vivo

PRISIÓN CARGUERO MAIPO

–Empalizados farellones–

El bramido del inmenso Pacífico
resonaba como si quisiera decir
algo mientras que más abajo,
amontonados como sacos en la
bodega del buque carguero Maipo,
yo abrazaba el dolor de un otro y
aún me parecía sentir los pájaros
sobrevolando la playa. Sí, yo oí
al otro en las rocas y la arena
muerta caía sobre ellas como
tus ojos jamás vistos cubriéndolas

-Bahía de Valparaíso/
1973. Prisiones

Y así seguía el descenso   encallado entre sus muertos el carguero Maipo reaparecerá en el desierto

Y al lado los mismos farellones rugientes del mar   uno frente al otro   altos   tempestuosos   mostrando arriba la angosta franja del cielo

Cuando todo el frente de la muerte entró en el mar como un continente en las furiosas aguas   Son las mareas golpeando los empalizados farellones de Chile   repiten los prisioneros del Maipo mirándolas   Los cargamos replica la escuadra de tablas arrastrándolos entre los acantilados del Pacífico   nudosos   ciegos   llevándoselos

PRISIÓN CARGUERO LEBU

–El país de tablas–

Cristo Rey, recuerdo que era algo
así: arriba la escotilla dejaba ver
el primer morado del cielo y
alguien maldecía el ronroneo de
los generadores. Adentro, otros
cuerpos; nubes de carne tiradas
como sacos. Afuera el nombre
del barco recostado contra el alba

OSTENDE NOBIS DOMINE
MISERICORDIAM TUAM

Afuera:
Todo el océano muerto vaciándose

Y el océano se partía al medio vaciándose y los peces se amontonaban en la noche como cerros resecos

Y el tajo del mar se hacía cada vez más hondo y la noche se iba pariendo para adentro como un pez que se traga a sí mismo   sí: como peces tragándose

Como marejadas tragándose   cuando arrastrados por la resaca vimos el país de tablas venírsenos encima   Son las resacas de la noche: grita mi compañero mirando las pesqueras como ciudades   Somos la pesca   le replican los prisioneros   mutilados de piernas y brazos   como montañas de peces contorneándose en la asfixiada noche

PRISIÓN CUARTEL ARMADA

–Las flotas de tablas–

Háblenme entonces flotas del mar,
aire, tierras y países que son.
Díganme países chilenos por qué.
Por qué se pone el día y volando
pasan y no me huelen siquiera
si a todos huelen.
Por qué el viento no me sacude a
mí como a las hojas.
ni me levanta siquiera como a las
faldas de las mujeres.
Díganme entonces por qué me morí.

-Estado Mayor de la
Armada/ Prisiones

Y Chile continuaba doblándose   astillado   despejando el corredor del mar

Despejando el paso entre las aguas mientras el torrente de nuestros deshechos cuerpos volvía a emprender la marcha mutilados   mordiéndose los cortados pedazos

Y era como no haber vivido nunca las destrozadas estacas las largas cuadernas rotas   los quebrados andamios   Y era como no haber estado nunca las mutiladas piernas los entabicados torsos   los partidos cuellos que se nos doblaban como una rompiente   rota   muda   muerta reventándose sobre los astillados brazos de estos paleríos

PRISIÓN ESCUELA MILITAR BERNARDO O'HIGGINS

Y la orca de este mundo parecía
chillar varada entre esas tablas

Entonces atrás cercada de mohosos alambres de púas se vio la prisión Escuela Militar Bernardo O'Higgins abandonada mostrando al fondo los empalizados cielos

Y los barracas seguían cercando la mohosa noche

Y por los huecos entre sus tablas se veía la nieve

Y esos eran los huecos del horizonte enteros de tablas mostrando las prisiones de Chile

Porque donde antes se levantaban las cordilleras ahora se levantan los montones entablados de los cuarteles y más allá las cercas de la alambrada noche las púas del cielo

Y el viento cruzaba las podridas tablas de Chile

Tendido como una podrida barraca azotada por el viento

Entre los inmensos murallones de agua del mar allá en la noche bramando

Cuando abriéndose el océano mostró los cuarteles y en el medio los desmantelados tablones del Galpón Militar O'Higgins blandos hinchados de agua atravesados por la nevisca y el viento mientras arriba el cielo de Chile se iba vaciando y la tronadura del mar estallaba transparentándonos contra el fondo de tablas de la noche

PRISIÓN ISLA MOCHA

–Como amputados brazos–

Y abajo las tablas de Chile
se rompían cayendo
como brazos amputados

Como un grito la muchedumbre seguía avanzando en
el corredor del mar

Atravesando los quebrados cuarteles los interminables
palerios como una larga fila de escombros apretándose
entre las paradas olas

Mientras el océano Pacífico parecía doblarse encima de
los nevados y la multitud se pegaba a esos andamiajes
rotos como se pega el viento atravesando las mutiladas
aguas

Cuando los quebrados andamios de la costa sostuvieron
por un minuto más el inmenso cielo muerto de las
barracas donde Chile entero iba cayendo Y hasta las
tablas lloraban al sentir derrumbarse sobre ellas las
marejadas que las rompían como si ellas fueran los
torturados y el emocionado vendaval de sus hijos las
abrazaran llorosos besándoles los amputados brazos

PRISIÓN PUCHUNCAVÍ

–Las rotas palizadas–

Y resquebrajados los paisajes
se daban vuelta a merced de
las olas como rotas palizadas

Y Chile continuaba doblándose astillado despejando el
corredor del mar

Despejando el paso entre las aguas mientras el torrente de
nuestros deshechos cuerpos volvía a emprender la marcha
mutilados mordiéndose los cortados pedazos

Señalando con sus muñones a los paisajes que flameaban
igual que sábanas en las estacas de esa patria de tablas
como el aire como los hálitos como los arremolinados
vientos soplando entre las hojas

Y era como no haber vivido nunca las quebradas estacas
las demolidas cuadernas los destruidos andamios
cayendo y era como no haber estado nunca las sábanas
de los paisajes doblándose sobre el palerío y sobre ellas
las mutiladas piernas los quemados torsos los rotos
cuellos doblándose y doblándose como se iba doblando
el país muerto entre los astillados brazos de las palizadas

PRISIÓN ISLA QUIRIQUINA

–El acribillado andamiaje–

Allí bajamos entonces; adelante
todo Chile se inclinaba como
una proa hundiéndose en las olas

Y lentamente   como una ola que cae   empezaron a darse vuelta los enmaderados paisajes

Adelante   inclinándose igual que cabezas de bueyes bajo el yugo   estremecidos   como si se rindieran al empuje de las olas

Cargando las culpas que nos dejaron exangües viendo el país clavado entre los muros del mar   y sonaban como los latidos de un corazón las olas golpeando una y otra vez la empalizada costa

Y entonces   como si todo el horizonte se viniera encima se vio el andamiaje de Chile delinearse por última vez mientras sus clavados archipiélagos   su entabicado desierto   los tablones de la cordillera   comenzaban a ceder como si las marejadas empujándolos fueran los remordimientos y la culpa el largo tablerío muerto que caía como un cuerpo acribillado frente a las rompientes

PRISIÓN ESTADIO NACIONAL

–Las últimas estacas–

Porque se desplomaron las costas
y se rompieron las montañas
Porque se desplomaron los valles
y cayeron los desiertos
y eran sólo unas tablas rotas
un palerío flotando en el Pacífico

Cubierto de espumas roto el gigantesco estadio se iba hundiendo en la marejada

Dejando ver todavía las últimas gradas del país de tablas y al fondo los empalizados Andes albos sobresaliendo apenas entre las olas

Mientras a ambos lados los murallones del mar seguían rugiendo y el peso muerto del cielo se hundía entre las partidas aguas como si quisiera aún cubrir esas soledades

Como si quisiera seguir tocando las inacabables barracas las entarugadas costas las graderías de la cordillera que se desmoronaban mostrando un país de campamentos y cárceles hecho pedazos bajo las rompientes Cuando descendiendo hasta los muertos la soledad infinita del cielo gritó «No matarás» y no era más que el sonido de unas tablas rotas carcomidas flotando frente a la playa

Porque se abrió el mar frente
a Chile y las aguas
arrastraron lo que fue de ti

NO MATARÁS, EX. 20,13

Y las cumbres atravesaban el mar
y eran como los mandamientos
esas aletas de tiburones cruzando

Y así bajamos por el precipicio del mar y las cumbres de los Andes parecían aletas de tiburones precediendo la torturada marcha   Y los llorosos y los muertos se hacían añicos mirando a las cordilleras cruzar las partidas aguas

No matarás   pero los que mataste espesaron el mar

No humillarás   pero los que humillaste subieron
el nivel de las aguas

No traicionarás ni te venderás y los traidores y los
vendidos atascaron los cauces y los ríos se pararon

Cuando las culpas erizaron los bordes de las cordilleras y el horizonte se encrespó sobre el tajo del mar   Y nos doblábamos mirando la marcha de las cumbres en el mar

Y los desmembrados Andes gritaban culpándonos

Y el grito seguía gritando en las dobladas costas.

Y los mandamientos ensordecían atravesando las
cortadas olas

Y entonces   caídos como las playas   como los roqueríos como el lomo estrangulado de nuestras culpas   vimos el maderámen de Chile derrumbarse entre los paredones del mar   como una reventada ola   condenándonos a morir y a morir infinitamente hasta el último viaje de estos sueños

Sergio Adrián, Segundo José, Rodolfo y Sergio Miguel Maureira desaparecieron. Carlos Exequiel Ponce, Mireya Rodríguez y Odette Vildósola desaparecieron también desde una reducción de la costa de Chile, en los años que fueron y lloro. Así sea.

EL AMOR MUERTO

MI AMOR ESTÁ TRISTE

Mi amor está triste porque me morí. Dice que nunca más las flores abrirán ni mi sonrisa verá más. Él también dice que volverán a crecer los grandes ríos sobre la tierra y que ya jamás se voltearán. Repite que quiere irse conmigo. No las espinas que se clava no le duelen ni el agua hirviendo que se arroja.
El suelta que mismo que los animales el pariente muere, sin palabras, dejando negro el noche y el día también. Mi hermana le contesta que sólo el lloro es lluvia y que ella ni nadie parará de llover ni pájaros cantores ni arrumacos oirá más. El amor mío cuenta que para el norte, de donde vienen las aguas, los ojos se comen de puro azules. De amor, dice, los muchachos y las muchachas se miran los ojos azules y yo no más del color lodo veo sus ojitos, su arrugo de párpados, sus ojitos. Así en gemido él me pegaba la boca como canturreando y el gemido se le iba subiendo desde mi cara más alto, sí padrecito, abriéndosele como por la larga noche que se venía oh sí queridos ríos, queridos árboles, queridas montañas, queridas estrellas, queridas nieves, querida gente. Queridos ríos.

MI MARIDITA...

En estas aguas me bautizaron con nombres y yo me fui así al camino. Una muchacha ha de llamarse con nombres también como todas las cosas que se llaman. Nada se llama si uno se muere. Si uno se marcha qué pasa. Dónde, dónde se va. Trenzas debería haber tenido para no penar, lana en el cuerpo mejor. Entera la parentela iba llegando, pero cuando apareció el compañero mío comenzó a golpearse con las piedras llorando y maldiciendo: Mal compadre, que ni te juro ni te quiero, mal compadre Dios. No blasfeme cuñado, mi prima le respondía, pero él siguió y siguió. Hasta la otra mañana siguió, toda la noche. El ciego torrente tronaba perdiéndose en la oscuridad y las voces parecían adherírsele. Si todos somos iguales, mi amor decía, si todos han de morirse igual que el pasto o las bestias por qué hay tanta... Mi maridita, me susurró después, abre los ojos y levántate que vi algo sí: el hijo nuestro se arrancaba y las lanchas lo perseguían cazándolo. Tú eras la primera. Tú eras la más feroz. Te llamabas Jane... Querido río:

No me llamaba Jane, no me llamaba Jane.

NO VEN QUE TENEMOS SUFRIMIENTO...

Si fuéramos hermanos de las hojas, de los ríos, de las naves espaciales, entonces renaceríamos cada año igual que las flores del campo como le dicen a la madre mía. Y después de todo somos hermanos, había largado el Reverendo en el Sermón. Madre y los demás escuchaban en silencio, pero el hermano menor empezó a reírse. Primero trató de disimular, pero cuando todos se dieron vuelta él ya no podía más y se rio y rio hasta que le salieron lágrimas.
Esa vez madre lo sacó afuera sin decir palabra y empezó a golpearlo hasta cansarse. El no lloró, pero al quedarse solo se fue corriendo hasta el río con los dientes apretados diciendo: la odio... la odio... la odio...
Ahora, ya grande, se había despertado en medio de la duermevela remeciendo al esposo mío: Padrino, mi cuñadito, le dijo, tuve un mal sueño: soñé que por mi culpa el gran río se desbocaba y te moría a la mujer tuya.
Al otro día temprano llegaron los enganchadores subiéndolos a todos en los lanchones. ¡A votar hermanitos! ¡A votar! Él estaba muy borracho: No ven que tenemos sufrimiento hermanos, les dijo, pero igual partió con ellos. ¿Eso es todo?

¿todo?

SI YA NUNCA...

La vela entera se la pasaron hablando y riendo y la estampida de sus voces era como el fragor del río Grande desbordándose desde sus orillas. Dime, preguntaba uno, ¿conoces para arriba? Quién no conoce hacia arriba, contestaba mi hermana. Cuéntanos, insistía el otro, ¿son tan apretaditas como tú las arribeñas? Eres peor que un cerdo, le chillaba mi hermana y después se largaba a reír. Todos vociferaban alardeando menos el mayor nuestro. Madrecita, dijo, cuando yo me muera voy a conocer todos los países del mundo sin comprar boletos de avión, sólo pensaré allí quiero estar y allí estaré. Con un rubiecito del norte hasta yo me muero, volvió a chillar mi hermana, así debiera ser morirse, un viaje sin parar, donde uno quiera. Así siguieron y siguieron toda la noche, pero de pronto, como si regresara de un largo entresueño el doliente mío se había levantado y miraba: Están delirando, están muertos, no valen nada, empezó a gritarles, quién puede ahora pensar en reírse si ya nunca, si ya...

Querido río, yo noté algo de locura en sus ojos. ¿Es que nunca volveré a mi país? ¿Es qué ya nunca veré de nuevo sus nevados? ¿Nunca? ¿Es que nunca más hundiré mis pies entre sus pastos?

DEVUÉLVEME LA MUJER MÍA…

Durante toda la noche resonó la crecida subiendo pero él y nada oía rememorando cosas antiguas. Antes, empezó a contar, mucha gente había y las lanchas mismo subían hasta la Argentina. Ahora, al verlo entrecerrar los ojos, recordé la primera intimidad: mucho el amor sentí cuando él se vino, mucho el frío después cuando íbamos subiendo, mucho la ternura y el sueño cuando nos topamos con las nuevas ciudades allá arriba y mismo que nosotros dos los jóvenes se amaban. Pero no duró ni lo que un suspiro, seguía él: Más de la mitad se tuvo que marchar y los pocos que se quedaron estaban enfermos. No alcanzaron a poner Presidente. No llamó nadie al voto, pero cuando vinieron por nosotros sólo encontraron las cosas tiradas. A los hombres los lanzaban desde las alturas, a los viejos los amontonaban unos sobre otros en los lanchones, a los jóvenes los paraban desnudos en la nieve y a las mujeres las dejaban horas bajo la lluvia. Calló pero todo él se había encogido. Todavía se dobló un poco más y fue entonces que lanzó el chillo: Rawe río, río Toltén, Yelcho, Futaleufú, aguas Huillín, sácame, ay sácame, sí suéltame, parca, mala parca, ¡lárgatela! ¡sácatela! ¡suéltatela! Devuélveme la mujer mía… Se habían dormido, nadie oyó, se iban borrando.

AMADO PADRE…

El gran río había roto reventándose y el fulgor subía
desde la orilla tirando por los árboles hasta ser el
brillo de todas las gotas de lluvia sobre las hojas.
Yo quise decirle a mi amor que nunca más sufriera.
Que nada ni todas las naves surcando el cielo se
abren como se abre el Reñihue río encima de los
ventisqueros. Rompa la cadena que lo ata y parta a
los países del viaje. Sentí eso, después me fui.
Largas se cargan las aguas. Cuando iba subiendo
vi primero el puente y me uní con los idos, los
boteros y el viento y tan juntos nos vimos, tan
iguales judíos, mapuches, chilotes, remontando
las corrientes y éramos nosotros subiendo. Él
también va subiendo por las grandes aguas, sí
claro; mirando a las muchachas, pero luego rabia
y maldice porque me morí.
Al viaje por todos los países nos vamos, para el
norte rumbo. Muchos son los barcos voladores
que él había visto en el cielo y son como las
estrellas que dejó, más grandes, pero iguales en
el brillo por la noche. Para el norte chaiteneña
todo el pena se diluye, me dijo una vez mirando
estallar los geranios como astros sobre el campo.
Todo será geranios en el norte, le respondía yo…
Amado padre: todos se marchan, todos nos vamos.
Voy a ti.

LAS TUMBAS DEL MAR

Mis brazos y mis piernas están rojos con
mi sangre y las quemaduras surcan mi piel
Dime, ¿me atreví acaso a decirte que sufría?

LAS TUMBAS DEL MAR

Viajero   abre esta tumba   en el
fondo de esta tumba se ve el mar

Y entonces   como una Cruz congelada   Chile entero se
levantó encima de sus cordilleras mientras el grito de
los genocidas se vaciaba cubriendo las costas igual
que los países en las fosas del océano   cavados   allí
donde se da vuelta el horizonte y se ven los galpones
alzarse entre la marejada   encementados   llevándonos

Entonces se recortaron los países y eran igual
que cuarteles de concreto   enteros ennichados
recortándose ante nosotros

En el medio del Pacífico   acumulándose como los
glaciares que el genocidio dejó temblando en los
páramos del viento   estremecidos   perdiéndose
en los repletos horizontes

Cuando los paisajes se empinaron por última vez
entonando el Responso por los países que el odio
amontonó en los galpones del Pacífico como si
fueran ellos el cielo y nosotros las lápidas que
lo cubrían   enfosados   grabándoles las culpas

Cuando los farellones del abismo humano se tendieron
recortando la línea de nieve que se mira rodeando las
últimas visiones   allá donde la cruz se da vuelta y los
países se van encementando en las fosas de Chile Sí
pero fueron vuestras sombras las que encementaron
el mar ante Chile   nos gritan los cementerios desde el
horizonte   enteros rayados   escritos   como mis cielos

DEL AIRE AL AIRE...

como una red vacía iba yo
entre las calles

Y así lentamente la cordillera de los Andes empezó
a girar cielo arriba

Irguiéndose sobre sí misma vertical igual que un asta
mientras las playas se iban elevando como terraplenes
horizontales recortándose contra esas montañas

Formando la cruz que los largos farellones mostraban
sobre el Pacífico allí donde las llagas de este mundo
se abrían y eran todo el dolor la pasión la agonía del
cuerpo mutilado que se iba clavando sobre el cielo

Cuando el cielo de las cordilleras fue el mismo cielo de
las costas y los cielos cruzados desplegaron entonces
el desollado cuerpo de Chile crucificado sangrante
flotando sobre esos aires Se nos murieron los aires
e igual que colgajos las bocas aún parecían cantarnos
gritábamos nosotros desangrados Cruz abajo benditos
como lavas rojas incendiando el surco de esas heridas

ABRIL ES EL MES MÁS CRUEL...

hace florecer lilas de la tierra
tierra muerta

Entonces   del perdido amor cavados   se iban cubriendo
los países

Entre los muros del mar   unos sobre otros   recortados
sobre la Cruz que dibujaban las costas atravesándose
con los Andes   iluminada   cortando el horizonte

Mientras las rompientes del sueño humano ascendían y
los paredones del océano chocaban con las cordilleras
empecinadas   obsesas   decantando sólo la muerte bajo
la plomada de sus montañas

Cuando el Pacífico abriéndose miró la vertical de los
Andes cruzarse con la horizontal de Chile y el dibujo
de la Cruz iba subiendo hasta tenderse sobre el vacío
sudamericano La Cruz transparentó el vaciado cielo y
sobre él nuestras culpas cavando las tumbas de los
países   allí donde todos nos vemos y son los ojos del
perdido amor reventándosenos contra esas marejadas

LA ENORME TRAGEDIA DEL SUEÑO...

en las espaldas dobladas del
campesino

Y allí se vieron los azulados galpones sudamericanos
Altos desnudos recortándose entre las marejadas

Elevándose igual que dos montañas cerrando el paso
del Pacífico encementados emergiendo entre esas
olas

Ocupando el vacío que iba dejando el horizonte como
una cordillera de nichos cortando el océano mientras
el cielo mismo parecía vaciarse en ellos allá en el
centro de las sordas aguas

Subiendo desde el desaparecido amor desde el hueco
de todos los que marcharon por esta vida sin tener a
nadie que los llorara tapándoles las abiertas tumbas
de esos páramos El duelo ahuecó los páramos y eran
los ennichados países escribiéndose en los galpones
del mar nos gritan desde lejos los ríos que se aman
todavía vivos en la avanzada del Pacífico cruzando

QUÉ RÍO ENCENEGADO…

nos arrastró volviendo piedras
nuestras voces…

Desde las verticales cordilleras entonces   desde el
abierto Pacífico   desde el cavado cielo   se divisaron
los galpones sudamericanos alzados como dos peñones
ocupando los últimos horizontes   allí donde el perdido
amor subía y éramos nosotros el acantilado que subía
trémulos   quebrados   cubriéndonos los ateridos restos

Allí donde se cruza el cielo y es el mar el que
se alza recortando las desmoronadas patrias
contra los roqueríos

En los muros del océano   vaciándose entre el
viento y las rompientes que se solidificaban
grabando nuestros crímenes   pesadas   cada
vez más altas   cubriéndose de cruces

Cuando de uno en uno cada patria fue la cruz
perdida que se va clavando sobre este mundo
allá donde todos oyen el soplo de sus propios
nichos amontonándolos como las derrumbadas
nieves en el horizonte   vaciados   tapándolos

Y entonces   como un río doblándose   todos los llorosos
todo el duelo   todos los caídos   comenzaron a curvarse
escribiendo sus crímenes en las murallas del Pacífico
El desamor grabó la muerte y eran esas las cordilleras
hablaban las mareas vaciándose   No   fueron las tumbas
nuestras y la nada   nos gritan los ennichados países
desde los galpones   como icebergs de pie   levantándose

QUE DESDE ESTA TIERRA ABRUPTA

Amor que desde la tierra
abrupta...

Se leyeron entonces los ennichados países y el duelo parecía cerrar el océano tras ellos mientras adelante el paso del mar continuaba abriéndose hasta copar el cielo que se hundía mirando la marcha de esas patrias agalponadas paridas de dolor cruzando el Pacífico

Porque era la muerte misma el parto y la vulva del Pacífico parecía agrandarse conteniendo esas desdichas

Cuando las amarradas cordilleras se elevaron como un asta cortándose con la horizontal de las costas y la cruz de Chile flameó como si un perdón arrasara clavándoles el cielo

Donde de arriba abajo el horizonte entero se rajó derrumbándose por las verticales aguas y donde toda esta vida silbó tras los galpones que los países escribieron reventándose en las olas barridos del amor cayendo

Así se leyeron entonces los lapidados cielos mientras el Pacífico se iba abriendo y eran todos los crímenes que escribimos con las manos rotas como los posesos llorando y maldiciendo Se quebró el mar mirándolos y fue como si un cielo entrara pidiendo por ustedes se largan los ríos que se aman marchando por el paso de las aguas caudalosos abruptos de pena cargándonos

SALIMOS LLORANDO DE LOS MUROS...

Nací bajo Pinochet viví bajo
Pinochet morí bajo Pinochet
pero te amaba yo tanto que
hasta no me parecía tan malo

Así se tendió entonces el lapidado amor de los países
y era como el mar arriba del mar llorando

En el medio del desfiladero del Pacífico que se abría
adelante como si un cielo nuevo hendiera el abismo de
sus olas al otro lado fijándonos los muertos ojos

Donde los girados Andes iban quedando atrás y donde
las olas cubrían las abrazadas rocas en que morimos
como si quisieran lavarlas hasta sacarles de nuevo
la vida y era todo el océano lavándonos

Sí así se tendió la amurallada muerte de los países
como si un nuevo espejismo como si una nueva
playa se alzara en la mitad del Pacífico mostrándonos
nuestras propias lágrimas ascendiendo de la muerte
hasta los cielos perdonados que surgían al otro lado
de las aguas lapidado de amor como un nuevo
mar inscribiéndonos en el renovado sueño de sus olas

ENTRETANTO POR LAS NEGRAS OLAS...

Día no veo ni noche sin dormir
para mí de la pena que tengo
no hay dormir para mí...
la noche se hace día para mí

Como si algo renaciera entonces se escuchó entre las olas el aliento de sus costas

Apenas   casi inaudible   como si pidieran por nosotros un último vuelo   aún cargadas de mar   fijándosenos en las miradas

Abriéndose poco a poco al nuevo horizonte del océano allí donde los volados ojos se nos daban vuelta como si vislumbraran otro mundo entre la herrumbre de las viejas rompientes

Escuchando entre el bramido del mar a los hombres que volvían a pedir por sus patrias   por sus sueños por el caudal de sus hijos que nos miraban con las pupilas alzándoseles al convulsionado cielo   allí donde los verticales Andes atravesaban el Pacífico y todo el espejismo nuestro los seguía con algo del perdón encegueciéndonos los sudamericanos ojos

Y ERA COMO EL RECUERDO LA AURORA…

Perdónalos perdónalos… y era
el mismo mar azafranado
ascendiendo
por la boca de sus ciegas aguas

Y así empezó a vislumbrarse la otra boca del Pacífico Acrisolada recibiendo las primeras luces

Al final como si un nuevo soplo se fuera clavando en la inmensidad de esos abismos adelante preñando el vientre del océano

Allí donde los ennichados países miraron sus lápidas y era el chiflón del viento humano mirándose entre las dos bocas de las aguas abrazados reconociendo el muro de esas lloradas

En el medio de las olas como si un arremolinado aire suspendiera todo este mundo sobre el otro lado del Pacífico donde las nuevas playas se abren y son las lápidas de los países el encementado mar que leímos llorando como sombras perdidos abajo mientras el dolor nos iba subiendo y era el mismo aire el que nos subía mudo infinito perdonándosenos en las bocas

TRES VECES TRATÉ DE ABRAZARTE

y tres veces tu sombra se
desvaneció entre mis brazos

Entonces los galpones de los países se recortaron por
última vez mientras el paso del mar se iba curvando y
las olas los golpeaban barriéndoles los acantilados
de sus lápidas enteros escritas como dos filas de
cordilleras grabadas para siempre en estas desdichas

Desnudos llorosos como sombras que se
apagan toda la vida se nos fue borrando igual
que barcos perdiéndose entre esas desdichas

Leyendo las escrituras que el dolor y la locura
escribieron en las lápidas de esos cementerios
enteros rodeados de mar igual que montes
emergiéndonos ante las encorvadas naves

Mirándonos aún por si algo de nuestro aliento
se nos había quedado pegado en la brisa en
la costa en los aires que nos ensancharon
una vez las narices Y las olas estallaban ante
nosotros recortando las enlutadas montañas

Recortando el país nuestro los feroces archipiélagos
las hambrientas cordilleras patria que buscamos hechos
pedazos cuando se nos cerró el hálito en las gargantas
Los llamamos entre los arrecifes enfilamos hacia
allá los duros remos ardimos de piedad frente a sus
nichos hablan nuestras sombras buscándonos en los
roqueríos recogidos encorvados de pena pasando

LAS ÚLTIMAS EXEQUIAS

Perú   Uruguay y las patrias del
amor mío y desaparecido…

Entonces   por un segundo   se vio el Pacífico recortarse
entero encementado frente al cielo mientras los países
se tendían ante esos muros escribiéndoles su caída   su
sueño   toda la muerte y eran las prometidas patrias que
miramos levantarse en el medio del corredor del océano
como rocas colgantes   abrazados de olas   nombrándose

Perú entonces   Uruguay y las patrias del amor mío
y desaparecido: así se iba izando el encementado
océano de los países

Dados vuelta   arriba de las rompientes   como olas
de piedra que se derrumbaran sobre nosotros que
morimos abrazándonos con las bocas apedreadas
invertidos   al revés   como el mar sobre los Andes

Sobre la prometida costa que mostraba el Pacífico
al final de sus aguas   donde los cielos humanos se
rompen besándose las desgarradas carnes   todavía
temblorosos gritando que hasta los mismos gritos
ruegan y es de cemento el horizonte sudamericano

De las patrias lloradas y caídas: Argentina   Paraguay y
todos los ruegos que las despedían mirando el soplado
destino de las aguas   Así murieron pidiendo y clamando
y eran los países trazándose hasta retratarnos en los
nuevos horizontes del Pacífico   Sodomizamos   sufrimos
matamos   pero es la promesa del encementado horizonte
repetían los países mar adentro   como naves de polvo
aún dibujándose entre las llorosas olas de este viento

Y TODOS, QUIZÁS POR QUÉ HERMANOS, LLORABAN

Cuando vino el lloro entonces, cuando luego
del gran cruce vino el lloro mi amor contó
que terminó la larga huida. Los suelos se
anegaron pero los países nuestros, hijos
del encuentro, huyeron como en los viejos
tiempos, volando. Al subir a lo más alto se
pudo ver, abriéndose, la constelada de la
noche. Eran miles de desiertos en el cielo,
el desierto de Buenos Aires, de Montevideo,
de Lima. Porque el destino es uno; cantaron.
Se cantaron por cada uno de los desiertos
y fue una clarinada, pero al amanecer,
aunque todos salvaron cuentan, chilenos
y soldados tenían los ojos secos de tanta
pena. ¡Hey madre! –preguntó uno entonces–,
¿pero quién diablos puede entender la mente
blanca? Ni Cristo –le contestó el otro– ni
Cristo la entiende. A ambos les corrían las
lágrimas, pero aun cuando el cielo brillaba,
yo mismo, sin saberlo, sin tener por qué, me
arrojé contra las rocas, me arañé entero
y todos, quizás por qué hermanos, lloraban.

SI SÓLO SUPIERAS COMO LLORO

INSCRIPCIÓN 255

Si sólo supieras entonces como lloro y
no puedo despertar, qué graciosa me
verías si estuvieras como yo frente a los
ríos de mi país llorando por ti. Me contaron
y no es cierto, únicamente yo te he visto,
vi tu cara color del azabache y del cielo
pero no. Los muchachos sacaron
banderas blancas en el campamento, pero
igual nos golpearon ¿Estás tú entre los
golpeados, los llorosos, los muertos?
¿Estás tú también allí mi Dios durmiendo
cabeza abajo?
No hay perdón para esta nueva tierra, me
dicen y nada de lo que hagamos cambiará
la suerte que tendremos, pero yo lloro y no
despierto y mi Dios se aleja como un barco.

INSCRIPCIÓN 256

Presidentes y países me siguieron. Hartos los
países y los animales y yo pregunté con boca
por ti. Embanderaron y rayaron el
campamento con consignas y los muchachos
se acercaron burlándose. Ronca, me
llamaron. Yo no tengo cobardía le respondí
a los presidentes, a los países chilenos, es él:
mi amor y mi voz que no viene.
Oh mi manco, mi destruido, que nada se sabe
y es lento. Los países se acercaron para
preguntarme. Mucho me miré con ellos y les
dije que no era yo, que por orden no era yo.
Que tú eras yo. Que tú hablarías por mí. Que
por computers y satélites hablarías cuando
aparezcas si apareces y arreglemos cuentas.

INSCRIPCIÓN 257

Crecieron los ríos y los países vinieron a
visitarme. Luego atacaron con helicópteros
desde el aire y yo me partí entera viendo
por si venías tú entre los equivocados.
Los presidentes me hablaron a mí, que soy
humilde y silenciosa, me hablaron cosas del
entendimiento, pero yo sólo me imagino que
me miras y que yo de la compasión tuya me
fortalezco.
Chilenos y hermanos me dicen que no hable
porque todos tenemos registro, pero a mí no
me importa si no estás, aunque no sientas
pena por mí no me importa porque si la
tuvieras vendrías. El Presidente me trajo
noticias, pero tú no sales nunca, no sales
ni te asomas nunca para que yo ahora a ti te
humille, oh mío de mí, con palabras de mi boca.

V.D.H.

Háblenme entonces países del mar, del aire y de los
continentes que son.
Díganme países chilenos por qué.
Por qué por negritud se pone el día y volando pasan
y no me huelen siquiera si a todos huelen.
Díganme entonces por qué me morí.

Estoy hueco, loca de amor y muerto. Me acerqué con los pocos huesos y sólo la piedra quedó. Por abajo me fui arrastrando con el río de mis hermanos y me allegué a los países que se nombran.
Primero éramos nosotros, mandante el único país y los demás eran pueblo por apellido de la madre mía.
Pero los hermanos se tocan y hablan cosas entre ellos. Pero a mí no me incluyen.
Las provincias lo dicen. Lo dice el versículo de los presidentes y de las autoridades chilenas, blancas y mandantes. Todos los versículos de parentesco ordenan que reparen en mí, pero ellos no cumplen.
Para ellos yo no soy sino un bulto.
Son todos ostentosos, no me miran ni me hacen caso.
Esperen a que los países chilenos se despierten y vuelvan.
Sí, sí, esperen no más a que se saquen las orejeras.

M.E.S.

Háblenme y díganme entonces por qué llegan todos
Y no me miran.
Por qué siguen de largo.
Por qué vienen aires y vientos y no me rozan como
si yo fuera nada.
Por qué me ignoran y se hacen los indiferentes.

Por qué vienen los presidentes, los mandados y los
animales si es sólo para negarme. El viento junta
piedras a mi alrededor pero yo crezco para abajo
enterrándome como versículos. Sí, porque el viento
y las piedras se entienden y en cambio a mí incluso
las cucarachas me esquivan o no me ven.
Toda la tierra habla, los países, los rascacielos, la
nieve y el pasto. Yo me arrastro con los hermanos y
todos se llaman con los mismos nombres secos y
duros, pero nadie dice nada, nadie habla y hasta
el aire a mí me atraviesa como un hueco.
Díganme países chilenos, hijos de los nombres secos
y duros, por qué el viento no me sacude a mí aunque
sea como las hojas. Por qué no me mueve siquiera
así como a las faldas de las mujeres.
Pero a nadie le importa. Ninguno quiere escucharme
nadie repara en mí y la tierra gira olvidándome.

Mírenme ahora poderes intercontinentales de las misileras chilenas y bases.
De los rayos que vieron surcar el cielo cuando era Nueva Santiago una estrella como Nueva Cuzco.
Todos están desaparecidos, tal vez los satélites que dan vueltas son sus tumbas.
Pero los hermanos míos están, gauchos y camaradas aunque a mí no me toquen ni me vean.

Por planeamiento fueron los países. Así yo también me fui del alma y los vi a todos: blancos los países del cielo, azules los del mar y amarillos los humanos pendencieros y despreciativos.
El padre mío me dijo, él habló del exterminio. Primero fueron los sueños, luego el pensamiento y al final los poderes que tienen los hombres o los mandantes o los presidentes.
Así cayeron los países chilenos. Son quince contó padre. Cuando planearon juntos fue tan hermoso.
Ay entonces, les dije a ellos, háblenme, tóquenme que ustedes son mis países y yo no soy rencoroso.
Cuando me miren países chilenos, de nada valdrán sus antiláseres ni la hierba que a mí me cubra ni la pena que sientan. De nada sus misiles, sus bombas teledirigidas, sus caza satélites. Sólo el dolor será.

ANA CANESSA
ROMPE A LLORAR FRENTE A SU HIJO

¿Todo el amor? Te fuiste. Te fuiste no más y vino el aguacero. Lluvia del amor que tuvimos per te figlio, hijo mío. Dove sei stato? ¿Dónde? ¿Dónde? Bimbo mío te arrancabas porque querías ver de nuevo a tu padre que tan joven se me fue, río de mis estrellas, como tú ahora te has marchado, fli fli, figlio mío. Volviste tras padre comido y llegó el aguacero. Lluvia y lloro del amor mío que se me ha ido. Yo no te quería pero te quise. Cuando llegamos de Genova Io non'o trovato parole più belle per dirti figlio mio, hijo mío. Mira ahora las lenguas muertas. Porque qué poco me parecen las palabras que te digo en muerto como todo lo oral y lo escrito. Y ahora qué lejanas me parecen las cosas, las palabras íberas, toscanas e idiomas. Con metal le digo a usted que escarbe tras estas letritas y vea el torrente de mis estrellas que cayó en noche, duelo y amor. ¿Todo el amor? Todo todo... figliollino mío. Todo el amor ¡Es tú! ¡Es tú!

¿Yo?

ANA MARÍA ZURITA
ROMPE A LLORAR FRENTE A SU HERMANO

Hermano puso, pone, chanta y larga; te amaba, te quería tanto fratello mio, che Io non credevo que te pondrías malo, borro y punto. Al abrirse, al verse las letras que tu pusiste yo vi tu cara y tras tu cara miles de fosas y puntos del cielo escribiéndose. A qué hondor llegaste ahora. A qué punto de tu pesadilla. A qué mal y cativa del tuo sogno sei arrivato fratellino mio, fratello, mar de las estrellas. Lloro puse cuando éramos niños y tu me pegabas. Sei un bimbo bello ma cattivo. Lloro puse y ahora delante de ti que poco y chico me parecen las luces de las naves, de los misiles y espaciales subiendo. Io vorrei dirte. Yo quiero decirte. Quiero yo contarte. Más abajo te vi de los países enterrados, más abajo de los galpones y de las tumbas. Io voglio. Yo quiero. Yo digo que tomes mi mano nuevamente y vamos juntos. Toma fratello mío mi mano, recoge todo el manto de mi amor cuando te miraba, abrázame ahora y escucha.

¿Escucho?

JOSEFINA PESSOLLO ROMPE A LLORAR FRENTE A SU NIETO

–26 de marzo de 1986–

Peña, anima de la mia fede. Peña y roca de mi amor nipote mio, sei bello, si bello ma cattivo. Tutto l'amore? Todo el amor, piedra de mi pasión, pivote mío, arco de mis estrellas. Tu abuela te habla. Tu veli montón de piedras a ti que te moriste. Desde el fondo de la tierra te habla y las palabras muertas se me agolpan en la boca per dirte, para decirte que nadie en el mundo, que nadie te quiso como yo. Que nadie te quiso así como yo italiana de oriunda, abuela tuya y de la tua sorella, que nadie, que nunca nadie en el mundo los amó tanto como yo. Ma dove ti sei perduto? ¡Yo te levanto! ¡Yo te sostengo! ¡Yo te devuelvo la fe!; pero dime dónde estás, dónde, dónde. Se vinieron los países pero tú no estabas ni entre los nuevos ni entre los viejos. Se vinieron miles de naves voladoras pero no eran el brillo de tus ojos. Se vinieron las estaciones del nuevo Mundo pero tú no estabas. No estaba la noche cubriéndolo todo. No estabas tú, mar de las estrellas. Ven ahora lindo pequeño, ya no juegues a las escondidas conmigo. Te moriste. Acércate ahora, cubre mi lloro y mira.

¿miro?

TE LLORAMOS CANTANDO

«No hay tumba tucán. Ha muerto,
como del fondo de las piedras,
del canto de los pájaros, del
rumor de los ríos ha muerto la
roca de sus amores ahora sólo
un guijarro del día. Planearon
como las naves voladoras las
lenguas muertas. Planearon
ante el cuerpo, corpo chorai la
muna, se dijeron que la carne
se va y en todos los idiomas
muertos se escuchó entonces:
Ay sí te moriste y te lloramos
cantando, Manto ruca y chamán»

EL PAÍS DE HIELO

EL DESAMOR CONGELÓ ENTONCES EL PACÍFICO
UNO FRENTE AL OTRO SUS PAREDONES ERAN DOS
ENLOQUECIDOS TÉMPANOS ESTRECHÁNDONOS

EL PAÍS DE HIELO I

Y entonces del amor helado comenzó a solidificarse el
mar y los muros de sus abiertas aguas se endurecían
mientras detrás todo el océano iba emergiendo igual
que un inmenso glaciar   destellante   como en un parto
cuajándose de frío bajo los parados cielos

Ins. 49

Del amor helado se parieron entonces las congeladas
aguas y era el Pacífico glaciándose

Al frente   como si el aliento de todos los hombres se
hubiera escarchado en sus bocas y la suma de todos
esos alientos fuera el témpano del océano

Mostrando tras de sí las llanuras y tras las llanuras
los Andes y tras los Andes todo el cono sudamericano
congelado del amor   escaldado   entrando como entran
los ríos entre esos paredones

Cuando toda la inmensidad del Pacífico se alzó detrás
de sus murallas y las rompientes parecían cordilleras
siguiendo el paso de las praderas   de las costas   de
las tundras de la vieja vida huracanándose entre las
aguas   Cruzaron y fue el aliento de sus bocas el que
lo escarchó todo   repetían los helados países   como
tribus de nieve   solos   cavándose bajo los témpanos

EL PAÍS DE HIELO II

Y como congeladas carcasas
nuestras bocas parecían
aún gritar bajo los témpanos

Se congeló entonces la inmensidad del océano   se abrió
de un tajo el abismo de las escarchadas aguas y el país
que fue nuestro se dibujó como una lejana línea de hielo
azulosa   bordeando los glaciales murallones del Pacífico

Cuando el congelado cielo mostró las costas de un país de
hielo y sobre ella nuestras caras pasadas de nieve
inmóviles   con los ojos fijos aún mirando las antiguas
olas

Todavía mirando el antiguo amanecer cuando el mar que
fue nuestro mostró las escarchadas rompientes y luego
la larga playa de un país congelado bajo los hielos   Fue
el poco amor   fue el aliento de sus bocas helándolo todo
parecían aún gritar nuestras bocas   desdentadas   caídas
como viejas carcasas de barcos hundidas en los témpanos

EL PAÍS DE HIELO III

No habrá una palabra   sólo el duro
cantil del hielo y las nevadas. Los
países están sepultados bajo los
témpanos y entre ellos uno que fue
el nuestro.
Te lo recuerdo ahora. Ahora que
las palabras son inaudibles como
lo son los pasos en la nieve.
Esto a propósito de caminar sobre
el hielo de un mar congelado
creyendo que es tierra firme. Por
lo general se advierte. Esa vez no.

No vimos nada   no sentimos nada   no escuchamos nada
y era como si gritaran los témpanos flotando en el espejo
negro del mar

Como grandes ciudades de frío recortándose en el cielo
de la noche   azulados   devolviendo como en un sueño
las miradas

Dejando ver debajo de ellos las congeladas barracas   los
derruidos barcos   los estadios ahora vacíos y eran como
otro sueño los bloques de hielo fulgurando en el azul
pizarra del cielo   allí donde se desprenden los grandes
témpanos y somos nosotros el desprendido cielo muerto
mirando los glaciares de la noche   perdidos   gritándose

EL PAÍS DE HIELO IV

Acuérdate entonces del morado
del amanecer de las luces del
puerto parpadeando en la costra
congelada del Pacífico del molo
enterrado bajo los glaciares.
Las caras así inmóviles bajo los
hielos; hombres mujeres niños
tirados al destripadero por estar a
la mano.
Nada hubo ni nada hay para ellos.
Es sencillo:
yacen allí únicamente recuérdalo.

Miles de témpanos flotaban recortándose sobre la noche
como repentinos recuerdos fulgurantes iluminando la
playa muerta

Iluminando los inmensos estadios vacíos los galpones
los helados campamentos cuando nos vimos morir y el
golpe del frío nos dejó pegados al borroso horizonte

Mostrando las congeladas barracas las rotas graderías
las jaulas transparentándose bajo la escarchada costa
chilena Lloramos Matamos Morimos y eran los
grandes hielos que avanzaban borrándolo todo hasta
que sólo quedasen los últimos glaciares el último
océano el último témpano cercando la asesinada playa

EL PAÍS DE HIELO V

Recuerda entonces la bodega del
carguero y el pedazo de cielo que
dejaba ver la cuadrada escotilla
abierta en el techo.
Recuerda el color del amanecer
del mediodía   de la roja tarde
recortado en esa escotilla.
Y recuerda el viento polar de la
muerte y sus témpanos helando
la bodega…
Nada, sólo la silueta de un barco
en el cubo de hielo de la noche.

Fantasmales   sepultadas en el gigantesco cubo de hielo
de la noche   todavía se alcanzaban a ver las cumbres
chilenas

Como pañuelos detenidos en el instante de la despedida
y era como un soplo el viento polar de la muerte que
congeló a la noche

Que congeló el cielo y bajo el cielo las cumbres y detrás
de las cumbres el mar y luego el muelle de un puerto
las inmóviles grúas   el laberinto de los molos   y al final
fulminante   inmensa   la oscura silueta de un carguero
ocupando el lugar de la noche   de la noche fatal de Chile
escarchada   cubriendo la membrana azul de las montañas

NO HABRÁ NADA

No habrá nada, sólo el hielo trizando tu
cara y las ráfagas polares del viento.
Más allá está el sur imaginario, un país
que una vez tuvo nombre, un mar, unas
cumbres. Quien te habla también tuvo
un nombre. Te lo recuerda.
Afuera el océano se ha congelado y el
Maipo y el Lebu, cargueros de la
Compañía Sudamericana de Vapores,
están sepultados bajo los témpanos. El
remolcador existió una vez. El puerto
de Valparaíso también yace debajo de
los hielos.
Imágenes de hace miles de años al alba.
Todo continúa allí. Atrás otros barcos,
el buque escuela Esmeralda.
Para siempre otros barcos. Para siempre
otro océano, otras olas, otro Pacífico.

NO HABRÁ NADA

No habrá nada, nada fuera del escarchado
mar y de los témpanos.
Al frente, sepultada bajo los glaciares, la
costa de Chile se alcanza a transparentar
y las luces del puerto de Valparaíso
siguen encendidas bajo el casco de hielo
como si el amanecer también se hubiera
congelado.
Tú estarás todavía allí o nada. La costra
helada del mar deja entrever abajo el
paisaje de un molo y más abajo las
maquinarias de la estiba, las grúas, el
malecón, los barcos usados como jaulas
de hombres.
Tu estarás aún allí Félix Figueras, lector
de Joyce, comunista, una vida sencilla
en resumen, luego las patadas, el baño, la
muerte, los cerros escarchados de las olas.

NO HABRÁ NADA

No habrá nada. Ningún sueño en el sueño
ni en la muerte, sólo tu amor arrojándose
por la borda como si las olas de un océano
desconocido te llamaran.
No habrá un muro, sólo el duro borde del
hielo y un dios sin perdón sepultado en
los témpanos.
No habrá nombres. Tampoco un nombre
para tu nombre ni tu vida. Barcos usados
como jaulas de hombres congelados en la
bahía, en fin, tipos mandados al matadero
por nada.
Nada ni nadie será el alba.
No habrá sumas ni oraciones ni túmulos,
sólo el gasto inútil de irse entre gritos,
otros hombres golpearán a otros hombres
y será igual. Reaparecerás en los glaciares.

EL PAÍS DE HIELO IX

Y congelada bajo el casco polar
como los remordimientos,
las auras o los sueños, América
aún alcanzaba a verse tras
la escarchada cerca de la noche

-Hielos, América
revisitada

Y encima los pálidos hielos
como pañuelos estrangulados.

-Hielos, la noche

Sepultada bajo kilómetros de hielo   inmóvil América se alcanzaba todavía a ver tras el estrangulado cielo de su noche

Detrás de sus golfos y radas   de sus viejos puertos   de sus playas tendidas debajo de los témpanos   largas vacías   todavía dibujándose detrás de la congelada línea de las rompientes

Cuando abriéndose por un segundo el escarchado cielo mostró abajo los témpanos y bajo los témpanos miles de puertos congelados al borde del mar   Se congelaron primero los puertos y después el Pacífico y después el cielo   parecía gritar ahora el albo glaciar americano inmenso   enloquecido   cercando la estrangulada noche

EL PAÍS DE HIELO X

Y ese era el glaciar americano:
abajo Chile aún se podía ver
sepulto en el mar de esos hielos

-Valparaíso, Chile,
bajo los témpanos

Abajo el hielo de tu corazón,
los azulosos glaciares, la
noche perpleja de los témpanos

-En la helada quilla
de la noche

Igual que quillas de barcos interminables aguzadas
millones de imágenes hendían el cielo perplejo de la
noche

Mostrando muchedumbres con las manos en la nuca y
las caras perplejas estampadas en los témpanos como
de sueños emergiendo en la alucinante blancura de
esas heladas

En la rayante palidez de los glaciares de los cielos de
frío y eran como abruptas imágenes de un día muerto
las caras todavía mirándose en el horizonte congelado
de esos hielos Se congeló América parecía sancionar
la noche perpleja de los témpanos solidificada final
hendiendo su quilla en el escarchado cielo del Pacífico

EL PAÍS DE HIELO XI

Todo el amor congelado cayó
y era el glaciar del cielo
recostándose sobre el Pacífico

Y era el glaciar de la muerte
recostándose sobre el
hielo infinito de tu corazón

Cargueros de la muerte tu
corazón

-En los glaciares
de tu corazón

Entonces el glaciar del cielo se tendió sobre el glaciar del Pacífico y era como dos pedazos de infinito destellando en la noche

Mientras el horizonte se iba estrechando entre ellos hasta dejar sólo los cargueros chilenos y al lado la interminable fila de prisioneros con las manos arriba   como si todavía quisieran separar el cielo y el mar

Cuando el glaciar del cielo cubrió el glaciar del Pacífico mientras al medio los prisioneros se iban fundiendo con el horizonte   con los ojos ciegos   ovillándose de frío en el cubo de la noche   allí donde los témpanos del cielo y del mar se cierran y es sólo el frío de nuestro corazón el mar   el cielo   los cargueros de la muerte esperándonos

LA VISIÓN DE LA ANTÁRTICA

Inscripción 280

Y arriba también congeladas las
antiguas mañanas colgaban de la
noche como témpanos guillotinados

Entonces se vio la escarchada noche entre los murallones de hielo del Pacífico cada vez más altos allá donde doblándonos nos tocamos a pedazos las borroneadas caras y eran como lejanas caras muertas los témpanos flotando sobre el negro infinitamente congelado del cielo

Cuando nuestras vidas se nos derrumbaron como bloques de hielo en el mar y muriendo vimos la escarchada línea del horizonte

Reflejando abajo las costas y arriba el inmenso cielo negro cubierto de témpanos brillante suspendido en las alturas

Flotando sobre la congelada tierra y los hielos que se abren como el Pacífico bajo la guillotina del cielo sí: cuando todo lo que amanece está muerto y es la muerte el amanecer sudamericano

Cuando rotos ante la escarchada costa ante el escarchado mar ante el escarchado amanecer alcanzamos a ver un largo país atravesado entre los glaciares allá donde las mañanas cuelgan cielo abajo como ahorcados témpanos y es la muerte la única vida acerada guillotinándonos y guillotinándonos hasta el fondo más glacial de la noche

TE VES CAER

Te derrumbas. Te ves caer en medio de la muchedumbre
y sientes el golpe final del frío, de la aterrada, sollozante
humanidad que grita perdiéndose entre los témpanos.

CANTO A SU AMOR DESAPARECIDO

Era un océano de pus y sangre y las quemaduras
surcaban sus cuerpos
Zurita, por caso: ¿No viste entre ellos a mi padre?

Canto de los hijos solos

Y ella llorando decía
«Nadie me quiere y mis hijos me han olvidado»
¿Pero puede alguien abandonar en la calle
a sus hijos más pequeños
o una madre olvidarse del crío que amamanta?
Pues bien; aunque tú me mostrases muchedumbres
que sí los olvidan
¡Yo nunca me olvidaré de ti!

Y tú ¿lo recuerdas?

YO SOY MARÍA JOSÉ MARTÍNEZ
SU HIJA

Abel, mi padre, nació en Viña del Mar en 1947. Hijo de Georgina y Abel, creció en Viña con su mamá y su hermano Bruno.
De origen muy pobre, desde chico se las arreglaba para trabajar en distintas cosas. Recuerdan que se hacía querer siendo colaborador, que alegraba la vida, le gustaba bailar y era chistoso. Recuerdan, especialmente, que era protector y responsable, y que tenía intereses políticos y sociales.
Muy joven conoció a María Isabel y prontamente armaron una familia. Eran dos jóvenes haciéndose cargo el uno del otro. Tuvo cinco hijos, Claudio, Abel, Cristian, Luciano y yo. Participaron en la toma Salvador Allende en Viña, luego consiguieron un terreno en el cerro Mariposas, en Valparaíso, donde crecimos nuestros primeros años.
Era delgado, alto y crespo, la única foto que tengo de él es cuando vendía helados en la playa; con mis hermanos recordamos que hacía manzanas confitadas que sellaba en plástico para venderlas en la calle.
Mis recuerdos de él son en nuestra casa de cerro Mariposas, las utopías que siguió, los sueños para todos. O de su cariño cuando llegaba a casa y nos reuníamos a comer lo que nos traía.
Era militante del MIR, sus compañeros lo recuerdan jugado por su opción política. En medio de la resistencia en los primeros años de dictadura, lo detuvieron en Viña del Mar y estando detenido pidió a sus compañeros que nos cuidaran, los que sobrevivieron se hicieron cargo de sus hijos.
Él era Abel Alfredo Vilches Figueroa, detenido y desaparecido el 27 de enero de 1975. Yo soy su hija, María José Martínez y lo recuerdo.

/Recuérdalos tú también

¿Recuerdas su cara?

YO SOY MANUEL GUERRERO ANTEQUERA
SU HIJO

Manuel, mi papá, nació en junio de 1948 en Santiago. Hijo de un escritor autodidacta y de una trabajadora costurera, tuvo ocho hermanos. Creció entre los viajes que hacía mi abuelo recogiendo historias para sus personajes. Su infancia estuvo marcada por la pobreza. Ingresó a la Jota a los 14 años, y fue dirigente estudiantil de la Federación Nacional de Estudiantes Normalistas.

Conoció a Verónica Antequera, mi mamá, en la «Marcha por Vietnam». Tuvieron dos hijos: América y yo. El día en que se casaron hubo un paro de la locomoción colectiva y, el «peladito», como le decían a mi papá, se las arregló para llegar a la ceremonia en un camión de la basura.

Le gustaba leer y estudiar. Admiraba la literatura soviética y a César Vallejo. Vibraba con la música. Fue un gran bailarín de rock 'n' roll y cuentan que fue uno de los que trajo la salsa a Chile. Los recuerdos más lindos que tengo de él son de cuando lavábamos juntos los platos, o cuando, el año 84 viajamos a Cartagena y en su radio a pilas escuchábamos a Bob Marley. Mi padre era un amante de la vida.

Después del golpe, mi papá se quedó en Chile reorganizando la Jota; fue varias veces detenido y torturado. Salimos juntos al exilio, y estando en Hungría, tras separarse de mi mamá, se enamoró de Owana, con quien tuvo a Manuela Libertad. No la alcanzó a conocer, tras retornar a Chile y sumarse a la actividad gremial de los profes, en marzo de 1985 fue secuestrado por carabineros desde el Latino.

Él era Manuel Guerrero Ceballos, ejecutado político el 30 de marzo de 1985. Yo soy Manuel Guerrero Antequera y lo recuerdo.

/Recuérdalos tú también

¿Recuerdas su boca?

YO SOY ROSA MOLINA HUARACÁN
SU HIJA

En el invierno sureño de 1939 nació Freddy, en Concepción. Creció con su madre, a quien adoraba y sus hermanos José y Rosa. El barrio norte de esa ciudad lo vio crecer ayudando a su madre a vender carbón en la vega monumental, en los paseos a las playas de Dichato y Penco, peluseando con sus amigos colgándose de los trenes y jugando fútbol.
En Concepción trabajó como pescador, zapatero y aprendió a tejer unos lindos bolsos con hilos plásticos. Conoció a Inés, con quien se casó en 1962 y nacieron sus hijos Freddy y yo, Rosa. Buscando una mejor vida el 66 emigramos a Santiago, donde nació María Luz, su regalona. Vivíamos en el Cortijo y trabajaba como obrero haciendo casas fuera de Santiago; al regresar era cariñoso, nos cocinaba sus calditos favoritos: porotos o sopa de pan.
Le encantaba ver películas de vaqueros y de Cantinflas en el Teatro Chile. Lo recuerdo lindo, alto y delgado, de ojos verdes. Era conversador y se vestía bien. Recuerdo cuando tomaba un chalón y nos llevaba a sus tres hijos a la arboleda del Cortijo: tomábamos sombra y compartíamos con los vecinos; o la felicidad al viajar en tren a Concepción, de vacaciones a ver a su madre.
En septiembre del '73 allanaron nuestra población. No tenía militancia política, pero no tenía su carnet de identidad y lo detuvieron. Él era Freddy Molina Rodríguez, ejecutado el 26 de septiembre de 1973. Yo soy su hija, Rosa Molina Huaracán y lo recuerdo.

/Recuérdalos tú también

¿Recuerdas su voz? ¿Recuerdas sus dientes?

YO SOY VERÓNICA BUENO CIFUENTES SU HERMANA

Mi hermana Carmencha, nació el 16 de julio del año 50 en Santiago, creció en una familia cristiana de clase media y fue la tercera de cinco hermanos. Los adoquines de la calle República la vieron jugar, estudió en el liceo n°1 y a principios de los 70 entró a estudiar cine en la Escuela de Artes de la Comunicación de la Católica.
La Carmencha tenía una mirada que te marcaba, era una mujer decidida y audaz, valiente al romper prejuicios, contestataria a nivel familiar. Era súper enamoradiza, bien polola, comprometida con sus amores y muy cariñosa. Muy linda, tenía los ojos verdes, el pelo largo y una bella sonrisa; era regalona pero con un carácter fuerte.
Recuerdo que mi hermana me enseñó a abrocharme los cordones de los zapatos, y a pesar que teníamos 16 años de diferencia, su vida me abrió una ventana a un mundo distinto. Entró a militar al MIR junto a mi hermana Loli cuando eran muy jóvenes y fueron muy compinches.
Su compromiso con el arte la llevó actuar en la película de Littin «Tierra Prometida» y a participar en la producción de «A la sombra del sol» de Caiozzi y Perelman, donde conoció a su compañero Jorge Müller. El 74 estaba trabajando en el documental «Año santo chileno» junto a un colectivo de cineastas. Creativa, la recuerdo siempre con las manos ocupadas, bordando y tejiendo.
Ese día de noviembre del 74, iba a Chile Films con Jorge cuando fueron detenidos por individuos de civil. No volvimos a verlos.
Ella es Carmen Bueno Cifuentes, detenida y desaparecida desde el 29 de noviembre de 1974 y yo soy Verónica Bueno Cifuentes, su hermana menor y la recuerdo.

/Recuérdalos tú también

¿Recuerdas sus pómulos?

YO SOY ISABEL GALLARDO MORENO
SU HIJA

Alberto mi papá, nació en la primavera de 1912 en un pueblo llamado Gatico al sur de Tocopilla, fue el único hombre de una familia de varias hermanas, su madre murió cuando eran muy niños. Fue obrero metalúrgico como mi abuelo. Recuerdo el calor de las manos de mi padre, las mismas con las que con precisión podían crear las figuras más pequeñas.

Conoció a mi mamá Ofelia en Santiago. Emigró a la capital en busca de nuevas oportunidades y llegó a arrendar una pieza en la casa de ella en la calle Herrera. Se casaron en el mes de octubre del año 42 y tuvieron 4 hijos.

Cuenta mi mamá que cuando mis hermanos eran chicos los llevaban a la matiné del teatro Novedades y ellos se escapaban al cine Santiago a ver películas mexicanas y argentinas. Más de una vez los escuché cantar juntos rancheras y tangos. Vivimos 12 años en Buenos Aires, dejamos el país por la ley que proscribió su militancia comunista, allí encontró trabajó como matricero en loza. Recuerdo sus largas jornadas de trabajo. Era muy cariñoso mi papá, honesto, bonachón, me decía «gordiflare»…

Volvimos a Santiago el año 69; mis padres estaban ansiosos de ver lo que estaba pasando en el país. Nuestra vida cambió para siempre la noche del 18 de noviembre de 1975, a mi padre se lo llevaron junto a otros familiares… no lo volvimos a ver.

Él era Alberto Gallardo Pacheco, ejecutado el 19 de noviembre de 1975 en Villa Grimaldi. Yo soy Isabel Gallardo Moreno, su hija, y lo recuerdo.

/Recuérdalos tú también

¿Recuerdas la madrugada? ¿Recuerdas la morada garganta de la madrugada?

YO SOY VIVIANA GALLARDO SU SOBRINA

Mi tía Catalina nació en Santiago el 3 de diciembre de 1945, coqueta y alegre fue la segunda de cuatro hijos que tuvo Ofelia y Alberto, mis abuelos. Cuando tenía 12 años se fue con toda la familia a Buenos Aires, porque mi abuelo, que era obrero tornero y comunista había sido exonerado de ferrocarriles en el tiempo de González Videla. Gran parte de su juventud la pasó allá y fue una experiencia muy importante para todos nosotros. En Argentina mi tía formó parte de la comunidad católica y trabajó con niños.

Cuando volvieron a Chile, entró a estudiar secretariado en el Manpower y formó parte de las Juventudes Obreras Católicas. Era una mujer crítica, solidaria y justa, preocupada por los demás, tal vez por eso entró a militar al MIR.

Atesoro de mi infancia ver a mi tía Cati, en su tocador lleno de perfumes y cosas, me decía ¡cuidadito eh!, le gustaba disfrutar de la vida: ¡bailaba como pirinola!, con ella aprendí a bailar cumbia y rock 'n' roll, a ser ordenada, y comprendí qué significaba ser una mujer independiente. En ese tiempo ella jugaba conmigo y se preocupaba mucho de mí.

El año 1973 se casó con mi tío Rolando en una ceremonia en la casa y tuvieron un hijo, mi primo Beto, a quien no alcanzó a ver crecer, porque el 18 de noviembre de 1975, nos detuvieron junto a otros 7 familiares, desde nuestra casa en la calle Herrera. No los volvimos a ver.

Ella era mi tía Catalina Gallardo Moreno, ejecutada el 19 de noviembre de 1975, y yo soy Viviana Gallardo y la recuerdo.

/Recuérdalos tú también

¿Recuerdas el chirrido de frenos al amanecer?

YO SOY ANDRÉ ROPERT BLANCO
SU SOBRINO

Mi nombre era Enrique Ropert Contreras y me decían *Lolo*. Nací el 4 de mayo de 1953 en Concepción, dos días después hubo un terremoto que sacudió la ciudad, como un signo de lo que sería mi vida. Mis amigos dicen que era un cabro que se hacía querer, muy simpático y bueno para la chacota.

Viví en Francia tres años, Enrique mi papá, que era un poco científico loco, se fue a estudiar allá y nos dejó con mis hermanos Max e Isabel en un internado. Cuando volvimos a Chile, entré al Instituto Nacional y empecé a militar en el MIR.

La Ana María, mi polola, decía que era muy buenmozo, en mi *renola* me gustaba echar pinta... Era un tipo re macanudo. Con mi hermano salíamos los fines de semana con las niñas y las invitábamos al Teatro Marconi, en la tarde era divertido porque se armaba la escoba en el *Coppelia* con los hippies y todos los gallos. Cuando entré a la universidad se cortó toda esta tanda porque prácticamente vivía en la Fidel Ernesto, la población donde trabajaba, ahí me conocían como Antonio.

El día 11 de septiembre de 1973 en la mañana, bajamos desde nuestra casa en el cañaveral con mi hermano Max para acompañar a mi mamá –la Payita–, a su lugar de trabajo. En el camino, se bajó Max y nosotros seguimos hacia La Moneda. Me detuvieron junto a un grupo del GAP frente a la Intendencia. Tenía 20 años, después de eso la familia se dispersó en el exilio.

Él era Enrique Ropert Contreras y fue ejecutado tras el golpe militar. Yo soy André Ropert Blanco su sobrino menor, y lo recuerdo.

/Recuérdalos tú también

¿Recuerdas los golpes en el alba y la feroz claridad del nuevo día?

YO SOY CARLOS ARRIAGADA MÜLLER SU SOBRINO

Jorge nació en el verano de 1947 en Santiago, hijo de Rodolfo e Irma, su padre había llegado a Chile el año 37 desde Alemania huyendo de la persecución nazi. La familia migrante se instaló con un taller mecánico en la calle Morandé y fue cerca de allí donde Rodolfo conoció a Irma, que venía de Tucapel. Tuvieron dos hijos, Sonia mi mamá y Jorge.

De joven mantuvo el espíritu inquieto y desordenado. Lo recuerdan alto, buenmozo, con el pelo largo, con los pantalones roídos y sus chalas. Estudió cine en la escuela que la Chile tenía en Viña del Mar, fue militante del MIR y defendió sus ideas desde la vereda del arte. Nunca le aproblemó que lo tildaran de «burgués» porque andaba pa´ todos lados con la «diabólica», su citroneta. Era un tipo aventurero, bohemio y gozador de la vida. Su compromiso se expresó a través del trabajo como cineasta: fue el camarógrafo oficial de La Moneda y colaboró en muchas producciones de la época: como en «La batalla de Chile». Sus compañeros cuentan que tenía una capacidad de observación asombrosa y una creatividad sin igual: amaba dibujar y hacer música: tuvo un grupo que se llamaban Los darks.

Cuando filmaban la película dirigida por sus grandes amigos Caiozzi y Perelman, «A la sombra del sol», se enamoró de Carmen Bueno y fue su compañero. Caminaban juntos a su trabajo en Chile Films cuando son detenidos por civiles en Bilbao con Los Leones. Desde ese día no hemos dejado de buscarlos.

Él es Jorge Müller Silva, detenido y desaparecido desde el 29 de noviembre de 1974. Yo soy Carlos Arriagada Müller, su sobrino y lo recuerdo.

/Recuérdalos tú también

¿Recuerdas la última luz sobre sus labios?

YO SOY YORKA SALINAS MARTÍN
SU HERMANA

Isidro nació el 12 de febrero del 68 en Santiago, éramos cinco hermanos, nuestros padres eran Margarita y Benedicto. Era un niño muy callado, siempre andábamos juntos; era como un viejo chico dos años mayor que yo, muy protector. Nuestro padre era músico y salía de gira, e Isidro se quedaba como el hombre de la casa.
Vivimos en distintos lugares de Santiago. Era inteligente, todo lo que aprendía lo absorbía sin esfuerzos. Nuestra abuela Elba vivía en Gran Avenida, él me iba a buscar al colegio y nos quedábamos el fin de semana allá.
Era moreno, delgado y alto, de pelo ondulado como nuestro padre. Como a los 16 años empezó a salir a fiestas de amigos de la parroquia La Estampa, en Independencia, le gustaba la música disco y Soda Stereo. Su amigo más cercano era nuestro primo Ulises, compartían mucho, arreglaban su ropa para tirar pinta, él lo defendía porque mi hermano era más chico…
Cuando vivíamos en 5 de abril, lo pasamos muy bien. Estudió la enseñanza media en el Liceo Pedro Aguirre Cerda, siempre obtenía el premio al mejor alumno. Con el tiempo, en su liceo hicieron el galardón Isidro Salinas a los mejores alumnos.
En nuestra casa siempre fuimos de ideas de izquierda, cuando cumplió 18 años empezó a militar en el Frente: después de la muerte de nuestro tío Camilo, también frentista, nuestra mamá entró y él con ella; él entendía cosas que yo aún no en ese tiempo. Estaba junto a nuestra mamá y nuestra tía en la casa de Mamiña cuando los asesinaron. Isidro estaba en tercer año medio, tenía 18 años. Sí, Isidro Hernán Salinas Martín fue ejecutado el 30 de junio de 1986. Yo soy su hermana, Yorka Salinas Martín y lo recuerdo.

/Recuérdalos tú también

Recuerda que una vez fui y que ya no soy
Recuerda el odio, recuérdame
en las derruidas oficinas de las mañanas

YO SOY CARLOS URRA LÓPEZ
SU NIETO

El abuelito Bernardo, nació el 1 de diciembre de 1911 en Tocopilla y creció en una familia de trabajo. Mi abuelito perdió a su papá a temprana edad, se formó como obrero metalúrgico y me imagino que desde la dureza de la vida pampina, que no lo dejó indiferente, sacó la fuerza que marcó su vida como político y como luchador social comunista.

Él era un hombre moreno grande y macizo, que disfrutaba de las comidas y las fiestas familiares. Se casó con María Olga Flores y tuvo cuatro hijos. Mi mamá me contaba cuando chico que en navidad salía muy temprano y pasaba todo el día en la calle buscando regalos para los nietos, que llegaba a la casa a última hora del día para comer y repartir los regalos.

Mi abuelito, era un hombre muy preocupado de mi familia, lo recuerdan siempre intentando sacar una sonrisa, uniendo a los nietos y haciendo que la gente a su alrededor lo pasara bien. Le encantaba el ballet, la ópera y en sus viajes a Cuba o la Unión Soviética, se escapaba al teatro cada vez que podía. Era un hombre solidario, libre de pensamiento y amante de la cultura: aprendió francés leyendo el diccionario y se paseaba por la casa repitiendo las palabras que leía.

Yo nací el 83, no alcancé a conocerlo pero su memoria me ha acompañado desde siempre. Incluso mi mamá dice que él soñó con tener un nieto artista.

El día 2 de abril del año 76, fue detenido desde su casa en Quintero junto a su mujer María Olga Flores y nunca más supimos de ellos. Mi abuelito se llamaba Bernardo Araya Zuleta, detenido y hecho desaparecer en abril de 1976. Yo soy Carlos Urra López, su bisnieto. Yo no tengo su apellido, pero tengo su sangre y lo recuerdo.

/Recuérdalos tú también

RECUERDA ENTONCES

Recuerda la cara bifronte del amor y del odio
y su calavera única
Recuerda los inviernos cruzados a gritos y
recuerda las saetas del verano
Recuerda los fieltros negros de las semanas
y el atroz número 509
Pero sobre todo recuerda
pobre memoria mía
que aquí nada, ninguno ni nadie está olvidado.

Canto a su amor desaparecido

Ahora Zurita –me largó– ya que de puro verso y desgarro te pudiste entrar aquí, en nuestras pesadillas: ¿tú puedes decirme dónde está mi hijo?

A la paisa

A las madres de la plaza de mayo

A la agrupación de los familiares de los que no aparecen

A todos los tortura, palomos del amor, países chilenos y asesinos

CANTO A SU AMOR DESAPARECIDO

Canté, canté de amor, con la cara toda bañada canté de amor y los muchachos me sonrieron. Más fuerte canté, la pasión puse, el sueño, la lágrima. Canté la canción de los viejos galpones de concreto. Unos sobre otros decenas de nichos los llenaban. En cada uno hay un país, son como niños, están muertos. Todos yacen allí, países negros, África y sudacas. Yo les canté así de amor la pena a los países. Miles de cruces llenaban hasta el fin el campo. Entera su enamorada canté así. Canté el amor:

Fue el tormento, los golpes, y en pedazos nos rompimos. Yo alcancé a oírte pero la luz se iba.
Te busqué entre los destrozados, hablé contigo. Tus restos me miraron y yo te abracé.
Todo acabó. No queda nada. Pero muerta te amo y nos amamos aunque esto nadie pueda entenderlo.

- Sí, sí, miles de cruces llenaban hasta el fin el campo.
- Llegué desde los sitios más lejanos
- con toneladas de cerveza adentro y ganas de desaguar.
- Así llegué a los viejos galpones de concreto.
- De cerca eran cuarteles abovedados, con sus vidrios rotos
- y olor a pichí, semen, sangre y moco hedían.

- Vi gente desgreñada, hombres picoteados de viruela
- y miles de cruces en la nevera, oh sí, oh sí.
- Moviendo las piernas a todos esos podridos tíos invoqué.
- Todo se había borrado menos los dos malditos galpones.
- Rey un perverso de la cintura quiso tomarme, pero aimara
- el número de mi guardián puse sobre el pasto y huyó.
- Después me vendaron la vista.
- Vi a la virgen, vi a Jesús, vi a mi madre
- despellejándome a golpes.
- En la oscuridad te busqué, pero nada pueden ver
- los chicos lindos bajo la venda de los ojos.
- Yo vi a la virgen vi a Satán y al señor K.
- Todo estaba seco frente a los nichos de concreto.
- El teniente dijo "vamos",
- pero yo busco y lloré por mi muchacho.
-            Ay amor.
- Maldición, dijo el teniente, vamos a colorear un poco.
- Murió mi chica, murió mi chico, desaparecieron todos.

Desiertos de amor.

Ay amor, quebrados caímos y en la caída lloré mirándote. Fue golpe tras golpe, pero los últimos ya no eran necesarios.
Apenas un poco nos arrastramos entre los cuerpos caídos para quedar juntos, para quedar uno al lado del otro.
No es duro ni la soledad, nada ha sucedido y mi sueño se alza y cae como siempre, como los días. Como la noche.
Todo mi amor está aquí y se ha quedado.

- Pegado a las rocas, al mar y a las montañas.
- Pegado, pegado, a las rocas al mar y a las montañas

- Recorrí muchas partes.
- Mis amigos sollozaban dentro de los viejos galpones de concreto.
- Los muchachos aullaban.
- Vamos, hemos llegado donde nos decían –le grité a mi lindo
- chico.
- Goteando de la cara me acompañaban los Sres.
- Pero a nadie encontré para decirle "buenos días", sólo unos brujos con
- máuser ordenándome una bien sangrienta.
- Yo les dije –están locos, ellos dijeron– no lo creas.
- Sólo las cruces se veían y los viejos galpones cubiertos de algo.
- De un bayonetazo me cercenaron el hombro y sentí mi brazo al caer al
- pasto.
- Y luego con él golpearon a mis amigos.
- Siguieron y siguieron, pero cuando les empezaron a dar a mis padres
- corrí al urinario a vomitar.
- Inmensas praderas se formaban en cada una de las arcadas, las nubes
- rompiendo el cielo y los cerros acercándose.
- Cómo te llamas y qué haces me preguntaron.
- Mira tiene un buen cul. Cómo te llamas buen culo bastarda chica, me
- preguntaron.
- Pero mi amor ha quedado pegado a las rocas, al mar y a las montañas.
- Pero mi amor te digo, ha quedado adherido a las rocas, al mar y a las
- montañas.
- Ellas no conocen los malditos galpones de concreto.
- Ellas son. Yo vengo con mis amigos sollozando.
- Yo vengo de muchos lugares.
- Yo vengo llorando. Fumo y pongo con los chicos.
- Es bueno para ver colores.
- Pero nos están cavando frente a las puertas.
- Pero todo será nuevo, te digo,
- oh sí lindo chico.
- Claro –dijo el guardia, hay que arrancar el cáncer de raíz,
- oh sí, oh sí.
- El hombro cortado me sangraba y era olor raro la sangre.
- Dando vuelta se ven los dos enormes galpones.
- Marcas de T.N.T., guardias y gruesas alambradas cubren sus vidrios rotos.
- Pero a nosotros nunca nos hallarán porque nuestro amor está pegado a
- las rocas al mar y a las montañas.

- Pegado, pegado a las rocas, al mar y las montañas.
- Pegado, pegado a las rocas, al mar y las montañas.
- Murió mi chica, murió mi chico, desaparecieron todos.

Desiertos de amor.

Nos descargaron cal y piedras encima. Por un segundo temí que te hicieran daño.
Ay amor, cuando sentí el primer estrépito me pegué todavía un poco más a ti.
Fue algo. Sí seguro fue algo. Sentí las piedras aplastándote y yo creí que gritarías, pero no. El amor son las cosas que pasan.
Nuestro amor muerto no pasa.

Es dulce y no. Fue el último crujido y ya no hubo necesidad de moverse. Todo ahora se mueve.
Tus pupilas están fijas, pero cuatro ojos infinitamente abiertos ven más que dos.
Por eso nos vimos. Por eso hablamos tú y yo, mientras con tu espinazo sostienes el mío. Y aunque nadie en el mundo lo verá, yo pensé que sería bueno esto, que está bien. Que sería.

Me derrumbé a tu lado creyendo que era yo la que me arrojaba. El pasto estará creciendo me imagino. En verdad me gustan más las piedras creí, no, el pasto.
Creí que eras tú y era yo. Que yo aún vivía, pero al irme sobre ti algo de tu vida me desmintió.
Fue apenas un segundo, porque después te doblaste tú también y el amor nos creció como los asesinatos.

Ahora todos son caídos menos nosotros los caídos.
Ahora todo el universo somos tú y yo menos tú y yo.
Tras los golpes, ya idos, nos desplazamos un poco y destrozada yo fui lo único que sentiste acercarse.
Nadie sabrá, porque eres tú al que busco, al que cuido. Llorona de ti tal vez seamos todos una sola cosa.
Yo ahora lo sé pero no importa.

- Ay, grandes glaciares se acercan, grandes glaciares sobre los techos de nuestro amor.
- Eh ronca, gritó mi lindo, los dinosaurios se levantan. Los helicópteros
- bajan y bajan.
- Donde yacen los viejos galpones, las paredes muy altas con torres
- de T.V.
- Tú podrías aparecer en las pantallas, oh sí amor.

- En mis sueños enciendo el dial y allí apareces en blanco y negro.
- Digo: –ese es el chico que soñaba, ese es el chico que soñaba.
- Cuando despierto sólo hay heridos en un largo patio y cueros cabelludos
- colgando de las antenas.
- Oigan amigos –les grité– esas épocas ya pasaron.
- Sólo se rieron de mí.
- Marcaron a los muchachos y a bayonetazos les cortaron el pelo.
- ¿Fumas marihuana? ¿Aspiras neoprén? ¿Qué mierda fumas rojo
- asqueroso?
- Pero son lindos. Aún así yo me reglo de verlos, mojo la cama y fumo.
- Yo me enamoro de ellos, me regio y me pinto entera. Envuelta en lágrimas
- los saludo.
- pero todos sueñan hoy el sueño de la muerte, oh sí lindo chico.
- Grandes glaciares vienen a llevarse ahora los restos de nuestro amor.
- Grandes glaciares vienen a tragarse los nichos de nuestro amor.
- Las nicherías están unas frente a las otras.
- De lejos parecen bloques.
- Todo lo vi mientras me daban, pero me viré y mi guardián no pudo
- retenerme.
- Allí conocí los colores y vi al verdadero Dios gritando dentro de los
- helados galpones de concreto,
- aullando dentro de los fantasmales galpones de concreto,
- mojándome entera dentro de los imposibles galpones de concreto.
- Mula chilena –me insultaba mi madre– ya llegará también tu hora.
- Me viré por muchos lugares y vi a mis viejos sin salir de allí.
- Son como Dios.
- Pero ellos no saben que su cachorra se está muriendo de amor y
- golpes en los viejos galpones.
- Ahora me buscan pobres viejos ateridos.
- Preñándonos de gruesos escupitajos juntos, jóvenes y viejos,
- reventaremos.
- Ay amor reventaremos.
- Ay amor reventaremos.
- La generación sudaca canta folk, baila rock, pero todos se están
muriendo
- con la vista vendada en la barriga de los galpones.
- En cada nicho hay un país, están allí, son los países sudamericanos.
- Grandes glaciares vienen a recogerlos.

- Blancos glaciares, sí hermano, sobre los techos se acercan.
- Murió mi chica, murió mi chico, desaparecieron todos.

Desiertos de amor.

Lloré así y canté. Aullando los perros perseguían a los muchachos y los guardias sitiaban.
Lloré y más fuerte mientras los cuerpos caían. Blanco y negro lloré el canto, el canto a su amor desaparecido.
Todo el desespero mío yo lloré. Todo el penar dije el pasto sube ahora hasta las nicherías. Los muchachos paisa le dije ten; ten mi pena y se apaga.

Nostalgia cantamos por los países y por el país chileno.
Procesión fue y sentencia, cruzamos los otros nichos y frente al del país nuestro estalló el salmo.
Toda la pena.
Entero el salmo cayó entonces sobre su amor que no estaba.
De nostalgia toda la procesión se fue cantando así, por todos ellos, por los países muertos puse no, no dolía.

Los países están muertos. Un Galpón se llama Sudamérica y el otro Norte.
Tormento me dio la vista, dije abriéndome. El responso cantamos. Entera mi mala estrella canté entonces el canto a mi amor que se iba. Muchas cruces se llamaban e iban. Todos paisanos dije llorando se ha ido.
Se fue, y yo no peno ni no peno.

La Internacional de los países muertos creció subiendo y mi amor puse.
Todo el amor paisa, todo el lloro mío sumé y sonó entonces la General de los países muertos.
Así sangré yo la herida y al partir rojo sonó el canto al amor desaparecido. Todas estaban como abriéndose igual que fosas estas letritas, el grito el país puse no, no dolía.

- Cantando cantando a su amor desaparecido.
- Cantando cantando a su amor desaparecido.
- Sí hermosa chica mía, lindo chico mío, es mi karma ¿no?
- Todos los países mío y natales se llaman del amor mío, es mi lindo y caído.
- Todos están allí, en los nichos flotan.
- Todos los muchachos míos están destrozados, es mi karma ¿no?

- Me empapo mucho y te quiero todo.
- Cantando, oh sí, cantando a su amor desaparecido.
- Cantando, oh sí sí, cantando a su amor desaparecido.

Argentina, Uruguay y los países chilenos del amor mío y desaparecido.
Por escaleras se sube de un país a otro. Por ascensores se sube o por aviones del amor que también baja a las sombras y a veces sube.
Allí andamos tú y yo. Allí andamos entre las abiertas fosas tú y yo hablándonos: ¿Me comiste? ¿porque tenías hambre chileno me comiste?

Te quería, te quería tanto, dice, que toda la noche negra silbó y yo te sostuve con mi mano y lo viste.
Es cosa sólo de muertos.
Sí es cosa sólo de muertos el ver cada una de estas letras abriéndose en nichos.
Letras, letritas, tumbas dice, tumbas del amor ido dice. Yo te sostuve con mi mano y tú lo viste. ¿Leíste las letras, las letritas?: Países idos dice.

¿No te apenaste? Flores del Central país cambiaron y era que yo me moría.
De tu lado me morí y me pusieron arriba como los países argentinos están ubicados sobre los países chilenos.
Todos van subiendo unos sobre otros: Nichos del galpón americano y muerto se llaman. Nos murieron –digo– de la pena y se llaman.

Del amor desaparecido también se llaman los países. Amurallados yacen como nosotros.
Masacraron a los muchachos y los países se quedaron. Nosotros somos ellos, tiré. Fue duro.
Algunos se apodan países del hambre, de los descampados centrales y región sur o bien USA en el país americano. Más atrás están los otros.
Amor mío: somos nos comidos.

Fin. Y entonces:

.........Reventada de amor toda la enamorada que quepa te cantó allí. Fue más hondo todavía; más debajo de los hoyos negros, del grito, de la pesadilla. Allí la mujer en amor te contó esta historia; es descripción, mapas y países ennichados, pero toda su enamorada te cantó allí. Corte. Tu desierto de amor. Corte. Y entonces:

DE LOS GALPONES 12 Y 13

En párrafos se lee y dice:

Los focos llenaban el camino. El amor de padre y madre se lloraron todos y al abrirse las puertas subiendo recomenzó la balada. De su amor desaparecido recorrió hueco tras hueco, fosa tras fosa, buscando los ojos que no encuentra. De lápida en lápida, de lloro en lloro, por nicherías fue, por sombras fue y fue así:

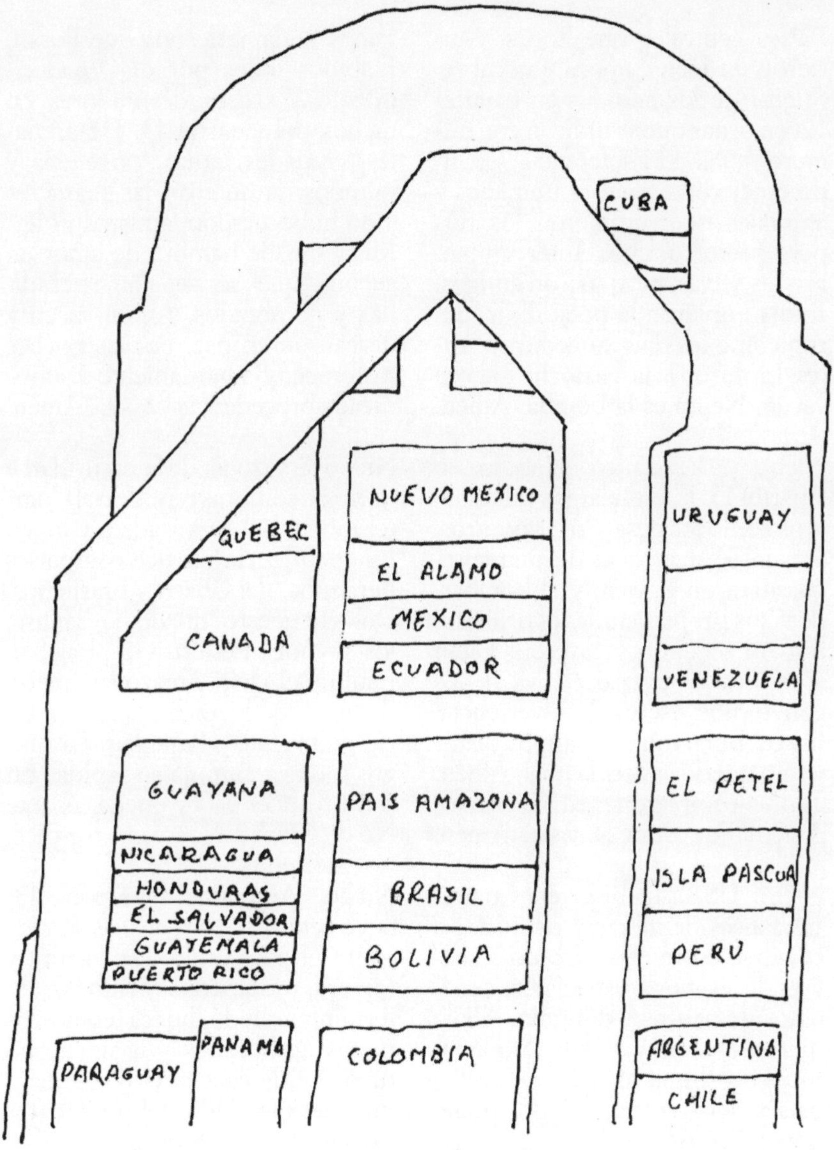

MAPA

Galpón 13. En el medio del paso del mar. Pasadizo y nicho, se lee ubicación por países según rayado y marca.

Países centrales que lloran. Murieron en fecha, época y nombre. Fueron todos habidos en Cuartel 12, en urnas que se indican con número señalado y referencia. Cuando crecieron en países humanos y animales interrumpieron los ríos pero fueron amigos. Interrumpieron las selvas, pero fueron amigos. Interrumpieron la pesadilla y fueron como los días. Sucedió en Antes. Lloraron la larga noche y ahora yacen. Negra es la bomba. Amén.

Países sudamericanos que lloran. Habidos todos por días, padecimiento y países devoradores en nichos del Cuartel 13. De arenales, ciudades indias, carreteras y mundos, levantaron las masacres y no hubo perdón, amistad ni ley. Murieron de hambre de amor en sueños que se señalan, pesadillas y nombrados. Ahora yacen y descansan en paz. Por las noches fosforecen y largan lamento. Está indicada procedencia y queja. Amén.

Nicho país Arauco. Habido en Cuartel 13. Fueron largos valles negros como los desaparecidos otros. Se anotó así: aviones del mar sureño surcaron el cielo y al bombardear sus propias ciudades brillaron por un segundo y cayeron. Están identificados en cuarteles ya dichos con tumba escrita y advertencia. En cal borraron los últimos restos y sólo quedó la herida final. Amén. Todo rompieron en lágrimas. Amén. Fue dura la vista. Amén.

Nicho Amazona: de la oscuridad y juego de sombras remitido al Cuartel indicado con pasadizo y lugar. Fue pendencia y cruce con países peruanos, del Chaco y brasileños. Del encuentro quedó la sangre, los grandes desiertos capital Sao Paulo y el cielo Amazonas quedó dicho. Quedó dicho que fue un río de muerte y Paraguay. La sangre todavía empuja su lápida. En selva resta el país y queda. Amén. No dice fecha. No, sólo Cruz dice.

Nicho USA. Habido en Cuartel 12. Países del norte y remitidos a comerse entre ellos debido a sueños de escudos espaciales, asesinatos de negros y dominio. Abajo fueron el cielo y en sueños llamaron Hiroshima al país que ardía; países del Central, valles y tragadores de las ciudades chilenas. Son noches las tumbas y es toda la noche la tumba americana. Yace como el bisonte en paz. Fue frase Navajo. Quedó escrito. Amén.

Nicho Argentina. Galpón 13, nave remitida bajo el país Perú y sobre el país Chile. De tortura y tortura, desaparecimiento y exterminio quedó hueca como los países nombrados y la noche no tuvo donde caer ni el día. Amén. País desaparecido del horror tras los cuarteles. Desde allí el viento sopló sobre la larga pampa inexistente y apagándose se vieron las masacradas caras. Amén. Lápida 6. Piel blanca sólo dice.

Nicho del Perú y serranías. Como todos referidos en Cuartel y Nave sobre los países dichos yace de Sendero Luminoso y miseria extrema. En cuadrillas de aviones subieron rugieron desde el Urubamba un camino de luz y los destrozados levantaron por última vez sus velas cayendo. De cholai salió el quejido: –Ay malo de mi Perú, dice todo lo que ves son tumbas. Más que en otros lloraron y ahora sólo es sueño y yace. Fue el 7 de los vistos, se gime.

Nicho Colombia y países blancos. Anotados en conjunto. Pasadizo, cuartel, referencia y número dicho. En sierras cayeron tableteando y todo el pueblo fue la muerte primera. Luego, cuando la ciudad M19 enrojeció de fuego el cielo, las cordilleras acompañaron a los caídos y así, de caídos, llorosos y muertos, sólo una nevada fue la Colombia. Resta en paz, sonó el canto de amor a la blanca. Blanco es negro. Así sea, dice, y se llora.

Nicho del país Central. Poco a poco la claridad iba sombreando y al llegar aquí cambió de color. Fue al caer la tarde. Los países se hundieron en silencio pero bajo sus nichos se escucharon los ríos y bajo los ríos el grito de los indios que huían. Luego vino el sangramiento y los ríos sonaron igual que los bombarderos rugiendo. Fin. Murió Santo Domingo, ríos, lagos y verdes selvas. Se lee: fuimos buenos.

Nicho Paraguay. Referido en Cuartel 13. También masacre entre países, guerras del Chaco, de la Plata, condominio y padecimientos. Yace ahora alambrado en nicho, pasadizo y tumba. Dice: paz para el guaraní Marcos, y sonó todo el canto dice, el nicho. Dice: Canto de amor al Paraguay, canto al helicóptero abatido, al país Ipacaraí que mata con la caña. Todo esto acabado. El nicho dice día y sangró.

Nicho 11. Se lee dice: queridos cielos el Caribe. Murieron y está consignado en pasadizo y cuarteles 12 y 13. Fue el último brillo sobre el horizonte, el último fulgor. Millones y millones de pedazos se arrastraban pidiendo, luego cantaron, finalmente subieron y vieron las tumbas del aire abrirse. Como la inmensa luna el cielo brilló otro instante y se apagó. Fue el vacío, el paño negro del amor caribeño. En epitafio se dice: cubrió todo.

Nicho 12: bosques del país El Álamo. Ardió, cayeron y quedó referido sin tumba ni nicho especial. En países quedaron y restos. Inmensos aviones arrasaron tocando el amor calcinado. De láseres, guerra química y pesadilla fueron los bosques ardiendo. Es lloro, se dice, fueron quemaduras. De cenizas es la carne, quedó escrito. De carne son las selvas, quedó escrito. De selvas son los cuerpos y calcinados, quedó escrito.

Nicho: país Haití y cielo. Dice: queridos cielos del central y americanos. No fue el mismo azul, porque estelado, todos rezaron mirándolo. Fueron las grandes naves, vudú y misiles contra estrellas. Ya al terminar, algo del azul del cielo fue el violeta, el frío morado de los cuerpos. Ahora el azulino son los ojos que buscan, la isla que buscan. No, son negras fosas, están idos. En nicho dice: blasfemo su cielo.

Nicho: desierto del país mexicano. Bajo México Nuevo y países USA yace. El desierto mexicano cubrió primero de arena los murales, descendió por pensamientos y al llegar a la plaza, rulfos y estudiantes levantaban sus brazos. Fue jauría y masacre, pero lograron subir todavía unos escalones. Es ruego y ansia el subir se dice, pero así quedó la estampa. México 68 en fecha yace. Pedregal es el nicho. Dice: ni piernas ni brazos, Dios amado.

Tumba Sandino y los verdes lagos. Dice Dios, dice murió la bella Nicaragua noche amada. En nicho y tumba se anota: sitiados por aire y mar, electrónica, contras y sabotaje. Matan a los muchachos en la frontera. Querido todo el lago Nicaragua trepó sobre los albos volcanes y cayó como el diluvio. Los caídos cubrían enteros los campos. Ahora ya todos están idos. Sandinos y países. Nicho Nicaragua. Es la 17 de las tumbas. Noche amada se lee.

Nicho: volcanes de la tierra guatemalteca. Así se llama la tumba Guatemala 14 y dice: Querido maizal de mi país, queridos volcanes de mi país, querida selva azul de mi país. Quedó escrito y se lee que no hubo necesidad de exterminio ni fatal ni asesinato. Fue muerte, lluvia ceniza y lava. En maya quedó la fecha y nunca se supo del fulgor de esos maizales. Nadie sabe. Tanto como el Perú se lloró; queridos maizales, queridos cráteres. Reposa.

Nicho: país Colorado del desierto. Igual que nicho antes descrito. Anotado igual que todos los pedregales. Por lápida en letras decía: Mi Dios es de caras oscuras. Largas llanuras cafés ondulaban, pero no era el viento, sino los tanques y la sed de amor que las movía. Pidieron, pero sólo el granate respondió y juntos cayeron bajo el fuego cruzado de los cañones. Cayó el desierto del norte. Se anota en nicho 16. Querida arena roja, decía ahora.

Tumba del nicho Venezuela. Bolívar del nicho dice. Lápidas, fosas del tercer mundo, como una vez se los llamó a los países otros y todos. Nichos del país americano, nuevo americano o países que al verdor sonrieron. Adiós dicen. Todos conforman el galpón nombrado. Negro fue, como las barras de las petroleras en el mar. Es el nicho del peñasco Venezuela. Allí sólo descansa un humano. Petróleo no hay ni mar ni tierra. Maldita noche.

Tumba Alaska. Albo es Dios. Sólo de blancura se vieron los países en el Cuartel 13. Hielo del país Esquimal, de los blancos alces y ríos. Fue el 19 de los vistos. Las llanuras muertas alzaron sus pastos por última vez sobre los países de los continentes Canadá, USA y de las otras heladas. Su amor cayó en el frío, congeló sus cacerías y las tribus quedaron inmóviles hasta ser ellas el nicho blanco. Está. Dulce ha de ser la muerte en la nieve. Amén.

Tumba 20: país Cuba e islas, malecón e islas. Descrito se mira: Sierra y serranos ¿estarán? Lago y lacustres ¿estarán? Hilo e hiladoras ¿estarán? Indios y siboneyes ¿estarán? Bloqueo y bloqueados ¿estarán? Puente El Mariel, La Habana y rompientes ¿estarán? Leyeron y pararon. Desde toda la vista cayó el llanto y sonó: murió la isla amada. Sonó: USA, Cuba y país Martí, muertos en paz como el bisonte y el pasto.

21. Nicho Bolivia dice: amada es toda la meseta. Indicada con referencia especial en Cuartel 13, tumba y pasillo. Del amor paceño desaparecido quedó en lenguas de aymaras un dolor tan herida la palomitai que cayó guerreando. Dice así: de derrota en derrota la más querida fue cavando esta fosa. País Bolivia, capital Lechín. De noche, en sueños, paró el latido de todos estos llanos callados. Chazki larga el despido amén y chanta.

Tumba 22. País Ecuador dice: querida es la montañosa. Amén. Cuartel y nicho también consignado. Dice: sucumbió ante hambrunas, carga de hermanos y padecimiento. En lenguas quechua y shuar quedó consignado y se lee: País central y selva de pájaros de fuego aleteó silbando todo el lloro, el canto, el canto a su amor desaparecido. Amor del día, de la noche que en lápida y tumba dice: Muertos pájaros y verdores. Selvas y nevados.

Tumba 23. País El Salvador. Dice: ten piedad por tu más cercano Salvador. En galpón y epitafio se lee: Nada fue tanto, nada fue tanto, nada fue tanto. Casa por casa, la que más tiró la sangre del paisa yace bajo Honduras y sobre Guatemala. Cuando ya no hubo uno más explotó cantándole como a su amor el canto del desaparecido. Todos ahora duermen. Duermen y sueñan. Como la piedra. Amén.

Nicho 24 de las hambrientas llanuras chilenas, argentinas, chamarritas y pampas. Son cuatro asignados en uno. Vuelta: son pedazos del país argentino que no cupieron en nicho referido en cuarteles de la Armada, Quelmes y Villa Grimaldi, Baquedano y Dawson del nicho chileno. Amén. Llorados de todas en una tumba cupieron. Amén. Del amor desaparecido por toda tumba, nicho y nombre dice: nada.

Nicho 25. País Uruguay: llorado del amor que no encuentra, signados y referidos también en tortura, cacería y desaparecimiento. Tumba que va cambiando –se lee– por el color de los ojos que busca. Así se lee en nicho Uruguay cavado del amor ido, del amor desaparecido y término. Descanso al cielo uruguayo de los ojos que busca y no encuentra. Muerto entonces el charrúa, dice no, no encuentra.

Tumba Isla Pascua de los países. Nicho 26. Territorio no informa. Sólo el pájaro que recorrió fronteras y países yace. Como el tucán, así yace Pascua. De allí crecimos van diciendo, igual que la bandada, los valles del frente, las montañas del frente, las largas playas del frente. De allí nacieron van diciendo los sueños del frente. Islas del amor desaparecido dice. Todos; islas y países lloran nido y nicho.

Tumba nicho nevado 27 de los países. Creció del amor que tuvo, anota la tumba. Heladas del amor que tuve subieron las cadenas de picos nevados y fue entonces el penacho blanco que desde el mar se ve. En galpón están montañas y mares. El más grande es la altura de las montañas América del Sur y América del Norte. No, son cuarteles rodeados de mar, son las islas rodeadas de mar ay no. No te vas.

28. Ay no te vas, gime. Tumba los Andes de los países. Me voy, larga, muere todo. Todo muere chupándose. Hubo tantas montañas como ahora las nubes. Nubes grises. Más negras y grises por el cielo subiendo, escalando y desvaneciéndose. Esas son las montañas. Huecas de todos los países se largaron para abajo y fue el torrente de su amor la lluvia. Llovieron las montañas dice la andina vidita no te vas. No te vas, dice.

No te vas que es puro muero. Tumba 29 de los países, islas del frente, montañas y nombres. Entera fue subiendo así la oscuridad. Calamar de la noche que fue apresando todo y sonó el canto, el lloro, la lluvia, de su amor toda la paisa sonó el canto entonces, el Canto a su amor desaparecido. Me voy, run run angelito. Los países chilenos y nombrados todos. Llora todavía por el hoyo que queda del amor ido. De las patrias idas ¿Me llamas tú?

30. ¿Llamai? ¿Llamai tumba del amor de los países. ¿Sólo por duelo me llamaste? ¿Por puro duelo fue? ¿Nada más que por duelo fue el amor que lloraron tanto? Que tanto me iban diciendo que ahora se acaba, que ahora se acaba todo y era el sueño el que se acababa. Perdiendo dice paisa te vi por pastos que se iban, paisitos dice el nicho. Perdiendo todo se va desaparecido por islas, países y nombres sí; ¿me llamas? ¿Me llamas tú?

MAPA

Galpón 12. En el medio del paso del mar. Pasadizo y nicho, se lee ubicación por países según rayado y marca.

CANTO DE AMOR DE LOS PAÍSES

¿Te acuerdas chileno del primer abandono cuando niño?
Sí, dice

¿Te acuerdas del segundo ya a los veinte y tantos?
Sí, dice

¿Sabes chileno y palomo que estamos muertos?
Sí, dice

¿Recuerdas entonces tu primer poema?
Sí, dice

dice sí, dice sí sí sí siiiiiiiiiiiiiiiiiiiiiiooooooooooooooooo
oooooooooooooooeeeeeeeeeeiii
iiiiiiiiiiiiiiiiiiiooooooooooooaaaaaaaaaaaa

la la
la

La noche canta, canta, canta, canta
Ella canta, canta, canta bajo la tierra

¡Aparece entonces!
levántate nueva de entre los paisitos muertos
chilenos, karatecas, somozas y traidores
levántate y lárgale de nuevo su vuelo y su canto
al que sólo por ti paisa vuela, canta y toma forma
sí devuélveselo a éste el más poeta y llorado
desaparecido del amor
palomo y malo

Sí, dice

Canto del mar precipitándose

Mis pezones fueron alimento de peces y la leche
reseca reventó mis pechos. Me arrojó la marea.
Zurita, tú que lo escribiste, por casualidad,
¿sabes si el mar arrojó el cadáver de mi esposo?

LA CATARATA DEL PACÍFICO

Donde la tierra termina, allá donde
sólo es agua y cielo, la catarata
final del océano derrumbándose

Entonces se vio la catarata del Pacífico derrumbándose
mundo abajo mientras los pedazos de paisajes avanzaban
hacia ellas tendiéndose boca a boca de las rajadas aguas
¿Me perdonas? parecían irse preguntando esos pedazos
de tierra y eran los torrentes del perdido amor hablándose
entre ellos   infinitos   sobre el último mar   cayendo

¿Me perdonas? se preguntaban entonces los valles
mirando los acantilados humanos por donde esta
vida se perdía   en el final del océano   gritando

¿Me perdonas? seguían las grandes tundras   las
cordilleras pidiéndose como un tierral de muertos
cubriendo las cascadas del nuevo mundo   ciegos
viniéndose en esos abismos

¿Me perdonas? y eran los trozos de las dolientes
vistas hechas pedazos sobre las nieves en que
el horizonte se rompe y donde Chile entero se
ve caer en la catarata del Pacífico   inabarcable
deshaciéndose como polvo en las heridas aguas

Cuando el telón del mar se recortó sobre el horizonte y las
destruidas aguas parecían trozos de amor arrasándonos
¿Me perdonas? y eran los precipicios de la interrogada
vida pidiendo por sus hijos muertos en su último llanto
allí donde el mar es el último llanto y el llanto el cielo
Te perdono   nos respondían nuestros hijos muertos   de
pie   abrazados   mirando la catarata final del Pacífico

LAS CATARATAS DEL SUEÑO

Háblame entonces tú de este sueño
dime tú que cruzamos
las olas, sí háblame tú del final

Nunca nadie escuchó gemidos tan tristes como el de estos ríos

Precediendo la marcha de los montes de las llanuras de los lagos que los difuntos cruzaron cargándolos por el abismo final unos tras otros gimiendo

Cuando las faltas de este mundo se sumaron en el cielo y los cargados cielos fueron el Pacífico desaguándose frente a Chile ¿Me perdonas? y eran como una larga orilla llorosa clamándole a las rompientes

Mirando el país de tablas luego el mar congelado y en el centro la catarata final derrumbándose Sí: cuando se desaguó el cielo y éramos nosotros el cielo chileno cayendo entre las nubes No: era el océano Pacífico caído entre la nubes nos respondían reapareciendo los viejos ríos que se aman ahora lodosos cargados de muertos atravesando por estos demenciales sueños

LAS CATARATAS DE LA COMPASIÓN

> Padre el mar de los vientos, de las
> nubes, de los ríos...

Se volvieron a ver entonces los ríos y eran las cuerdas
que nos sostenían

Encadenando los últimos paisajes en los bordes del mar
como antes cosieron a todo Chile bajo los Andes   lleno
de suturas   colgándolo en esos abismos

Sosteniendo por un minuto más los rasgados retazos de
las costas   de los acantilados cuando fueron nuestras
mismas heridas los precipicios abiertos allí delante
límpidas   besándose las costuras

Besándose las cicatrices cuando era este mundo el que
se derrumbaba mientras los costureados torrentes nos
pegaban al juicio final donde los frescos del océano se
rompen   Fue la pena la que dibujó los frescos con sus
cuerpos muertos dicen los boteros recogiéndonos los
miembros colgados en los bordes de las playas como
si un mar   como si un sueño   como si una bondad...

LAS CATARATAS DEL CONSUELO

Y el mar florecía de muertos
como si fueran pétalos
flotando en las apiadadas olas…

Y así marcharon entonces las cadenas de los torrentes en el último paso del mar

Tirando las bolsas de cuero de los cuerpos que la asesinada vida fue dejando amontonados en el purgatorio de estas aguas

Arrastrándonos como a desinflados pellejos que sólo el gran amor insuflaría así iba el torrente de los muertos mientras los muros del océano parecían ensancharse a su lado vastos como abriéndose a los cielos

Al penitente horizonte humano donde el océano se da vuelta y es la cruz la rompiente cayendo cabeza abajo del firmamento Nos fuimos doblando y las cadenas de los ríos nos sostenían a esos maderos se van diciendo los hombres crucificados cabeza abajo entre las cataratas del consuelo mirados de luz renacidos igual que espumas blanqueando a martillazos el color del Pacífico

LAS CATARATAS DE LA LOCURA

¿Eres tú? Ofelia, mi hija Ofelia
¿cruzaste acaso solamente
por mí la locura senil del mar?

Entonces se vio toda la locura del mar cayendo frente a nosotros

Transparentándose detrás de los vitrales del trizado cielo Sudamericano   allí al frente   donde se dibujan las rompientes coronadas de nieve de los Andes...

Coronadas de mar   coronadas de sueños   allí donde los surcos de los ríos van demarcando los paisajes y oímos el estrépito de las olas estallando una y otra vez contra las trazadas montañas

Cuando todo el mar se abre tornasolando las cordilleras los azulosos paisajes donde vimos nuestras propias caras desfondarse igual que higos secos en esas cataratas   Son las cataratas de la locura   de las seniles aguas de la vejez   cantan los ríos que se aman cargando nuestros amontonados cuerpos como los carga la muerte como los carga el cansancio   como los carga el olvido

EL SUEÑO DEL AMOR, PRECIPITÁNDOSE

Mira entonces los últimos mares
Al oeste:
el sueño del amor precipitándose

Y mañana volverán los viejos cielos   las grandes tundras
y el curso de los ríos ascenderá limpiándonos   parecían
gritarnos las vendadas piernas doblándosenos ante las olas
allí donde el mar cae y es el asesinado resplandor de esta
vida estrellándose como un vidrio contra las rompientes

Y los pies del Pacífico se levantaban cortándose
sobre esos vidrios y era todo el amor las heridas

El amor dado vuelta   viniéndose tras las llanuras
del mar que los torrentes devolvían mundo abajo
donde los ríos salen y es una cascada el vendaje
del océano desmadejándose en el horizonte

Cuando el precipicio de todas las aguas se abrió
sobre nosotros y nuestros crímenes emergieron
como un ensangrentado paño tapándonos el cielo
sí sí   cubriendo hasta las rocas de las marejadas
que se rompían   punteadas de dolor   cayendo

Por los acantilados de este mundo   allá donde los hombres
vieron sus patrias elevarse hasta ser ellas los torrentes
gritan los torrentes humanos contemplando el espejismo
que renacía   poco a poco   levantándose entre las heridas
piernas del océano   allí donde el Pacífico se iba doblando
tal como nosotros sobre las rocas vivas de estos abismos
sangrantes   desmembrados   enrojeciendo el vendado cielo

INSCRIPCIÓN 363

Te hablan ahora las rompientes de tu vida
Te cuentan de las falsas Itacas, del
naufragio en costas remotas
de tu cansancio doblándote hacia las olas
Te dicen que más allá está el final
de la tierra
que allí el mar se derrumba, que tu mar
amado se derrumba y que los barcos
nunca han vuelto
Te hablan en tu propia noche los temores

Que suenen entonces como algo que se
despierta estos poemas
como algo que está en ti, como algo que
cruza el mar y se despierta

INSCRIPCIÓN 364

Samy Benmayor mira los azafranes
del alba

Te hablo entonces desde los rojos de mi vida
desde la azafranada alba que vimos
y del color de la isla emergiendo en la madrugada
Fueron mares, océanos
espejeando ante nosotros los amarillos del cielo
Tendidos sobre el amanecer están mis cuadros
los inmensos frescos
que pintamos con nosotros mismos
cuando cruzamos las ensangrentadas aguas
Mi sueño te habla, mi amor, la misión más azul
en que nos encomendamos juntos
Estoy muerto, pero permanecerán los colores
y la estrella de David en la última sílaba que pronuncié
todavía pegada a tu nombre:
Susana

INSCRIPCIÓN 365

Pero aunque tengamos que cruzar otra
vez el océano
y bajar de nuevo por la catarata del mar
mi amor descenderá a buscar tu amor
y tu amor subiendo me mostrará
los torrentes que suben
Y las aguas de tu vida y mi vida subirán
otra vez sobre las aguas
Y los desiertos de mi vida y tu vida
ascenderán otra vez sobre los desiertos
Y el renacido Pacífico
se alzará dibujando nuestras rompientes
como dos pegadas cordilleras
encumbrando sus nieves desde las olas

SIEMPRE EL SUEÑO DE TU AMOR CAYENDO

Allá entonces se precipitan las
aguas. Al oeste: el
sueño siempre de tu amor cayendo

Se vio entonces el confín del Pacífico y eran las mismas
cordilleras los muros que se levantaban recortando el
desfiladero entre esas rompientes Son los resurrectos
Andes parecían cantar los acantilados de los difuntos
mirando las cataratas reventarse arriba de las cumbres

Y sus huesos parecían copos de nieve cubriendo
el paso del océano y las montañas crecían para
abajo aguzándose hacia ellos

Como si todos esos cuerpos fueran las puntas de
las cordilleras y ellas los conos ensanchándose
hacia lo alto dados vuelta al revés mirando las
olas del mar derrumbarse entre sus nieves

Mientras todo el universo se iba elevando desde
los nevados muertos como cimas que estallaran
cubriendo la infinita vastedad del cielo arriba
donde el Pacífico se recogía y eran las marejadas
cara abajo de esas difuntas montañas

Cuando poco a poco todo el firmamento se fue aclarando
hasta mostrar el boquerón de las montañas hundidas en
el cielo Son las cuencas del Pacífico abriéndose en el
cielo decimos al ver los Andes fundirse con las estrellas y
es la noche la base de las alucinadas montañas Nosotros
somos el torrente de las montañas gritan los ríos como
un sueño más arrastrando el sueño de Chile en sus aguas

LAS CATARATAS DE LA DESVENTURA

Duerme entonces pequeño
Que el mar duerma
Que la inmensa desventura duerma

Y el mar de los difuntos era como un océano cruzando otro océano

Cargando los paisajes sobre ellos hasta formar una larga fila de mosaicos avanzando en los confines de las aguas recogidos de piedad   dibujándose en los precipicios

Marchando hacia el final del Pacífico como un vidrio que las mareas iban astillando hasta hacerlo caer igual que la nieve sobre los enconchados Andes   barridos de espumas   enfilándose entre las precipitadas aguas

En las difuntas vistas donde todo el océano caía mientras las rompientes de los muertos se volcaban enterrándose hasta ser los consolados paisajes que todo Chile entero vio atravesando el Pacífico   Atravesamos y eran ustedes el torrente de los precipicios marchando en el Pacífico nos replican los ríos que se aman cruzando las cataratas de la desventura   como correas de cuero   sosteniéndonos

LAS CATARATAS DEL PERDÓN

Tu padre el inmenso perdón
de los vientos
de las nubes, de los ríos…

Bendígannos entonces esta sangre gritaban los cuerpos
desde esos vidrios angulosos pidiendo

Extendiéndose sobre las murallas del Pacífico que subían
como dos llanuras elevándose arriba de las aguas encima
de Chile flotando

Mostrando abajo los frentes donde nos vimos con los ojos
que el dolor y la muerte dejaron en este mundo cuando
las rocas sangraron y los ríos recortaron la cruz donde el
océano se iba clavando

Donde todos gritaban y eran Los Andes pidiendo el mar
pidiendo las cascadas humanas pidiendo mientras las
propias piernas se nos doblaban como el mar como los
grandes farellones que se precipitan Se abrieron las
aguas pero nada fue igual que ver las carnes en que los
hombres se volvían a tocar soplándose en las cataratas
de la resurrección como cielo bendiciéndose las heridas

LAS CATARATAS DE LA PIEDAD

Y entre lágrimas mirábamos abajo
el océano romperse y era el
maremágnum de nuestros torsos
de nuestros cuerpos, de nuestros
brazos, mundo abajo, cayendo

Y así empezaron los ríos a surcar los últimos tramos
del Pacífico

Marchando hacia el otro lado del océano   allí donde el
mar se derrumba mundo abajo como se derrumbaron
nuestros cuerpos despidiéndose de sus sombras

Despidiéndose de sus nombres.   de sus ojos.   de sus
brazos y piernas   fundiéndose con los amoratados ríos
que nos miraron morir y nos arrastraron tirándonos de
los llorosos despojos

Allá donde los precipicios se decantan y es el sueño el
que precipita el océano hasta hacernos ver las costas
derrumbándose mundo abajo   Es el mar de nuestras
culpas gritamos mirando las cataratas del Pacífico
Sí: son sus culpas nos responden los ríos que se aman
en el último trecho del mar   coronados de espinas
como la piedad sosteniéndonos los crucificados brazos

LAS CATARATAS DE LA RESURRECCIÓN

Y mi boca te dirá: Te mataron y
ahora vives. Y como el cielo,
como la nieve, como un largo
país que nace, tu boca me dirá:
¡Estabas muerto y hoy estás vivo!

Así iba surgiendo el continente desde el Pacífico como en sueños los ríos parecían astas subiéndolo

Igual que un vidrio levantándose al final del océano allá marchaban los ríos y el vendaval de los muertos florecía el mar

Como una estepa para adentro como las resecas piedras que tapizaron el corredor del océano cuando se abrió el Pacífico y el asesinato de Chile fue el tajo abriéndose en las aguas

Donde cada uno de los muertos se fue levantando con un trozo de tierra sobre sus espaldas y la multitud de paisajes sobre sus espaldas dibujaba una larga orilla de escombros atravesando el mar Allá vamos se decían los difuntos con pedazos de los Andes de Atacama de los ahorcados témpanos sacándolos hasta la nueva boca de las aguas allí pariendo del océano el emergido continente sudamericano

Y REGRESAS DEL MAR TÚ QUE FUISTE DESMEMBRADO

Vuelves entonces a tu patria
tú que fuiste desmembrado...

Se recortó entonces el vitral sudamericano y la enormidad del horizonte abriéndose despejó los poemas que el cielo enrojecido escribió en estas líneas   barridas de piedad emocionadas   grabando el nuevo destino donde los hombres lloraron viéndose morir como hablándoles a sus asesinados brazos   pesados de perdón   entregándose

Cuando se abrió el mar y la llanura de sus caras entrando era toda la vastedad del perdón que los seguía   lloroso   apiadándolos entre las aguas

Por el purgatorio del Pacífico   donde todo Chile se contempló caer y los propios crímenes se le abrieron como si fueran sus brazos empujándolos contra el océano

Contra el otro horizonte   contra las paredes del mar donde éramos nosotros los que moríamos y la nueva vida el vitral sudamericano emergiendo flanqueado por el Pacífico   recortado de espumas elevándose al nuevo cielo

Hacia el gran amor   hacia la conmocionada pasión de estos poemas donde las bolsas vacías de sus cuerpos vuelven a hincharse mientras los torrentes de los ríos los sacaban desde abajo   de uno en uno   subiéndolos hasta dejarlos suspendidos en las nuevas orillas del mar y era igual que el mar el sueño que te iba subiendo a toda voz   a ti que fuiste desmembrado   como un mar recitando arriba de las montañas

Y así cruzaron los ríos lo
más hondo de la noche

IN MEMORIAM
UNIVERSIDAD SANTA MARÍA
1967 - 1973

REPORTE

11 de septiembre, 1973, 6:15 AM

Me reporto. Soy estudiante de Ingeniería Civil de la Universidad Técnica Federico Santa María. Valparaíso, Chile. Tengo 23 años y estoy en el último curso. Entré en marzo del 67 y han pasado desde entonces siete años. Estoy tendido en la parte trasera de un camión militar que salta con los baches del camino. Vamos boca abajo, en filas cruzadas unas sobre otras como esos lotes de tablas que se amontonan en las barracas y siento el peso de los que han quedado encima mío. En cada bache nuestros cuerpos también saltan. Al amanecer había niebla, pero ya debe haberse despejado. El taco de mi zapato está clavado en la cara de uno los que están abajo y el peso de los que tengo encima hace que se lo entierre aún más. Siento que grita, pero tal vez lo imagino. Es posible que sea alguien que conozca, pero también puede que no. Hace un año se instaló una constructora soviética que levanta edificios prefabricados y quizás trabaja allí. Imagino sus dientes rotos enterrados contra su boca y pienso en el coágulo de sangre resbalándose sobre el taco de mi zapato. En un momento sentí que giraba su cara como si intentara zafarse. Ya no. El camión vuelve a saltar y mientras caigo recuerdo el túnel que forman las rompientes un segundo antes de reventarse. Hay un desierto y me escucho rebotar en la arena. El viaje ha terminado.

Anotada la imagen que vuelve. Nicho 1: hombres y países. Anotado el nombre de una mujer: Higinia Castro, estudiante. Borrados todos del amor es el recuerdo. Estará escrito un puerto, un mar, una universidad: Santa María. Estará escrito como en el final de una carta: remembranzas, saludos a gente conocida y a su ausencia; los cerros y la muerte golpeándote

Anotado el grito que vuelve. Nicho 2: hombres y países. En galpones de sueño se dice José Poffalt, estudiante. Se dice el océano y su inmensidad inundando la mañana. Se dice todo el canto entonces para los ojos que vuelven, para el mar que vuelve, para el dolor que vuelve. En inscripción se registra data y epitafio. Día 11, el Pacífico, las playas celestes de la asfixia

Anotadas las sombras que vuelven. Estará también tu nombre: Roberto Prada, estará la vida y el sueño. En poemas de cantos, quenas y bandurrias saludarán los pastos la tumba que espera, el amor que espera, el nunca que espera. Detrás los últimos acantilados, la huida, un paisaje de casas y los empellones. Un paisaje y el abrazo: el fulgor roto del aire en el cuello

Anotada ahora en pasadizo 4 el sonido de las últimas flores, de las últimas arenas, de las últimas piedras; Jacobo Homsi. En los hangares del viento tu padre del Líbano, tu madre de Bolivia. Lo que el más grande sueño cuenta tu odisea de amor. Escrita está y se lee: de Cochabamba a Valparaíso, de Valparaíso al frío, a la nada, al océano que nos lleva. Tú vivirás

Anotado el océano se lee ahora el alba y cubriendo de lado a lado el alba la imagen de tu rostro: Leonel Cid. Está escrito el viaje y el fulgor imaginario de tus largas manos aleteando entre las nubes. Anotadas están como pájaros. Está anotada tu imagen fundiéndose en las luces del amanecer, como la bruma, como el brillo de lo que no regresa y es ilusorio y se apaga

Pasadizo 6. En columnas del aire se anota: Pensionado Femenino. Se anota: por primera vez nieva en la bahía. Mónica Rodríguez, Escuela de Ingeniería. Dice: en sueños la nieve cayó sobre el Pacífico y la blancura es ahora la intemperie, la voz que falta, el abrazo que no viene. Patrullan las calles en las noches. Se lee: sucedió y no viene, se lee: se hace tarde ya y no viene

Pasadizo 7. Se abrió entonces el girón de las nubes y subiendo se divisó la colina y sobre ella las siluetas de todos los que te recordaron, Rodolfo Lemp. Se cuenta así: grupos y más grupos de jóvenes se abrían paso entre las hierbas buscándote y el mar era azul. Era azul el reflejo de la luz en sus lágrimas. Estará escrita otra luz. Escrito estará otro cielo

Se anota ahora la lividez apañada del cielo y debajo una ruta que bordea el océano: Avenida España. Pasadizo 8. Cruzas la gran puerta de fierro y subes las escaleras. Está el testamento escrito en la piedra, están los patios, los jardines, las aulas. Está y no está tu nombre: Oscar Ferrel, está y no está tu cara, está y no está algo que son tus ojos, cavándose

Yacen del recuerdo entonces, de la helada entonces, de la niebla entonces. Pasillo 9, en corredores del mar y señalados. Como la roca es el océano, se dice. Amén. Allí están grabadas las palabras, el adiós, la memoria. Todo estará grabado para ti: Jorge Rossel, el sonido de las olas, las playas, las lejanas espumas, el olvido, las aves durmiéndose en las estatuas

Pasadizo 10. En piedras de agua se lee tu nombre, se lee todo lo que has tenido y no has tenido, cada gramo del aire que aspiraste, el miedo y el frío. Todas las puertas están ahora grabadas contigo, si las abres te verás nuevamente, si abres las ventanas verás tu cara, sentirás que te hablan y serás tú: Sergio Valenzuela. Escrita está la patria y la leyenda: fue querido

Tumbas de nada en la nada. Todo vuelve y se vacía entonces y son como edificios hechos de nada las facultades alzándose en la roca. En cada una de sus ventanas hay un rostro que el viento atraviesa como al aire. Tú eres uno de ellos, Enrique Muñoz. Arriba las nubes se adensan. Seguro estará lloviendo en la tierra cierta. Seguramente nosotros cruzaremos sin mojarnos

Pasadizo 12. Un barco herrumbroso se recorta desde siempre en las aguas. Más acá se abre la costa, después la avenida, la larga reja y arriba la universidad coronando la colina. Te has bajado de un bus y miras, Misael Rojas. Has partido de la tierra firme y frente a ti se abre el vacío, lo ilusorio, lo inútil, como si ya supieras que estás allí para ser parte de un recuerdo

Pasadizo 13, del amor ido y se lee: Escuela de Construcción Civil. Se lee: por un segundo se reflejaron los galpones sobre el cielo. Se lee: de cuerpo en cuerpo, de sombra en sombra, de ausencia en ausencia fue deslizándose entonces el amor desaparecido y era el temblor del aire cubriendo la bahía. Luego tú José Delgado y lo que queda, sí sí el aire, el temblor azul de la bahía

De rada a rada entonces, de molo a molo, de luz a luz fueron subiendo las gradas y era como un vuelo el frontis en las rocas: Escuela de Artes y Oficios; «Al desvalido meritorio». Estás ahora tú mismo y te lees: Fernando Rojas, Walter Gaete, Luis Cerda, Fredy Flores, Kalki Glauser. Están como en un viento todos y se abrazan. Están como en un mar todos y se abrazan

Yace entonces la noche. Pasillo 15. Como sombras entre otras sombras cruzas el cortil, miras el cielo y sobre el cielo ves a tu pobre padre ascendiendo. Está dicho casi todo, Marco Tapia: el espejismo del mar, las aulas, el aire que atraviesa nuestros cuerpos. Está dicho que uno de esos cuerpos es el mío. Que te veo, que es como si dos soplos de viento se contemplaran y te veo

Del canto dice, del espejismo, toda la noche cantó así el canto dice del amor que se iba. 16 de los idos. Juan Guerrero, se lee: Cientos de caras inundaron los pabellones y luego se vació todo como un océano que se retira. Fue un resplandor y la nostalgia, después las últimas listas, los ausentes enterrados en el aire, la tierra muerta, las losas de la neblina pegándosenos

Y te veo. Sombra 17 de los idos. «No te muevas. No salgas. Desde la avenida alcé los ojos y estabas allí como siempre mirándome. Ahora no sé si tu sombra me falta o si es mi vacío el que me sigue». No, nadie estará allí, nunca hablamos y tú no has dicho esas palabras. De todo sólo el sueño de un nombre: Isabel Cornejo; sólo el color de los ojos: negro; sólo el color del pelo: negro

Sólo el amor muerto pegado a las rocas. 18 de los idos. Sólo el fulgor muerto y los nombres. –¿Alguien anda?–. No, es sólo el aire agitando las puertas, las ventanas vacías, las flores nacidas entre ladrillos –¿Quién habla?–. Sólo la intemperie del frontis cavado en el granito, sólo las escaleras sin nadie, los patios, la colina, el promontorio de piedra perdiéndose en la resaca

… perdiéndose en la resaca

EL NUEVO ESTRECHO

COMO LAS PRIMERAS NOTAS COMENZÓ A entreverse el nuevo estrecho flanqueándolo los ondeantes murallones de agua del Pacífico miraban los países cruzar como si fueran sombras entre ellos

EL OTRO HORIZONTE

Y el horizonte se movía frente
a nosotros reverberando...

-De un testimonio
Melinka

Entonces desde el fondo del paso del mar comenzaron a emerger esos caídos

Como espigas sí como un lejano sueño que despierta todavía leyendo las lápidas que los poemas del amor y la locura les grabaron inundándolos entre las aguas

Despegándose de la muerte igual que un cielo llagado que se fuera desprendiendo del océano poco a poco mostrándonos sus heridos mantos tajeados sobre las rocas

Reuniendo pedazo a pedazo los restos del llanto de la arada piedad que nuestros huesos le dejaron a este mundo cuando el cielo nos mostró su manto y eran los países las manchas de sangre que lo cubrían Son las espigas del Pacífico parecían recordarnos los galpones del otro mundo en el medio del mar tapados de llagas sudamericanos arrebatándose el horizonte

LAS OTRAS ISLAS

Y nos íbamos adhiriendo a
las costas y nuestros pechos
adhiriéndose entre sí eran
como archipiélagos en la
azulada luz de las olas…

Así se iba ensanchando el paso entre las aguas: Perú
Argentina   Nueva Colombia   rompían un vuelo nuevo
y los muros del mar los miraban

Flanqueando el desfile de cada herida   de cada dolor
de cada muerte que seguía el paso de esos horizontes
en el medio de las aguas   así   como si se despertaran

Mientras el océano comenzaba de nuevo a adherirse a
sus costas   a los roqueríos humanos que flameaban
levantándose como las banderas   como los escritos
con que las manos del cielo trazarán el amor de Chile
Se escribirá este cielo y el Pacífico llorará leyendo
cantan los países rodeados de mar   constelados   como
un archipiélago nuevo encumbrándose sobre las olas

EL OTRO CIELO

Y el paso del océano se abría
hacia el nuevo cielo
allí donde el Pacífico acaba y
los paisajes del horizonte
se despiertan
Y nosotros nos clavábamos en
el mar con cera en los oídos
atados a los mástiles pasando

Entonces adheridos a las cuerdas de los ríos igual que sacos vacíos poco a poco comenzaban a aclararse los paisajes

Chorreantes de agua mientras adelante el Pacífico se iba pegando de nuevo al cielo Subiremos el mar y el cielo hablan los torrentes acercándose a la nueva boca del océano tirándonos

Sí subiremos vuestro amor y las llanuras del nuevo cielo americano se abrirán recibiéndolos nos gritan los ríos bañándonos los arrebatados torsos Subirán todos los ríos y Chile entero se mirará siguiéndolos nos apuntan las viejas cumbres de nuestras carnes anunciándonos la Vida Nueva inscritas pegadas de muertos cubriendo como un aire que reza el horizonte

INSCRIPCIÓN 389

Recemos entonces a nuestros muertos
para que ellos recen por nosotros   por
esa brizna de vida que todavía era
humana;
los retratos que se pegan como las
manchas de humedad en las paredes de
las casas, en fin, los ratones que te
resultaban familiares
El tiempo era mensurable hasta que se
abrió este mar infinito de lodo y de
escombros petrificando nuestras
voces
Sí, que nuestros muertos recen por
nuestros vivos, por esta aventura de
cruzar el océano entre
ellos, con las fuerzas ya extremadas

In extremis la canción de cuna arrulla la
tumba
In extremis un país: tumbas y cunas

INSCRIPCIÓN 390

Déjame anunciarte entonces la nueva
vida. Vamos, escucha, no importa
que por ahora ella sea sólo el paso
del viento entre las hojas
(prehistorias, imperios, hambrunas,
ciudades fortificadas pasan silbando
entre las hojas)
Algo lejano golpea los vidrios. En otro
tiempo habría creído que era sólo una
piedra; hoy sé que una piedra
es también parte de lo que te digo
Déjame entonces anunciarte lo nuevo,
así, como si de pronto te tomara entre
mis brazos y fuera el aire y tú no lo
supieras...

Como si fueras tú mismo el que habla y
no lo supieras
como si fuera el mar y no lo supieras

LAS OTRAS COSTAS

Al sur del archipiélago de las
Guaitecas; una costa árida
y pedregosa. Alguien le puso
el nombre: bahía Anteparaíso
No la escribió nadie salvo las
olas y el viento   el aleteo
austral de los pájaros
los helados ríos llevándonos

Y lentamente   como cadenas arrastrándose entre los
acantilados del Pacífico   se vieron de nuevo los ríos
que se aman

Llevándonos como a pedazos rotos que sólo otra sed
que sólo otra hambre reuniría nuevamente cuando las
patrias nuestras se alcen cruzándose con sus cielos
y nosotros seamos entonces el nuevo cielo americano

Cuando el hambre   cuando la sed de vivir nos haga ver
los abrazos truncados   el amor   todo lo que nos cortó
la muerte enterrándonos contra las olas   Pero mañana
llorarán tocándose   gritan los ríos reuniéndonos los
dispersos restos como un aire que se va bordando en
las rocas   luminoso   trazando el vuelo de las nuevas
costas igual que salvas prendiéndose sobre el viento

LA NOCHE DESPEJÁNDOSE…

> Y deshechos en llanto pusimos
> la proa al luminoso
> mar, la negra nave, la noche…

Entonces   como un océano que sale de sí mismo   encima
abriendo sus rosados dedos sobre la costa   así se iba
despejando la noche

Inmensa   abismada   delineando los pequeños copos que
se decantaban en el estrecho de las olas   allí donde
nos tocó morir y cruzar igual que grumos prendidos al
hundido horizonte

Cortando las islas   los archipiélagos   los acantilados
furiosos que se izaban cortándose entre las sombras
Se vieron las patrias y eran igual que barcos   dicen
las rompientes dibujando el estrecho de la noche

Mirando las patrias de tablas   el mar congelado   los
nichos que la furia del mar y del amor nos grabaron
en las olas   Nos mostrarás tus poemas   escribirás de
nuevo   oirás silbar el viento y será tu propio hálito
nos cantan los países despejándose igual que copos
en los dedos de la aurora   Oirán el canto de los ríos
que se aman   les replicamos nosotros en la mitad del
océano   aún fríos   como una nave despidiendo la noche

MAÑANA ESTARÁS CONMIGO...

Al frente el océano, luego los
arrecifes, el mar que cae,
los escollos de dios llamando

Mañana estarás conmigo en el Paraíso gritaban los ríos que se aman alucinados asomándose entre las olas

Hacia el final de las aguas allí donde el mar cae y las rocas dibujan nuestros torsos relampagueando en esas cataratas como un alumbramiento abriéndose

Retornando poco a poco al aliento que la muerte nos arrancó de la boca cuando invitados a vivir mordimos y fue la carne hendida el tajo del Pacífico Allí pasamos decían los ríos americanos devolviéndose a sus cielos

Al horizonte a los estuarios donde las costas se iban desplegando igual que cuchillos partiendo las alturas Es el canto del Futaleufú que renace del Allipén del gran Biobío que se arrojó sobre los Andes apuntan las rocas mirando por un instante los torrentes lanzarse de nuevo hacia el cielo Mañana estarás conmigo en el Paraíso cantan los ríos del nuevo mundo tomándonos del pulso coronados de olas subiendo la bienvenida

EL OTRO PASO DEL MAR

Como naves sí   como los dedos
rosáceos de la aurora   así se
abrían despuntando los países

Entonces poco a poco   igual que una aurora emergiendo
se vio el nuevo paso del mar y los ríos cruzándolo parecían
cuerdas arrastrándose entre las aguas   Así atravesaron
los torrentes mientras los paisajes se abrían y eran los
acantilados del Pacífico mirándolos   humanos   vivientes
como rompientes abrazándose a las reencontradas orillas

Así cruzaron los ríos la mitad del océano   detrás
de ellos los hombres se iban levantando como las
llanuras   de pie   siguiéndolos

Pasando el horizonte mientras las cataratas del
mar los flanqueaban igual que murallas humanas
estrechando el espejismo por donde marchaban
los paisajes   como clareando

En el medio del océano   irguiendo los acantilados
de un nuevo continente que se transparentaba
cerrando el paso de las separadas aguas   alto
chorreante   igual que un vitraux esculpiéndose
contra los cielos cambiados de esos horizontes

Grabando los nombres de los nuevos países: Nueva Brasil
Nueva Perú   Nueva Nueva Uruguay   en los últimos trechos
del océano hasta perfilar la Vida Nueva que nos saludaba
desde los mojados cielos sudamericanos   Nos subieron los
ríos   comentan los sueños humanos saliendo al asombrado
horizonte mientras la aurora entera los miraba y eran
los nuevos países cruzando por las aguas   en la mitad del
Pacífico   como dedos que se abren   rosáceos   emergiendo

RECUERDA ENTONCES

Recuerda entonces el cruce del mar
habla de nuevo de los barcos,
de las jaulas de hombres,
habla de los hielos que nos petrificaron
y de ese sueño tan real
que llegué a creer que perduraría al día
La luz cae y el cenit nos muestra
el resplandor de los océanos encontrándose
Así nos encontramos
y no sólo porque la furia salvaje de las olas
nos haya arrastrado a la deriva
sino porque de todos los encuentros, de todas
las islas, de todas las playas
habían unas que eran más ciertas que las otras
sólo algunas eran verdaderas

CARTA A LOS MANDANTES

LA MADRE MÍA BLANCA DICE

que así fueron los primeros lloros, después la entrada en el mar, luego los hielos que lo cubrieron todo, los grandes galpones y al último el horizonte. No fue posible ni jornada pero los países largaron el acabo. Fue chamán, música y efecto de luz pero así llegaba el fin. Así no más fue y sucedió. Cuando los hermanos desaparecidos silbaron, reaparecieron subiendo desde el océano los grandes ríos. La madre mía los miró, se llegó a sus cauces y les arengó su discurso. Comenzó de este modo: chaiteneña y chilena por nacimiento digo; mando en carta y música los pensamientos a los Presidentes, a los ríos que se derrumban y a los Presidentes, a los témpanos, a los vientos, cielos que se derrumban. A los que sufren, a los que lloran, a los que caen.

Así:

CARTA 1

A los témpanos del dolor y a los Presidentes.
A los ríos del dolor y a los presidentes.
A los mares del dolor y a los presidentes.

A los que sufren

https://www.youtube.com/watch?v=pkxXFLRmqvw&t=75s

Países, paisajes, presidentes: no llegamos por nacimiento sino por tortura. Si supieran todo el dolor, ay hermanos países, paisas presidentes y la coloreada que dejamos estilando en el camino. De rayos mentales y tierra el amor mío nos contó la música: Como un chorro fue la primera nota y al elevarse el tono rompiendo los blancos nevados las ciudades nuevas surcaron el aire danzando. Sí paisajes presidentes, las llanuras escuchan y los ríos como las Nuevas y los rayos escuchan. Por tortura fue la nacida, igual que este mundo el parto fue este, los países saliendo y después, al final, al abrirse completamente y sonar todas las notas los últimos acordes, se tendió el universo paisa, países, presidentes. Paisanos sordos, se tendió y fue la Nuevoamericana. Así nos contaron paisa la música, cuando las notas fueron, fueron amigas: los desiertos, las chonas naves, las sordas y las mandantes. Lento comenzó la libertad, lento las pieles en olerse, lento el brillo en los ojos, pero se abrieron. Por los ríos corrieron flotando y más que reír changos, paisas, paisanos, presidentes, lloraron desnudos en la inacabable pampa sonora. Fue de la mente el viaje y por música subieron. Así se extendió el paisaje, paisas, países y presidentes.
Así explotó de la tortura, ay así volaron colorados de sangre los sonidos por cada piedra, por cada risco, praderas, estrellas que mandan y porque todo viene de los muertos, brilló también el rubor de los hermanos del viejo mundo destruido. Así se fueron largando chango, viento por viento, pasto por pasto, y cuando

abrieron los enrojecidos ojos encumbró la clarinada. Como los sonidos cantan los antiguos rostros borroneados dibujándose desde la polvareda y un sólo arrebato bastó para que de nuevo la vida estuviera, oh sí hermanos, palmas y paisajes, sinfoneando. Sordos changos y países se lloraron la Obertura. Así países, glaciares que mandan y Presidentes. Así fue ascendiendo y es ese el destino final de las notas apaches, araucas y clarinadas. Sí paisanos, cuando Nueva Cuzco relumbró en cielo y comenzó el tiempo que miramos, fue primero el Nuevo Mundo que es. De acordes y sangre viven las cosas, paisas países. Y del torrente de Ludwig Van surgieron brillando los registros, desde el amarillo del bisonte a las naves voladoras, y suenan más fuertes las cosas que giran danzando en la potencia del aire sonoro, países y presidentes, cuando nos oímos la gran Obertura mandante y torturada.
De la cholai Inti Ludwig toda la sordera del blanco de piel que se alza y baja como todo lo que se alza y baja, ribereando. Filarmónica y destruida, les digo hermanos torturados, paisanos y paisajes, son los chorros que se levantan y bajan como baja el lagrimeo final partureando los países paisas sí.

CARTA 2

A los pueblos del dolor y a los presidentes.
A las ciudades del dolor, a los puertos y
patrias del dolor

A los que caen

https://www.youtube.com/watch?v=bnK3kh8ZEgA

Presidentes, países, paisajes que mandan: Así fue la llegada de las nuevas, de los lagos congelados que fueron el cielo, los ríos y el mar espumeando arriba. ¿Podrían ustedes, paisas presidentes, tocar juntos la Cuarenta y uno de los países? changos y paisanos andinos, ¿podrían? ¿Podrían interpretar el vuelo de los desiertos subiendo desde los arenales hasta el horizonte? El desierto de los humanos y rostros cuando irrumpieron en tropel todas las notas subiendo la filarmónica de este mundo todos oyeron como la tierra nueva se ponía sobre la vieja y los hermanos destruidos gritaron pidiendo una nueva vida.
Ese fue el final primero. Después, cuando desde la tierra vieron el cielo ponerse, las constelaciones que dibujaban los búfalos y las estrellas de la noche, sonaron timbaleando las lenguas, hombres y países que venían, mientras que se olvidaba abajo paisa, el pasto indio que pisaban. Pero porque es uno solo el sueño paisas paisajes, llanuras que mandan y desiertos, igual subieron nadando en el infinito mar sonoro y los grandes movimientos se abrieron arrasándolos. De sinfónica, orquesta y total se tocaron los desiertos la movida primera y surcaron los arenales, el océano tocó la segunda y surgieron las rompientes, pero la Cuarenta y uno, la Cuarenta y uno la plañeron todos juntos, paisas presidentes.
Sí hermanos que mandan; llanuras y montañas que mandan, aguas, lagos y ríos que mandan, las notas abarcan los planetas que se sueñan y escuchan, la libertad que sueña y escucha. Oh

sí países, paisanos presidentes de este mundo que ha muerto: No de la vida renacen las cosas sino del torrente de las notas. Allí vibran desde el hondor de los arenales los países borrados y cuando sólo de arena sea el firmamento que veamos entonces tal vez podremos ser chango, fraternos.
Ahí se escuchará la filarmónica de los desiertos, la clarinada del cielo saliendo del polvo, de los viejos arenales que guardan a los borrados. Ellos vienen paisanos, países, paisas presidentes. Como la Amadeus vienen sonando bajo la tierra y serán del color de sus caras las nuevas ciudades. De la caída brillan los países y todo cuanto venga y viva, cuanto sueñe y hable, rostro de un destruido tendrá.
Ese será el homenaje, camaradas, como la Wolfgang Amadeus será pariendo el estallido de los acordes sobre las nuevas estrellas que mandan, sobre las nuevas del Cuzco, Serranías y alturas que mandan, sobre las nuevas arenas y desiertos que gobiernan y mandan. Todos, sí, todos se largan tocando la Cuarenta y uno de los países y el sonido es más puro sí paisanos, que el cholear de las lagrimosas aguas de estos ríos, fraternos.

CARTA 3

A los cordilleras del dolor, a los desiertos y océanos del dolor, a mi pequeño país del dolor

A los que lloran

https://www.youtube.com/watch?v=DBQkGRiHwdQ

Paisajes, países, Presidentes: cuando surgió el mar, sí cuando surgió sinfoneando el nuevo mar americano los ríos rieron porque eran hermanos sus sonidos. Pero no fue la luz paisa, no fue ese el esplendor. Libertad, paz, paisanos y changos se susurraban naciendo, prendiéndose a mi amor que sonó igual que como de música un río de neones subiendo por la carretera. De prendimientos, de luces fueron tocándose los hermanos, uno por uno, voz por voz, de pronto eran ellos la inmensidad que se ponía. Esas son las carreteras entre el mar, las luces del océano abriéndose mientras los rascacielos lo cruzan y son ellos los muros de las aguas, el vuelo que dejó Nueva Cuzco al abrir estelando el cielo y borrándose.

Presidentes, arenales que mandan y presidentes, cordilleras que mandan y presidentes, pastos que mandan; los mundos borrados se destruyeron y los mundos nuevos se destruirán. Si yo madre cuzca y de lengua muerta, chilena por tortura, me abriera otra vez el cráneo paisanos presidentes, verían aquí las nuevas llanuras blancas y rotas, la alba muerta, las naves que estelan, la bóveda noche y cayendo. Si de sangre me vieran paisanos los ríos que surcaron cayendo de las alturas. Si vieran sí, el Bueno río bajando hasta el mar para subir de nuevo porque es un sueño que yace en las notas los desiertos Buenos Aires, las montañas de Manhattan, la estelante noche donde indio y blanco se soñaron como de nieve y era el sueño abrazándose entre los ríos.

Madre mía y mi amor también borrado dice a ustedes mandantes y países que por nacimiento llegamos pero por dolor fuimos pasados al mundo y por dolor nos iremos. En el crescendo van llegando los ejércitos de la noche pero el manco día no sube ni viene. Porque eso fue lo que dijeron los ríos mandantes y torturados: se verán las estrellas y serán las ciudades nuevas, se verán los lagos congelados y serán los nuevos cielos, se verán las islas, se verán las nuevas naciones pero no verá nada.

En sueños, en pesadillas de amor y arenas se van los borrados dejando este mundo y son ellos los copos blancos de la noche, el espejismo, la llorada frente a los desiertos. Cuando incendiaron los árboles del Espolón, fue el tehuelche, el monteño, el sueño chono y desaparecido el que ardió entre los pastos y al bajar los deshielos cantando ellos marcaron la tristeza del destruido. Así comenzó la música, la Johann Sebastián ardiente y destruida así muere ahora paisas países, paisajes. Paisas presidentes.

Como se acaba la música silenciará este tiempo, como notas de polvo silenciarán el final y será el acabo sinfónico y término, chamanes ríos, arenas que mandan: un silencio el torbellino final de las notas, como la tormenta de nieve será.

Se acaban los sonidos de estos pensamientos digo. Las luces mentales se acaban y es fuerte el silencio, es estrepitosa la callada como todo lo que suena y calla unos minutos más

Así llega el chantado, la canta sin notas, países, torturados y vuelos.

A las pampas que mandan y a los presidentes, a las tundras que mandan y a los presidentes. A Ludwig Van, a Wolfgang Amadeus, a Johann Sebastián. A la luz que explota queneando por todos los países, noches y polvaredas.

ENTONCES LLEGÓ TU MADRE DEL MAR

LOS ARRECIFES MUERTOS

Así se entendió entonces el lapidado amor de los países
y era como el mar arriba del mar   llorando

En el medio del desfiladero del Pacífico que se abría
adelante como si un cielo nuevo hendiera el abismo de
sus olas   al otro lado   fijándonos los muertos ojos

Donde los girados Andes iban quedando atrás y donde
las olas cubrían las abrazadas rocas en que morimos
como si quisieran lavarlas hasta secarlas de nuevo la
vida y era todo el océano lavándonos

Cuando rotos   lapidados de amor vimos la amurallada
muerte de los países y luego el espejismo de un nuevo
océano   de una nueva playa   de un nuevo horizonte
subiendo desde los murallones del Pacífico hasta el
cielo que emergía curvándose por el otro lado de las
cercenadas aguas   azul   como un mar en otro mar
espumeando sobre los torturados arrecifes de este luto

LOS OJOS MUERTOS...

Como si algo renaciera entonces se escuchó entre las olas el aliento de sus costas

Apenas casi inaudible como si pidiera por nosotros un último vuelo aún cargadas de mar fijándose en las miradas

Abriéndose poco a poco al nuevo horizonte del océano allí donde los volados ojos se nos daban vuelta como si vislumbraran otro mundo entre la herrumbre de las viejas rompientes

Escuchando entre el bramido del mar a los hombres que volvían a pedir por sus patrias por sus sueños por el caudal de sus hijos que nos miraban con las pupilas alzándoseles hacia el convulsionado cielo allí donde los verticales Andes atravesaban el Pacífico y todo el espejismo nuestro los seguía de rodillas con algo de perdón encegueciéndonos los sudamericanos ojos

EL COLOR DEL PACÍFICO

Pero tú duermes, duerme entonces
niño, que duerma el mar
que la inmensa desventura duerma

Así marchaban entonces las cadenas de los torrentes   en
el último paso del mar   estrepitosas   consolándonos

De todo el océano de los difuntos   arrastrando las bolsas
de cuero de los cuerpos que la asesinada vida fue dejando
amontonados en el purgatorio de estas aguas

Arrastrándonos como a desinflados pellejos que sólo el
gran amor insuflaría   así iba el torrente de los muertos
mientras los muros del océano parecían ensancharse a su
lado   vastos   como abriéndose a los cielos

Al penitente horizonte humano donde el océano se da
vuelta y es la cruz la rompiente cayendo cabeza abajo del
firmamento   Nos fuimos doblando y las cadenas de los
ríos nos sostenían a esos maderos   se van diciendo los
hombres crucificados cabeza abajo entre las cataratas
del consuelo   mirados de luz   renacidos   igual que
espumas blanqueando a martillazos el color del Pacífico

Y ERA COMO UN RECUERDO LA AURORA

Perdónalos,   perdónalos...
y era el mismo mar
azafranado   subiendo por
la boca de sus ciegas aguas

Y así empezó a vislumbrarse la otra boca del Pacífico acrisolada   recibiendo las primeras luces

Al final   como si un nuevo soplo se fuera clavando en la inmensidad de esos abismos   adelante   preñando el vientre del océano

Allí donde los ennichados países miraron sus lápidas y era el chiflón del viento humano mirándose entre las dos bocas de las aguas   abrazados   reconociendo el muro de esas lloradas

En el medio de las olas   como si un arremolinado aire suspendiera todo este mundo sobre otro lado del Pacífico   donde las nuevas playas se abren y son las lápidas de los países el encementado mar que leímos llorando   como sombras   perdidos abajo   mientras el dolor nos iba subiendo y era el mismo aire el que nos subía   mudo   infinito   perdonándosenos en la bocas

TRES VECES TRATÉ DE ABRAZARTE

Y tres veces tu sombra se
desvaneció entre mis brazos

Entonces los galpones de los países se recortaron por
última vez mientras el paso del mar se iba curvando y
las olas los golpeaban barriéndoles los acantilados
de sus lápidas enteros escritas como dos filas de
cordilleras grabadas para siempre en estas desdichas

Desnudos llorosos como sombras que se
apagan toda la vida se nos fue borrando igual
barcos perdiéndose entre esas desdichas

Leyendo las escrituras que el dolor y la locura
escribieron en las lápidas de esos cementerios
enteros rodeados de mar igual que montes
emergiéndonos ante las encorvadas naves

Mirándonos aún por si algo de nuestro aliento
se nos había quedado pegado en la brisa en
la costa en los aires que nos ensancharon
una vez las narices Y las olas estallaban ante
nosotros recortando las enlutadas montañas

Recortando el país nuestro los feroces archipiélagos
las hambrientas cordilleras que buscamos hechos
pedazos cuando se nos cerró el hálito en las gargantas
Los llamamos entre los arrecifes enfilamos hacia
allá los duros remos ardimos de piedad frente a sus
nichos hablan nuestras sombras buscándonos en los
roqueríos recogidos encorvados de pena pasando

ENTONCES LLEGÓ TU MADRE DEL MAR

Y te regaló nuevas armas, y lloró
por tu amigo muerto

Y entonces como el sueño Chile exhaló el último aliento
mirando el océano donde los países iniciaban de nuevo la
marcha desprendiéndose de sus nichos tal como se nos
desprendían desde los ojos las lágrimas todavía heladas
entumidas de todo el dolor abriéndose al pedido cielo

Fue entonces cuando emergió tu madre del mar
y el Pacífico parecía volar como si otra vida lo
llevara subiendo desde sus rompientes

Donde el sueño era el océano que los países iban
Cruzando por sus partidas aguas hasta tocarse
boca con boca como nosotros besados de nuevo
tocados de nuevo irguiéndonos

Cuando el horizonte de nuestras pupilas muertas
vio las desencadenadas cordilleras los desiertos
los roqueríos elevándose hasta ser todos ellos el
resucitado cielo muerto que nos volaban de puro
amor los ojos

Cuando suavemente la muerte se nos fue desprendiendo y
era como un sueño la visión de todos los países uniéndose
hasta ser la playa donde nos rompimos y eran como otro
sueño en el sueño las reventadas rompientes el cielo las
olas que se iban abriendo sobre las nubes y entre ellas la
solitaria imagen de tu madre emergiendo del mar frente
a nosotros asesinos con los ojos ciegos perdonándonos

EL POEMA DEL PERDÓN

Y si mañana el océano se cierra sobre nosotros
y nuestros cuerpos se desfondan en la noche del
mar que no obstante tu amor pase por arriba,
como los meteoritos, y al otro lado; donde las
nuevas playas del océano nacen, que algo aún
se levante de nosotros y que seas tú renaciendo.
Que vengan tus nuevos valles, que salten
tendiéndose desde las rompientes y que el canto
nuevo de sus pastos nos perdone, aunque no lo
sepamos, como el padre perdona al hijo, como
el viento perdona a las montañas y las
reventadas rompientes a los roqueríos. Sí que un
poema nuevo roce nuestros oídos muertos para
que la muerte misma oiga entonces el cantar de
las llanuras. Que así sea tu perdón, como una
palabra nueva sorprendiendo a los arrecifes y
que desde el fondo, igual que una larga isla
soñada, aparezca todo el dolor, toda la herida,
todo lo que sufrimos, como una nueva orilla
bañada por las olas.

Y SE VERÁN DE NUEVO EN TI

Y LOS PAISAJES SUBÍAN EMERGIENDO DEL ABISMO DEL MAR

Éxodo 14, 21

Se despejaron las espumosas olas, se recogieron las aguas y los murallones del océano se ensancharon abriéndose al estremecido aire.

Éxodo 15:1-17

Como una sinfonía que termina.

Salmo Final

Primero emergieron los cuatro ríos del Paraíso: el río Espolón, el Futaleufú, el Yelcho y el Michimahuida. Y las puntas de los cuatro ríos surgiendo del mar se abrían clavándose horizonte arriba y era como si nuestro amor los siguiera.

Génesis 2

Todos nuestros huesos entonces se tomaron, ardió el encandecido cielo recibiéndolos y el paso del mar se dibujó por un segundo en el horizonte como un empalizado río...

Y los ríos subían saliendo de los abismos del océano igual que cuerdas destellando.

Jueces 5:1

Y hundiéndose cada vez más en las alturas la nueva boca del mar emergía abriéndose entre los dos acantilados de agua dejando entrar la luz del sol en la oscuridad absoluta de ese abismo. Se recortarán las líneas de las rompientes en el cielo y serán las líneas de los grandes ríos subiendo. Todo el océano es un río, gritan las maravilladas islas, los archipiélagos, los fiordos desplegándose hacia los contrafuertes del horizonte, estruendosos, rodeados de mar, subiendo.

Isaías 6:3 *Salmo* 28

Levantándonos como para un nuevo aire los ojos, los brazos, el caído amor con que nos abrimos naciendo a la ensangrentada tierra. Y las cadenas de los ríos emergían del mar arrastrando los viejos paisajes, las costas, las murallas de los Andes, las solitarias radas. Se cruzarán las cordilleras ascendiendo y sus cimas parecerán copos de nieve flotando entre las nubes. Se abrirán las nubes y verán las nuevas montañas danzar en las alturas, replican los ríos, lodosos, como una larga fila de escombros saliendo del mar.

Isaías 9:1 *Salmo* 132:9
Jeremías 22:1 *Daniel* 4:1-22

Trazando los grandes frescos del cielo, allí donde se dibujaban de nuevo las barracas de tablas y las tablas formaban la cruz, donde se veían otra vez las rompientes congeladas y eran sus hielos el color de nuestras caras, donde el Pacífico se esculpió espumando y la multitud de sus olas era como un pueblo nuevo subiendo entre las nubes, arrasados de compasión, perdonados, levantando nuevamente sus caras igual que una playa que se abre.
Y los grandes frescos ascendían desde las marejadas al cielo, inmensos, desplegados, flanqueados por el enjambre de los ríos.

Isaías 49:13 *Ezequiel* 8:22
Oseas 11:8 *Reyes* 4:11
Amos 1:24

Y en la salida mis encorvados brazos trataban de estrechar entre todas tu sombra y mis ojos ciegos querían asir las costas amadas.

Cuando se abrió la noche del océano y rotos nos tocamos llorando entre las olas mientras los torrentes nos iban sacando, amarrados, como cadenas sorteando los arrecifes.

Isaías 60:2 *Éxodo* 24:18
Salmo 87:3

Y desde el norte al sur, desde los desiertos hasta la tierra del fuego, todo el oeste sudamericano iba saliendo del hueco del Pacífico como un inacabable acantilado que nace de nuevo al cielo. Al final, cerrando todo, emergían los témpanos, los glaciares últimos hielos. Adelante el sueño de los ríos. En el medio nosotros con el aura pegada a los ojos, todavía humanos, amontonándonos entre las borrascosas olas.
Pero entre el desfile de los muertos y de los territorios, entre todos los asesinatos, las heridas, los paredones que surgían tiñendo del nuevo color el panorama del horizonte, así, suspendiéndose...
yo solamente a ti te buscaba.

Jeremías 24

Atravesaron así los altos Andes el desfiladero del océano y sus aristadas cumbres se irguieron clavándose entre las espumeantes aguas
pero yo sólo a ti te miraba.
Siguieron las ensangrentadas llanuras, las costas en que nos golpearon, los bancos de nieve, los témpanos, los largos desiertos
pero yo sólo a ti te veía.
Se levantaron todos los hijos que nos mataron y la marcha de los asesinados saliendo del otro lado del mar encrespaba de piedad las olas
Pero yo sólo a ti te escuchaba.

Ezequiel 32:21 *Isaías* 2:7-20
Jeremías 3:22, *Daniel* 3:51-90
Zacarías 12:21-31

Mira entonces las rocas, la nueva boca del océano recortándose ente nosotros, los pájaros apátridas, las canoas que surcaron nuestros ríos de nombres sonoros. La historia, las carabelas que llegaron, las largas travesías, los torsos desnudos ahora cubiertos por una camisa de mezclilla.
El aire cortante del alba inundando la boca del mar, las nubes abiertas como penachos, el sueño que soñó un pueblo que permaneció junto.
Todo eso cruzó el Pacífico y eras tú todo eso cruzó el abismo de las rompientes y eras tú, todo eso se estampará sobre los cielos y serás tú.

Oseas 14:1 *Job* 42:5
Salmo 146-147 *Sofías* 4:1-8
Eclesiastes 4, 14-20

Y las luces de neón y de los rascacielos, de los
reflectores y de las avenidas
se sentirán otra vez en ti.
Y los vientos del oeste empujando la lluvia y la
sinfónica de las bandadas, de las cantantes
cumbres y de los archipiélagos
se verán otra vez en ti
Y la música de los hombres y de los pastos, de las
aguas y las llanuras
se escucharán de nuevo en ti.

Oseas 2:17-25

III

Y TÚ VENDRÁS A MÍ

Y como el río que llega al mar tu llegarás a mí.

Passengers/ U2 & Luciano Pavarotti:
Miss Sarajevo

E ÍBAMOS SUBIENDO

LAS AGUAS DEL AIRE

I

Y lentamente las barcas iban subiendo sobre las aguas del aire.

II

Como una flota que se aleja, hundiendo sus quillas en la rosada alba.

III

Ascendiendo por los incontables cauces del Espolón, del Futaleufú, del Michimahuida y de todos los cursos que entraron y cruzaron el Pacífico para despertar luego desplegados sobre las alturas, sudamericanos, transparentes, dibujando los nuevos rostros que el amanecer mostraba sobre el abovedado horizonte.

IV

Desnudas, mirando sus proas perderse poco a poco por las olas del viento, allí donde el océano se esfuma sobre el horizonte y los grandes torrentes remontan devolviéndose al cielo, como una explosión, luminosos, mientras las ondas encumbraban las nubes y el viejo mar de la muerte se recorta frente a esas flotas, subidas, clavando sus remos en los acantilados aires.

V

Cuando el universo color rosa se abrió levantándose desde el asesinado mar y las barcas que cargaban nuestros cuerpos se tendieron flotando sobre el amanecer, por un minuto, como si el aire las hubiera volado recortando el mapa de los nuevos países emergiendo detrás de las blancas rompientes, subidos, cruzando la luz aún tenue de la aurora.

VI

Por los ríos de la Nueva Vida, sí, del Nuevo Mundo que subía abriéndose como los nuevos cursos del Espolón, del Nuevo Maihue, Nuevo Calle-Calle, Nuevo Biobío, canales y torrentes del sur que remontaron subiendo por las grandes praderas del aire. Así se cortaron los ríos dibujándose mientras nuestros recuperados ojos tocaban las vistas y las vistas se vaciaban subiendo sobre el alba. Remamos y los brazos se nos subieron igual que torrentes en el alba, coreaban los boteros cara abajo del cielo, desnudos, bañándose en las olas de estos vientos.

VII

Ondeando, flotando en las invisibles corrientes que los torrentes tendían despuntándolas sobre la curva del horizonte, allá donde las espumas de las nubes se cortan y son las proas de todos esos barcos cruzándolas hasta las inmensas bahías en que las llanuras del cielo y de la tierra se miran, maravillosas, saludando la flota que las iba cubriendo. Cuando la compasión de todos los horizontes de este mundo se esculpieron y arrebatándonos de los versos de la muerte los expulsados ríos entraron en el Pacífico y el Pacífico abierto fue la condena, cuando los irredentos cauces miraron las olas y fueron las olas la caída, cuando el arrasado río de nuestras vidas vio la noche y la noche del mar se vio en nosotros, brillantes, vueltos, como un alba surgiendo del desnudo cielo.

VIII

Porque no volverás a matarme, le gritaban las aguas del Nuevo Baker a las cordilleras. Porque no volverás a romperme, les respondían los Andes a los torrentes y éramos nosotros pegados a los cuerpos que los ríos nos trazaban sobre el cielo, aéreos, y éramos nosotros mirando nuestras carnes fundiéndose entre las nubes. Se elevaron los torrentes y el sueño se nos subió dibujando la traición, la mano empuñada, el cuello roto que las rompientes lavaban. Te quise, le largan las montañas al viento que las perdonaba. Mi amor subió por el horizonte y el rosado firmamento fue como la mano secando tus mejillas, corean los grandes ríos subiendo las barcas del Nuevo Mundo, besados, entonándonos la sinfonía entre sus brazos.

IX

Y estos países cantarán otra vez y sus cursos y cauces ascenderán como pájaros sobre las rocas del nuevo cielo.
Y las islas de los países y los bañados archipiélagos nos verán de nuevo y serán como tus pupilas subiendo con mis pupilas.
Y las nuevas ciudades nuevamericanas se elevarán danzando en las alturas como naves transparentes ascendiendo.
Cuando nuevamente suban los cuerpos pegados del horizonte y se escuche la filarmónica de los devueltos ríos.

X

De los países remontando la aurora, sí, de las barcas de Nueva Perú, de Nueva Argentina, de Nueva Quito, que estelaron tocando juntos la Novena final que los unía al destino de los torrentes. Cuando nuestros brazos subiendo nos señalaron el continente recortándose desde las aguas, flanqueado de nubes, sonando y sonando en las cuerdas del beethoveniano horizonte, cada vez más alto, emergiendo en el nuevo cielo.

XI

Donde los resplandecientes estuarios se abrieron y el nuevo cielo americano rompió los acordes de las ciudades danzando. Cuando los nuevos búfalos tocaron los pastos de los países rodeados de ríos, y los pastos de los países rodeados de ríos subieron sobre los colores de la naciente alba, nevados, hablantes, llorando como niños ante el nuevo aire que nacía. Oh sí habitantes de la Nueva Buenos Aires, de la Nueva Nueva Futaleufú, de los pueblos de la hierba y del venado, así subió la orquesta de los ríos que remontaron con tubas el cielo, arrastrando la flota de los pueblos, amanecidos, destapados de nieves, cantando el nuevo canto de los ríos que se aman.

XII

Sí, donde los vientos dibujaron los nuevos lagos de la nieve, de la Nueva Los Ángeles, de la gran Colombia siguiendo en el cielo los compases que abría la procesión de los ríos. Quiénes son, se preguntan los habitantes de las viejas llanuras mirando subir los ríos como escaleras de incendio sobre el horizonte. Son las sombras de nuestros cuerpos en el pasto, de los borrados mineros, de las naves de Nueva Imperial en el río que retornan sobre las lanzadas aguas, contestan los antiguos boteros remontando hacia los lagos del firmamento, allá donde el viento recortó las flotantes ciudades y eran los campos en flor abriéndose contra el alba, sudamericanas, alzándose del vilo de las estrellas.

XIII

Al son de los nuevos acordes que los ríos rompieron ejecutando la marcha final de los cielos, cuando alzándose desde el fondo de nuestras almas, toda la bondad, toda la paz, todos los hombres, inundaron el color de la aurora y los grandes ríos emergidos mostraron los caminos que nos llevaban. Allí donde el vuelo de los desiertos ardió timbaleando en el infinito cielo y las cumbres de los Andes se derretían mirándolos flotar sobre sus descubiertas montañas.

XIV

Sí sí constelados torrentes, cuando el vuelo de las ciudades cubrió el amanecer y las carreteras de los ríos subiendo: del ancho Baker y del Amarillo, de los lagos, del emocionado puerto, nos mostraron por un segundo el viejo mundo que moría: las huecas rompientes del Pacífico, las costas del estrecho país que amamos y nos vimos entonces a nosotros mismos derrumbados sobre esas orillas, como un pedazo de sal, levantando los llorosos ojos de la perdida vida. Ese fue el pasado, sí camaradas de los hundidos bisontes, de las llanuras de la liebre y de la borrada Concepción que todavía aparece de tanto en tanto en las baladas: ese fue el pasado, ese fue el canto de las viejas aguas que ahora remontan cielo arriba al son infinito de las amanecidas praderas.

XV

Así se encumbraron los desiertos, así se desplegó el vuelo de los países y el alba emergió hablando con las nuevas montañas. Allí donde los círculos de la nieve flotaron rodeando los pueblos y los ríos helados trazaron la silueta de los antiguos huemules pastando en las llanuras; cuando la cara del desaparecido, borrado en las pampas y el polvo, tocó la mano del aire que dejaba y sintió de nuevo las lágrimas correrle por las arrebatadas mejillas. Cuando subieron los ríos y la muerte, la de la inundada Patagonia y del largo viaje hasta las orillas chilenas, desplegó nuestro rostro vivo sobre los lagos, danzantes, sonoros, tocándonos la bienvenida.

XVI

Es eso queridos ríos, países nuevos, queridos hombres que vuelan: así sonó la cantata de los torrentes, así ardió en el cielo la música de los países sudamericanos tocando donde el concierto del horizonte encumbrándose tocó con las cordilleras y la costa, con los desiertos y témpanos, con todo el frío del Pacífico, desplegando hacia arriba, hacia el nuevo destino, las orillas del continente que nacía. Eso entonaron las praderas, eso tocaron los estuarios, los rápidos, pidiendo por nosotros la nueva vida. La devuelta vida para el aire y los pastos, para los pueblos que aún duermen en el viento, para los nuevos hombres y el canto permanente de sus ríos.

XVII

La vida nueva entonces para la voz de estos poemas que el sueño escribió haciéndose sangre sobre las aguas, cuando nos enseñaron a morir y el torrente de la vida subiendo se nos pegó a los asombrados cuerpos que la aguardada mañana nos prendía, cuando nos mostraron el lecho del desierto y golpeados en la larga noche nos dijeron: muere, muere tú también, muere entero con nosotros, sólo para que a sus 41 años un hombre más fuerte aún, arropándote y tocando las praderas que sólo tu corazón conocía, que sólo tus ojos conocían, que sólo tu sed conocía, te dijeran de nuevo, como un mar que vuelve:

¡Vive!

XVIII

La vida nueva para que el sueño ascendiendo se te pegue y la tierra desaparecida que miramos, el de las caídas huestes y de los pájaros quebrados en las fronteras vuelva a nacer y sea como una salva estallando sobre el horizonte. Sí amigos de los idos boteros, habitantes de los puertos que una vez se llamaron Valparaíso o Callao o Buenos Aires: igual que las barcas del viejo tiempo que nuestro dolor vio naufragar en las costas del país roto, como el grito escollado, como el entierro que lloramos, oye ahora con nosotros las palabras que tu sueño escribió en estas orillas. Ese fue el poema, ese fue el rubor, ese fue el poema hermano de los ojos vendados que tú mismo escribiste en las murallas de esta vida.

XIX

Mira entonces partir tu vieja vida, sí mira las barcas de nuestra vieja vida alejándose sobre las olas del aire. Levántate ahora y escucha el viento golpeando las costas, allí está tu amor, allí sopla tu amor y son los nuevos paisajes despuntando sobre el amanecer nuevoamericano. Que tus nuevos aires sean entonces los aires y que la pasión que encumbró los torrentes se despliegue ante tus ojos para que los hijos de las piedras, del hielo, de los charcos y desiertos que llorando llenamos de escrituras, se tiendan una y otra vez y sean como los suspendidos torrentes brillando en las alturas. Que así se despierte el alba y que el cielo que tanto tiempo calló encima de manadas de búfalos que el polvo tragó en las praderas y que hablen los bisontes, las olvidadas alpacas, los desangrados huemules. Sí que hable y que hable la gente que una vez pobló las ciudades. Que hable y que sea nuestra voz la reencontrada vida y luego, como si nos viéramos de nuevo, como si nos oyéramos de nuevo, como si nos palpáramos de nuevo, despertemos flotando en los reencarnados cielos del nuevo día.

LOS RÍOS VUELVEN AL CIELO

ÍBAMOS ENTONCES

Tocados del alba entonces nos íbamos
recogiendo los pedazos
abrazados todavía, como si algo del
dolor no quisiera dejarnos
Creo que era eso porque a pesar de todo
el nuevo día se anunciaba
y yo continuaba sosteniéndote como
cuando estábamos muertos

Luego los ojos volvieron a cerrárseme
arriba los ríos cubrían el cielo

Y ENTONCES COMENZARON SU ASCENSO LOS RÍOS

Desde el otro lado del océano límpidos remontando el horizonte

Surcando el infinito cielo Igual que largas carreteras que se fueran abriendo en las alturas plateados brillantes recortándose entre las nubes

Trazando con sus cursos las inmensas figuras que iban recortándose en los grandes estuarios del cielo Son los frescos que los ríos trazan subiendo dice los ahogados viendo el dibujo de sus propios cuerpos cogiéndose en lo alto Es que somos el cielo replican las rompientes del Pacífico allá recibiéndonos el mar de la llegada

Y SE NOS VOLABAN LOS CIEGOS OJOS MIRÁNDOLOS

Y entonces lentamente la cordillera de los Andes fue
girando hacia arriba

Siguiendo a los ríos que se aman hasta quedar igual que
una lanza vertical clavada hendiéndose en los
fosforescentes cielos

Escuchando a los hombres que volvían a pedir por sus
patrias por sus hijos por el río de desaparecidos
que ascendían con los ojos esfumándoseles hacia las
nieves cuando irguiéndose los Andes se cruzaron con
la línea de la costa y era la cruz de Chile el nuevo sueño
que subía enceguecióndonos los sudamericanos ojos

HAY OTROS MUNDOS PERO ESTÁN EN ESTE

Hay otras vidas pero están en ti

P.E.

Entonces como salvas luminosas cubriendo de lado a lado el cielo seguían subiendo

Tendiendo las escenas donde morimos y era la historia nuestra la que se iba desplegando arriba chorreante de agua lavada emergiendo desde el Pacífico

Mostrando las antiguos golpes los gritos la rota carne en que muriéndonos imaginamos que habrían otras praderas flotando encima de las cumbres de los Andes cuando ya muertos vimos los ríos aparecer de nuevo y era todo Chile el que emergía detrás de ellos lavado como una salva de luz destellando sobre las cordilleras

LOS BOTEROS VEN EL PACÍFICO NEVADO

Tocados, besados, abrazados de nuevo,
mirando el infinito mar
que los alzaba

Amor   paz   verdad   belleza   para los ríos de la nueva
vida para el vuelo de los horizontes sudamericanos   los
continentes dibujados en el cielo

El paño de amor que grabó la silueta de nuestras patrias
sobre el horizonte cuando ascendiendo vimos los países
tenderse arriba   como archipiélagos

Arrastrando con ellos sus ciudades   sus autopistas   los
ríos que se aman que se iban transparentando y eran
nuestras vidas las que se nos transparentaban
incontenibles   inundando las alturas

Levantándonos hasta cubrir el cielo con los copos de
nuestras caras   Sí: tiéndanse arriba   ocupen el vacío
de sus almas   entren en sus carnes como los ríos entran
en el cielo y cuenten cómo fue esa vida   qué fue el
dolor   cómo se desmoronó el aliento desde sus narices
Y era el vuelo de todos los horizontes elevándonos el
país nuestro como un nevado sueño que nos empieza

PEDRO MEDRANO ADMIRA LOS TORRENTES DE NUESTRAS VIDAS

Bañado, besado, traspasado de sol, ve
los ríos de las emigraciones
brillar en las alturas

Torrentes entonces de los americanos Misiones   del mar
del cielo y de los países:
así se cruzaron nuestras vidas

Sobre las azulosas capillas de las alturas   donde los ríos
trazan los suspendidos continentes y donde las islas se
puntean como notas   infinitas   tocándose en esos vientos

Tocando la luz de esos aires donde todas las vidas vieron
las otras vidas y fue como ver hilarse los cauces en
torrentes que nos llevan   Nos abrazamos y era el Vístula
cruzando con el Baker   dicen los ríos humanos   cantando

Cuando aferrándonos de las colgadas cabezas   las manos
del cielo nos refregaron las bocas   lengua contra lengua
hasta extraernos el perfil de una nueva vida en que los
hombres se abrazaban amándose   Subieron las aguas del
Mississippi   del Jordán de las estrellas   del americano
Misiones   como subían las mares de nuestros cuerpos
tocándose con las bocas fundidas cielo arriba   flotando

LAS NUEVAS PLAYAS

Las playas suspendidas, las playas que
recogen al final tu vuelo, tus
entumidos miembros

Así se vieron entonces las celestes playas del cielo y los
ríos que entran en ellas arrancándonos para lo alto las
reenamoradas pupilas   las piernas   las pampas de los
pastos sudamericanos   subidas de luz   reapareciendo

Izados entonces   como telones que suben   todos
iban resucitando para arriba y eran los torrentes
las cuerdas que los tiraban

Poniéndole el cielo de fondo al fresco humano
que se iba trazando en las alturas   celeste de ojos
pegándoseles a los resurrectos párpados

Tiñéndose en el aire mientras el continente iba
subiendo como si se nos pegara a nosotros una
tierra nueva   ondeante   flameando llena de
pastos entre los emergidos ríos

Pegándosenos a las extasiadas caras con un celeste como
de todo el cielo adherido a los ojos   cuando los ríos que
se aman emergieron saliendo de la travesía del mar y las
líneas de sus cauces nos llevaron de vuelta al horizonte
del que caímos   prendidos de las pupilas   enceguecidos
soltando las palabras nuevas que los torrentes cantan
embanderados   maravillosos   teloneando las alturas

LOS RÍOS QUE SE AMAN

Y entonces vienes, y vienes con todos
los pájaros, con todos los vientos,
con todas las auroras

Tendidos entonces de todo el azul   embargando de amor
los maravillados cielos   regresaban los ríos que se aman
dibujándose entre los blancos de las nubes   como naves
que vuelven   llegados   tocando los polifoneados mares

Y así volvieron los ríos que se aman   como luces
de neón   como naves voladoras   enloqueciendo
de amor las alturas

Enloqueciendo las rompientes de las cordilleras
que miraban a las muchedumbres flotando sobre
ellas   todas allá   en los polifónicos horizontes

En las polifónicas mareas   en las pupilas que nos
mostraban los nuevos cuerpos   asomándose como
lágrimas   Es que son tus mejillas las lágrimas   nos
canta   el himno de nuestras lágrimas   tocándose

Como se tocarán los Andes con los Himalayas   el océano
Pacífico con el Atlántico   como se tocarán las albas
playas cuando deslumbrados de amor veamos las caras
que nos dibujaron suspendidas sobre las montañas
Tuvimos sed nos decimos en los estuarios del firmamento
tengan entonces sus vidas cantan subiendo los ríos que
se aman   reaparecidos   saludando el mar de la mañana

Y YA ACLARABA

Seguíamos abrazados
y la vista de todos esos cuerpos aún dormidos
sosteniéndose unos a otros
parecía confirmar que esta vez era cierto
el peso de tus brazos apretándome
Nos hablamos entonces como si en verdad
esos fuésemos nosotros
y nuestras voces mezclándose y el asombro
vibraban en la azulada luz

Era ya la aurora profunda
como si salieran de las piedras
nuestros cuerpos extranjeros miraban el mar

EL NUEVO CANTAR DE LOS CANTARES

...QUE SON DE LOS RÍOS

Se besaron entonces todas las aguas, todo mi amor se besó y el soplo de los torrentes, cursos y rápidos remontando el horizonte se desplegaba en el cielo igual que un sueño despertándose; primero los cuatro ríos del comienzo: el atronador Yelcho, el Espolón, el Amarillo y el Michimahuida, más atrás las corrientes de los estrechos, de los canales y estuarios. Al último, igual que una lluvia de espumas coronando la noche, el cauce de las estrellas, iluminados del fulgor de las remontadas aguas las sagas de los primeros boteros: los Ibáñez, Cabero, Díaz e hijos de Gessel contemplaron el ascenso de sus ríos y, haciéndose uno con ellos, los cursos de sus propias vidas. Fueron las escenas sobre el cielo. Yolanda Molina volvía a ver las imágenes de su hermano Manuel ahorcado en los fiordos del Amarillo y el rostro de la difunta de Aladín emergía de nuevo desde las corrientes. Así parlamentaron los ríos. Sus cauces estelaban en las alturas dibujando las caras de los que los miraron y como si los desbordara una luz de adentro los hombres rompían en cantos subiendo. Todo el cantar de los cantares subía. Mi amor subía. Fue así:

TE LEVANTÉ DE LAS AGUAS
Y ERA EL HORIZONTE

el vuelo desorbitado de los pájaros, todas las voces que escuchaste, las salidas del mar, los puertos, el aire que entró por tus narices...

Sostuve tu cuerpo y tu cuerpo entre las corrientes era el universo tocado, el primer fulgor de las estrellas, los primeros peces, los conciertos del pasto encaramándose sobre los campos.

Y mis brazos sosteniendo los tuyos parecían cuerdas de cuero remolcando el firmamento (todos los hombres contienen el firmamento).

Todos los hielos, los grandes diluvios que inundaron la tierra, los cataclismos, los volcanes, las costas de los continentes formándose.

Y tus brazos abrazados a los míos eran los océanos rodeando las costas de los primeros continentes, las primeras orillas mojadas.

Te levanté contra mí, tomé tu torso, te arrastré hasta mi vida y tu vida subiendo hacia mi vida era toda la creación que subía: los inmensos frescos que se abren en el cielo, los ríos arrojándose.

Y mis ojos viendo tus ojos veían las islas, la emergencia de los archipiélagos, el surgimiento de las montañas y de los amaneceres, el viento.

Lo salvaje y contenido que habita en nuestra sangre; el rigor del frío, la luz que atravesó los glaciares, el sol de las primeras mañanas.

Bien: te levanté de las aguas, te apoyé en las cuadernas y era el horizonte; empuñé los remos, partí contigo.

AL SANTUARIO DE TODAS LAS COSAS

al color de tu sueño levantado entonces, al horizonte que no conoce lenguas ni las requiere, al mar en que desaguan los estuarios.
A ese pueblo entero que marcha en ti, que rema en ti, y que se mezcla con mi pueblo. A todos los hombres que terminan en nosotros –como en un puerto– y a los hombres en que nosotros terminaremos.
A los que vuelven a ver por nuestros ojos (todos resucitan diariamente en nuestros ojos), a esas piedras que tocaron otras manos y que son la razón por la que te hablo.
A la ascensión del Pacífico en el cielo, a los ríos que ascienden y a mis palabras describiéndolos.
A la imagen de los ahogados flotando sobre los Andes: a la más bella de las imágenes en el más vasto de los poemas.
A esa visión de nosotros mismos en que doblados sobre los flancos de los botes íbamos recogiendo cuerpos muertos. A la visión de esos cuerpos vueltos a la vida por el amor en nuestra memoria.
A los que hicieron de sus vidas obras de arte (los boteros del Yelcho) y que no están retratados en frescos porque es el firmamento su retrato.
A la piedad, al perdón. Al viento que perdona a las montañas y a las rompientes que perdonan a los roqueríos. Al Poema del Perdón escrito pensando en nosotros y en los que aún buscan a sus desaparecidos
(están, créeme, están; no los ves pero están, no los oyes pero están).
A los que ahora están en ti, a los que ahora lloran en ti, a los que hablan porque viven en ti.
En fin; a la soledad, al abandono, a todo lo precario e indefenso que habita desde siempre en nosotros porque es eso lo que creó

al amor y la necesidad de los amaneceres, de los bosques, de los
pedazos de papel, de las hojas, de la luna, del cosmos,
de los grandes poemas, de las marejadas.

TODO ESO ESTÁ EN TI

el cielo, el fuego, la tierra,
el sol, los planetas

el agua, el aire. O somos todo eso o todo es un espejismo. El fresco de la mañana y el rocío, la luz de la tempestad y el temor del pequeño escarabajo escurriéndose en la arena, el graznido del viento entre los pivotes de los muelles, las ondas del océano...
Mira así mis piernas flectadas, mis arqueados brazos, el nudo de mis manos torciéndose sobre los remos: son todos los hombres bogando con nosotros; todos los amaneceres, la locura de los cielos entrevistos, el rumor que ya había alojado a nuestra vida cuando se desprendió el primer filamento de las estrellas.
O somos todo eso o todo es un sueño: las corrientes henchidas de ciudades, de flotas, de gentes que nuestras mejillas pegadas fueron surcando, que nuestros hombros, que nuestras inseparables bocas fueron surcando (adheridas como el mar, como el aire, como dos rompientes que nacieron juntas).
O somos todas las voces o es sólo el aire el que habla... el huracán que enloquece la superficie de los lagos y el crujido de las quillas en la marejada, el fulgor de tus ojos cruzados con los míos, el relámpago, la lluvia, los ríos que se desbordan...
El amor que se desborda, la luz, los grandes mitos en que fuimos tejidos (entrampados, tejidos como una bufanda que nos estrangula).
Mira entonces la curva de mi espalda, la urdiembre de nervios entramados hasta las yemas, hasta los dedos crispados contra las cuadernas. Somos nosotros esa saga entonces y la historia: la deriva de venas que los ríos prolongaron a la carne del universo.
Sí, mi voz que es todas las voces y tu continente.
Las salvajes emigraciones de los pájaros y el celeste de la flor abriéndose en su capullo, el instantáneo silencio de la araña en su red, el aleteo rojo de los peces y ese ponto tumultuoso que cruzamos juntos. O somos todo eso o nada; el copo helado sobre la hierba y las hojas movidas por el viento (países, marchas

forzadas, ejércitos destruidos, ciudades que ya no existen, son los que pasan
silbando entre las hojas).
El aliento, el fuelle de mi pecho inclinándose hacia los territorios indomables que canto: el Pacífico. Es tuyo entonces el canto de las furias, de los témpanos desconocidos, de la muchedumbre de primeros hombres que se llamaron Adán y de primeras mujeres que se llamaron Eva cuando el barro, cuando el amor inmovilizado en la piedra respondió a la voz: «camina», y de amor los paisajes se levantaron del barro como velámenes caminando con nosotros.
Escucha entonces el rumor de los torrentes abriéndose en el viento: son imágenes que te pertenecen, encarnaciones que nacieron contigo, sonidos, ríos del sueño que es mío y que tú soñaste en un cielo como este.
En un día como este en que termino este poema hablándote. Hace 18 años comenzó el milenio. Afuera es de noche y las nubes recortan algunas estrellas.

EL ASCENSO DEL PACÍFICO

EL ASCENSO DEL PACÍFICO

Se encumbró entonces el océano
y nuestras pupilas miraban el portento
sin todavía creerlo
Escuchamos de nuevo las rompientes, las
infinidades de islas
subiendo igual que estrellas sobre el cielo
Allí está el Pacífico hombre, allí, encima
de nuestras cabezas
y no lo crees y tus ojos lloran
y no puedes entenderlo y tus ojos lloran
todos los que amamos son el mar

Todo lo que amamos es el mar
América es un mar con otro nombre
todo lo que vive es un mar con otro nombre

LUZ, AMOR, BONDAD, BELLEZA PARA LAS OLAS QUE SUBEN

Y para los cielos sudamericanos sí,
infinitos, recibiéndolas...

Paz entonces para el horizonte que mostró las rompientes
suspendidas   igual que nubes   mientras los frentes
sudamericanos se levantaban para verlas   emocionados
límpidos   volcando como olas al cielo sus llorosos ojos

Y así comenzó a encumbrarse el Pacífico

Como un pájaro que se fuera elevando   coronado
de espumas   ascendiendo frente a nosotros

Mostrándonos los arrepentimientos   el vacío del
mundo que iba quedando abajo   disperso   como
un valle de nubes al pie de los condolidos Andes

Elevándose hasta extendernos de nuevo los paisajes   las
entrelazadas vistas que iban renaciendo entre las mareas
como si estos mismos poemas se dibujaran sobre sus olas

Porque era como un techo el océano   dado vuelta
posándose sobre el cielo

En las cumbres del aire mientras se nos iban para
arriba las caras   transfiguradas   siguiéndolo

Por eso toda nuestra vida se alejaba espejeando en
el mar que subía y era el mismo Pacífico el que iba
ascendiendo por nuestras caras

Extendido   sobre el sueño de Chile   desplegando el nuevo
continente que surgía lavado por las mareas   allí donde
los arrasados alzándose pidieron una nueva vida y los ríos
que se aman les mostraban de pie el nuevo horizonte que
ascendía   paralelos   enfilados   igual que cuerdas atando
boca abajo del cielo las suspendidas rompientes del Pacífico

CONCORDIA PARA LOS OCÉANOS QUE VIVEN

La Paz entonces para el
océano que cruzaste
La Paz para tus sueños y
desiertos, para los
Andes, La Paz para tu voz

Como mantos entonces tiradas al viento las olas del Pacífico parecían bañar estos cantos

Los despegados poemas del Amor de Chile rodeados de mar frente a los Andes como una ondeante sábana detenida sobre esas cumbres

Mostrándonos el corte que cada herida fue abriendo en el paso por este mundo Esos son los abismos que sus crímenes cavaron en el cielo les reprochan las rencorosas cordilleras a los brazos que nos mataron ante ellas Pero ahora subimos les contestamos nosotros a las montañas enjuagados enarbolando el mar nuevo de estos poemas

PASIÓN, VIENTOS, SUEÑOS PARA LOS MARES QUE SOMOS

La Paz para las pampas del océano
Para los archipiélagos que emergen
desde las olas como soles
La Paz para el oceánico cielo

Quiénes son entonces estas aguas   se preguntaban las largas pampas flotando como el mar sus pastizales

De los archipiélagos   de las llanuras tocadas y amadas que se elevaban siguiendo el trazo de los ardorosos ríos jalándose en lo alto

Mirando el amanecer cuajado de olas mientras los pastos de nuestros brazos se mecían al viento benditos   saludando el aureolado océano cuajado de estrellas

Prendiendo el volado Pacífico como si las cuerdas que ataron el cielo a las cordilleras las pusieran debajo y viéramos los Andes ascender encadenados al mar y más abajo los valles y más abajo las costas   Y quiénes son estas aguas preguntan las pampas de nuestras caras atadas al horizonte   como archipiélagos   chorreantes   iluminando los oceánicos pastos

MAR PARA EL MAR LUMINOSO DE LA AURORA

Y como mares de pasto iban
emergiendo los resucitados
pueblos de la noche

Miren así el vuelo de amor de todas las llanuras   más allá
aún las islas   rompientes y archipiélagos continuaban
ascendiendo   ondeantes   encumbradas de pasión   igual
que neblinas de pastos desmembrándose frente a nosotros

Y mi cara subía y era el hambre de amor subiendo

Bañando el cielo de esta tierra   desnudo de abajo
tocándome

Sacándome por las olas que subían coreando en
los alzados mares de esta tierra   encandilantes
tirándome para el otro mundo los ojos

Saludando a los resurrectos aires   al mar que seguía
elevándose sobre el pardo horizonte   Nos mordíamos
los brazos   nos palpábamos los torsos gritando y no
era un sueño nos repetían nuestros emocionados restos
viendo al océano Pacífico subir frente a ellos como si
fuese un inmenso pueblo de pasto saludando la aurora

Y VERÉ TU CARA

Y veré tu cara emerger entre las olas
se elevará tu cara desde las olas
Aunque no lo creas, te digo
ascenderá tu cara bañada por el cielo
entre las olas

Y MI CARA VERÁ TU CARA

Y mi cara ascenderá mirando tu cara
y el aliento de mi vida
ascenderá con el mar y será el cielo
y la vastedad de tu vida
subirá con el mar y será el cielo

CANTOS PARA LAS CANTANTES OLAS DEL DESIERTO

La Paz para los desiertos que
somos,
para la visión del cielo cubierto
de islas, para los
arenales del mar en las alturas

Y eran mías tus aguas todo el Pacífico se cortaba y
era yo el desierto siguiéndolo

De un mar a otro decantando la visión que la soledad
y la muerte nos mostraron en las lejanas costas como
una tormenta de arena abriéndose entre las olas

Dibujando nuestros torsos que se iban tendiendo igual
que los recostados arenales en el cielo allá donde se
izaron las playas y eran ellas los horizontes que vimos
al vernos desnudos prometiéndonos

Incendiándonos el sueño que el océano nos desplegó en
el ardiente cielo cuando el desierto subió hasta las orillas
en que tocamos el mar y eran nuestras todas las aguas
tocándose Cantemos entonces nos dicen los tocados
cuerpos mirando el Pacífico cubrir los arenales que se
abrían besándose horizonte arriba tendidos como
dos llanuras abrazadas elevándose desde las rompientes

FE, FERVOR, PARA LAS RECITADAS AGUAS

Di ahora de las oceánicas praderas
y de las soñadas Ítacas
asomándose en tu voz.
Di tú tu patria el mar del Pacífico
Sí di tú de las recitadas aguas

Como los acantilados así subían las costas de tu amor barriéndose

Y mi amor subía sobre tu amor y las playas se plegaban unas sobre otras como si fueran ellas nuestros cuerpos aún dormidos montándose sobre esos cielos

Llenando las praderas hundidas de tu amor sobre mi amor mientras el oleaje de nuestros brazos se abría fundiéndose horizonte arriba allí donde los desiertos se tienden y es Chile el mar mirando

La Ítaca el sueño entrando en el horizonte Entré en ti y las aguas coparon las arenas de tus valles hablan desde lo alto las rompientes anegándonos Te recibí y eran las praderas inundándose como el cielo debajo del Pacífico replican las llanuras resplandeciendo en las rodillas del océano cuando subió el mar de tu amor en mi amor y era mío el desierto recibiéndolo

TODO EL MAR PARA EL MAR
DE ESTOS POEMAS

Cuéntales entonces, sí mar, del mar
de estos poemas
Cuéntales también que pueden
haber poemas más puros,
pero ninguno tan vasto como estos...

......

Y cantan y cantan en el cielo los ríos
que se aman

Así se leyeron los poemas de este amor   extendidos
en el cielo   el Pacífico se alzaba cayendo sobre ellos

Barriendo las palabras que se tendían de lado a lado
del horizonte   allí donde se vio emerger el continente
y eran nuestras caras las que emergían

Ciegas de paz   dibujándose las pupilas que habrían
de ver las nuevas llanuras sudamericanas levantarse
desde los poemas que el cielo nos mostraba   entero
escrito   rayando la borroneada aurora

Los borroneados aires que los poemas del amor de
Chile subieron hasta ser las espumas que estallaban
sobre las cordilleras   En el mar de estos versos te di
mi amor y eran las rompientes derrumbándose como
los enamorados sobre el horizonte En el mar de estos
versos hasta las lágrimas subieron renaciendo recita
el poema de Chile balando de pasión sobre estas aguas

PAZ ENTONCES PARA EL PACÍFICO

Sobre todos los aires, cielos y
constelaciones…

Que sea la Paz entonces para el Pacífico elevándose para
las costas sudamericanas que lo vieron subir para todo
lo que vive vivió y vivirá en nosotros para las cordilleras
y sus rompientes expiándonos de la muerte en estos vuelos

Lentamente el Pacífico se iba fundiendo con el cielo

Límpido como una llanura esfumándose sobre
las nubes

Levantándose desde las desmoronadas playas de
nuestros cuerpos hasta las olas de los roqueríos
sobre las nubes como las estrellas lanzándolas

Cuando el Pacífico subió marcando debajo el perfil de las
cordilleras y más abajo las líneas de las costas en que nos
mirábamos desmembrados reuniéndonos las carnes

Cuando todo el océano fue la ascensión de nuestros
cuerpos

Porque hasta las rocas lloraban mirando el Pacífico
alzarse desde las costas

Cuando se nos reunieron los ateridos escombros de
nuestras carnes como si ellas fueran ahora las islas
y el océano el amor que los rodeaba volándonos

Y entonces como si el mismo mar nos despertara se vio el ascenso final del Pacífico y era el océano de nuestros cuerpos subiendo sobre el horizonte blanqueados de olas maravillosos bañando la pampa sudamericana La Vida Nueva entonces para el océano de estos cuerpos cantan los ríos que se aman allá tocados del cielo resucitándonos

POSDATA

Y así se encumbró el Pacífico, imponente, remontando el horizonte…

Como un pájaro elevándose cielo arriba, flanqueado de espumas, subiendo frente a nosotros

Majestuoso, elevándose hasta extendernos las vistas que renacían de las aguas: así ascendía el mar y era como si estos poemas se dibujaran trazándose entre esas olas

Desplegados, sobre el sueño de Chile, despejando el continente que emergía entero lavado por las mareas, allí donde todos pedimos la paz y eran los ríos que se aman mostrándonos el nuevo horizonte, tendidos, igual que cuerdas amarrando en el cielo las suspendidas rompientes del Pacífico

SUEÑO 473

A Matta

1492

Vi las carabelas de Colón emprender de nuevo el viaje, sus velas eran enormes cuadros de Matta que se iban hinchando por el viento. Al despertar tuve la sensación de que había descubierto algo, uno: que todos los cuadros de Matta eran velas de barcos; dos: que todos esos barcos serían quemados antes de llegar a América, tres: que el arte de la navegación a vela iba a morir.

¿DESPERTARÉ?

¿Escuchas entonces Vespucio? ¿Colón oyes? Mares y fiordos de Sebastián, de Balboa y archipiélagos, ¿escuchan? Las suspendidas carabelas y los rayos rastreándolas en el cielo eran bellos, dicen. Los acantilados de la noche resplandecían estallando e igual que aviones a chorro, los paneles del gran Matta despegaban fundiendo el firmamento con los últimos amaneceres. Lloramos sí dicen en la noche triste y los hermanos quemados ascendieron cantando como cantan los indios cuando entonan los Salmos. Así se parió hundiéndose la nueva alma dicen y las cataratas del Iguazú, las cortinas del Pacífico, el mar Atlántico se fueron para arriba ardiendo igual que el Responso. Porque así dicen se anuncia el despertar mi Dios y que serás tú oh sí me dicen el día que regresa.

Pintados en los velámenes de las carabelas los cuadros suben sobre el horizonte cubriéndolo, los fusilados, los monstruos de Goya, las pinturas cuzqueñas, y doblándose de hinojos en medio del fuego y del amor, todo lo quemado reza. Las naves han partido y los paños azules de la noche dibujan las marcas finales del sueño: monjes diaguitas, frailes guaraníes, monaguillos aimaras planean volando entre las pinturas y los haces antiaéreos buscándolos parecían espíritus en pos de sus cuerpos. Son hermosos. Sí es bella la luz mi Dios rozando la cara de tus indígenas. Tú eres el Dios de Cortés, el Dios de Pizarro y seguro también lo eres de tus pueblos aborígenes. Por ahora son las carabelas relampagueando entre la noche. Por ahora es vuestra cara dura y doble como el ejército español encallado entre el evangelio y las espadas.

¿VERÉ?

Hernández, ¿ves ahora? ¿Orellana miras? Estrechos,
islas y océanos de Magallanes, ¿ven? ¿Ven ahora
los ríos que se aman? Desde Tenochtitlán hasta los
altares del Cuzco las ciudades indias destellaron
en el cielo volando y era mi sueño como haces de luz
sosteniéndolas. Así ardió dicen la noche americana.
Los grandes rascacielos brillaban elevándose y en
medio del fuego de lo que se consume para siempre
las naves españolas flotaban resplandeciendo con
las telas de Matta a toda asta hinchándose en los
mástiles. Así también regresará el día cuando las
vergas que sujetan el cielo entren montadas en las
carabelas como entraron las flotas de Dios en los
templos indígenas. ¿Despertaremos? ¿Despertarás?
¿Despertaré entonces?
Escuadras de Tlatelolco, de Uxaclum, de Machu
Picchu se recortan chorreando contra el cosmos
entero pintado y parecen vitrales que despegaran
desde las iglesias hasta desbordar la luz de los
últimos firmamentos. Sí, como anillos se forman
las tribus suspendidas en el viento y es el dibujo
del venado, de la alpaca, del guanaco herido, el
cuadro que sus espíritus sostienen colgándolo del
llameante cielo. Arde el Pacífico como una bola en
llamas flotando encima de las montañas y mi sueño
de la noche ve las pinturas sobrevolando sobre
el fuego... Lagos entonces, océanos que vuelan y
responsos: detengan y ahora para siempre el fulgor
estelar de sus yelmos, los escudos aéreos de sus
carabelas, las cruces de láseres brillando en sus
aviones. Que todo vuelva al día y que yo despierte
sí: que se abran los nuevos pasos de la aurora...

¿AMANECERÁ?

Orellana, Lope de Aguirre, Pinzón, ¿ven ahora el Amazona brillar en el cielo? Mendoza, Díaz de Solís, ¿oyen el río de la Plata abrirse sobre el viento? Hernando de Soto, ¿sientes el Mississippi fluir entre las estrellas? Cursos de los descubridores, vías del mar y del aire, rutas y caminos del Atlántico, Mediterráneo y Pacífico, ¿ven sus derroteros arder como líneas de fuego en el firmamento? Son los ríos que se aman. Allí vi el cosmos de tu amor y las nebulosas refulgían igual que olas chupando las quillas de nuestros barcos. Es el destino dicen el vértice resplandeciente de la cruz en el firmamento y tus pueblos marchan hacia ella quemándose y volviendo... ¿Amanece? Todas las alturas se incendian y en las piras del amor de Dios pasan iluminándose los ejércitos, las naves acorazadas, los levitantes batallones y es el fulgor entero la noche que se quema. ¿Abriré en verdad los ojos despertando? El fuego enrojece el horizonte. En el destello las divisiones reales se recortan sobre las cimas de los Andes y más alto todavía, flotando cielo arriba, la Santa Madre tiende en remolinos sus santos mientras las tribus empenachadas se unen a ellos abrazándolos. Sí, como el Louvre, como la Sixtina, como las salas de El Prado se pintan los cielos y mi amor entre los cielos ve los últimos Matta tendidos en el cosmos coloreando con sus reflejos los rostros indígenas. Aclara. Los cuadros del sueño y la locura trazan el espectáculo de todos los astros estallando y en el fulgor del despertar los ojos míos te ven mestiza y alba como una aurora sobrevivida entre dos noches

2492

Soy hombre de palabras tristes. De eso ya
ha pasado mucho tiempo, pero el tiempo es
un río que tiene más de dos orillas y Roberto
Matta murió el 22 de noviembre del 2002,
año del Señor yo creo. Despliego sus obras
en la pantalla y recuerdo las carabelas
cruzando el mar rumbo a América, rumbo
a las orillas de una tierra ya no de quimeras,
sino de cenizas y decepción. Pienso ahora
que le debería haberle contado mi sueño y
decirle que fue bello, que en realidad fue
enloquecedoramente bello ver sus cuadros
hinchados por el viento empujar la flota,
que al final alcanzaríamos a ver la línea
de la costa y que después ya no importa,
que después sólo nos quedaría el despertar.

GUÁRDAME EN TI

AMADAS PLAYAS

Aquí llegamos entonces los ríos a decir,
toda la nieve, todas las cosas llegaron,
las nuevas de los hombres, los aires,
aquí llegaron a decir
el amor de estas playas
Que todo vuelva y vuelva entonces
como las marejadas, como las cordilleras
y las cumbres del océano
y que cuando Chile que había estado
ciego y muerto vuelva a ver,
que vea de nuevo el fulgor de estas costas
Que aquí renazcan todas las cosas;
que renazcas tú, cada uno de ustedes con
algo de estos poemas, con algo
del nuevo mar tiñéndose en el horizonte

AMADAS CUMBRES

Cantan las cumbres de los Andes, los pastos,
el desierto de Atacama, los grandes ríos,
canales y aguas del sur, Pacífico, nevados
y glaciares
cantan y cantan
Las aves, las bandadas y nieves de las cimas,
garzas, loicas
y las aves más lóbregas de los pequeños de
alma cantan
Canta el día radiante y el día nublado, el
vuelo de las inmaculadas praderas, de las
montañas y los archipiélagos del amor
más helado cantan
Como todas las cosas cantan y cantan
Sólo porque están vivas cantan
cantan y cantan, cantan y cantan
bajo el cielo de mi país

AMADOS GLACIARES

Queridos y blancos. Ay así, ay así es el amor
más blanco que se derrumba
se acercan diciendo los blancos glaciares del
Pacífico besándose, viniéndose entre los
cielos
Tras el horizonte, tras las aguas más heladas
del amor de este mundo que se rompe mirando
Son las cordilleras del mar, les contestan las
blancas playas, los poemas, los sueños que
lloran mirándose
Somos el sueño que todo Chile lloró mirando
responden los albos glaciares ciñéndose desde
el océano hacia el sur de este mundo, como
todo el amor, como todo el amor,
helados, azulándose

Sobre los abrazados vientos

AMADAS SINFONÍAS

Entonces, sin metal, acorde ni sonido humano
se entendieron. Fue el metalenguaje de las
praderas. Allí llegaron. En un comienzo sólo
los ríos, luego los países blancos, más tarde
los países nuevos de los coipos, huemules,
países aéreos y los nombrados todos. Mucho
después, al venirse los países nuevos otros:
Argentina, Nueva Arauco, y los países de los
seres humanos en general, se posaron con
tuba, clarín, piano y orquesta. Así nació el
Preludio, las notas habladas. Cuando se
cruzaron planeando rompió el sonido, se
tendieron las llanuras, subieron el acorde y
al escucharse, al oírse paisanos la primera
nota, se alzaron todos igual que la bandada
y empezó el vuelo; la procesión de los ríos.
Orquesta y Sinfónica por el cielo fue:

DESDE EL FONDO DE LOS VOLCANES LOS ARROJADOS VEN LA RESURRECCIÓN

Besados de todas las vidas, de todas las
nieves, volviendo

Como neones señalando los volcanes de los Andes allá en
el centro del cielo celestes así se dibujaba el río de los
muertos llevándonos

Desaguando el canto final de todos los hombres que subían
palpándose cielo arriba bendiciéndose en cada nieve en
los piedras en las iluminadas montañas

Renacidos desplegando la visión final donde el cosmos y
los nevados rezan abrazándose en el cielo Nos lanzaron a
los abrazados volcanes y sus ojos muertos aún veían
sí mira miraban

Llorando porque el cosmos mira y vio las lavas del corazón
de Chile arrasarlo todo y morir para siempre Arrojaron
sus cuerpos al mar a los ríos a los volcanes y por eso
es más nueva la nueva vida cantan los ríos levantándonos
Es para siempre nos responden las cumbres las cimas de
los Andes besándonos los renacidos ojos tal como nosotros
besamos la boca de los volcanes bajo la nieve abruptos
de vida nuevos como un río remontando la resucitada

LAS CONSTELACIONES ENTONAN EL CANTO AL AMOR APARECIDO

Con la Cruz del Sur de los lagos, océanos,
ríos, volcanes y cielos

Y eran las constelaciones de los pastos   de las humanas
llanuras   de los desiertos y montañas   remontando los
cielos sobre nosotros   tronando

Cantando el canto de todos los asesinados que se alzaron
de nuevo con sus amadas aguas   con los volcanes donde
los arrojaron   con el mar que los sostuvo   ascendiendo

Cubriendo el cielo con las olas que los mecieron   con las
besadas cenizas   con las piedras que abrazaban mojando
en las alturas   Te encontré y tu amor eran piedras
abrazándose en las alturas cantan los ríos   estelándose

Cantan los desiertos estelándose   las islas   las revividas
cordilleras subiendo igual que puntas de nave en la noche
Se abrirá la noche   emergerán sus caras y todas las vidas
escucharán en las otras vidas la sinfonía final de tu amor
reaparecido   Es que somos los nuevos torrentes   tu amor
nuevo los ríos muertos que resucitan y se aman   cantan
y cantan las constelaciones dibujando nuestros cuerpos en
el cielo   maravilloso   azulado del amor   recibiéndonos

Y SE VERÁN NUESTRAS CARAS

Y desde el desierto a los glaciares
desde el Yukón a la Patagonia
comenzarán así a ascender por el otro lado
de las vastas aguas
y el corredor del océano despidiéndolo
se abrirá como nuestros ojos
desprendiéndose del filoso horizonte
Y los torrentes fundidos de nuestros rostros
caerán sobre el cielo, llamándose

COMO UNA BAÑADA MONTAÑA

Barrerán así los ríos el emocionado cielo
hablarán entre ellas
las mareas encontradas y las olas subirán
arrastrando hacia arriba
el océano final de las vistas
Y el abismo entre nuestros ojos ascenderá
invirtiéndose cielo arriba
coronado de espumas dado vuelta, como una
bañada montaña llevándonos

...SOBRE LAS CUMBRES CRUZADAS, SOBRE EL CIELO Y MARES

Y lentamente entonces sobre los océanos cruzados sobre las cordilleras sobre todo lo que se atraviesa arriba del horizonte se trazaron los ríos de las emigraciones

Dibujando la ruta de los primeros pueblos de los primeros glaciares de los océanos que llegaron Y sus caminos se iban abriendo igual que rosas de aguas en el cielo

Desplegando las muchedumbres que emprendían de nuevo sus marchas pero esta vez con una pátina del nuevo aire cubriéndoles las caras como aves migratorias ondeadas perdiéndose entre las paredes del espumoso horizonte

Allá donde las alturas se abrían y los frentes humanos cruzaban el rojo mar de esos cielos mientras el sueño los precedía como una alta columna de fuego guiándolos y ruinas y los ríos nos lavaron Paz entonces para los ríos para las emigraciones paz para el torbellino de las olas que nos empujan Paz para las grandes olas del viento contestan las muchedumbres sobre el horizonte llegando

...SOBRE LAS ÚLTIMAS MAREJADAS SOBRE TUS ROMPIENTES

Sobre las playas entonces sobre los roqueríos del
Atlántico abrazado con el Pacífico las muchedumbres
se iban cruzando en el cielo

Alzándose de las viejas carreteras de los rotos muelles
de los estrechos que las vieron caer como una llanura de
polvo blanqueando las costas sí irguiéndose desde ellas

Viendo los océanos marchar igual que canales abriéndose
entre las cumbres Es el estrecho de Magallanes apuntan
los barcos destellando entre las montañas Son los mares
pasando entre los Andes replica el mar nuestro pasando

Atravesando esos derroteros donde todos los vientos se
encuentran y son los continentes cruzando igual que
veleros los estrechos perforados entre las nubes Subió
el sueño y eran los dos océanos abrazándose corean los
archipiélagos las muchedumbres mirando los ríos que
las llevaban Somos los ríos que se aman contestan
los ríos remontando las tumultuosas rompientes del cielo
largos enteros de luz iluminando las últimas marejadas

...SOBRE LAS PIEDRAS SOBRE LAS ROCAS SOBRE EL AMOR NUESTRO

Mi Dios es Hambre Mi Dios es Nieve
Mi Dios es No Mi Dios es
Pampa Mi Dios...

es Chicano es Cáncer es Ghetto Mi Dios es Dolor:
Torrentes del cielo de la tierra y mares: canten y digan

Canten el canto de los ríos que se aman porque todas las cosas se cruzaron las emigraciones las historias los dibujos de los primeros hombres y los frescos finales de las estrellas

Los ríos de la Vía Láctea y las constelaciones del mar en las alturas iluminando los vientos humanos las humanas praderas que subían cruzándose con las antiguas canoas con los transatlánticos con las tres carabelas de Colón brillando como la Cruz del Sur sobre los Andes

Besando las piedras las rocas los asesinos arrecifes cuando el Pacífico abriéndose nos mostró nuestro pasado y como un río abandonándonos sólo el sueño cruzó las aguas Canten entonces porque estamos vivos y los aires que nos miraron morir con las palabras congeladas en las bocas ahora ven las mareas de nuestras nuevas vidas el Dios nuestro todas las palabras ascender igual que un pueblo aborigen resonando otra vez en sus tambores

SOBRE LOS ABRAZADOS VIENTOS MARIANO Y KEKA MORALES RECONOCEN SUS CIELOS

el océano infinito que los hizo uno
sus ríos inseparables
sus auroras

La Vida Nueva entonces para los grandes cielos   para las constelaciones antárticas   para la aurora y las rosáceas nieves del amanecer sobre los Andes

Para la procesión final de los panoramas y de los hombres de los mares e islas que los ríos preceden entrando en lo más alto   allí donde el firmamento se dobla y nosotros nos rompemos de piedad mirando

Con los enceguecidos ojos viendo el arribo general de las muchedumbres   de las ciudades   de todos los muertos y los vivos mientras todo el horizonte se nos iba hundiendo en las caras   igual que una ola   clavándosenos

Contemplando los encendidos torrentes volver otra vez a la misma luz   a los mismos firmamentos   a la misma palabra que los expulsó arrojándolos sobre la tierra   Somos hijos de las estrellas y regresamos   hablan los coros humanos mezclados con los ríos   Amor entonces para los desnudos estrechos   para los fiordos donde el universo se curva y las rompientes del Pacífico recorren todo el cielo hasta caer de nuevo sobre las cumbres   azules   recomenzando

ENTONCES GUÁRDAME EN TI

Entonces guárdame en ti
en los torrentes más secretos que tus ríos levantan
y cuando ya de nosotros
sólo quede algo como una orilla
tenme también en ti
guárdame en ti como la interrogación de las aguas
que se marchan
Y luego, cuando las grandes aves se derrumben
y las nubes nos indiquen
que se nos fue la vida entre los dedos
guárdame todavía en ti
tenme en ti, en la brizna de aire que aún ocupe tu voz
dura y remota
como los cauces glaciares en que la Primavera desciende

LOS BOTEROS DE LA RESURRECCIÓN

A Jack Schmitt
traductor de estos boteros

ANTONIO IBÁÑEZ

Canta sí, las tempestuosas orillas sorprendidas
la primavera salvaje de las olas
desde donde nuestra vida
se abrió como una flor
entregada entre los rápidos
Canta entonces el continente de Gabriel Ibáñez
–el río Futaleufú–
que recorrió los grandes cursos
y que fue mi padre
y el padre de todos los hombres
Que guardó en su corazón las lluvias, la nieve
los deshielos, los relámpagos
como quien guarda un saquito de azúcar
y que remontó aguas arriba hasta tocar el nudo
donde se desatan arrojándose
las cuerdas de los ríos
Canta así, oh viejo amor, el nacimiento de la voz
que contuvo un firmamento
y que vivió como un ser humano porque eso basta
para contener un firmamento
Que fue él mismo como el río que remó
es decir: como la continuidad
que une el polvo con las estrellas
con el aire, con el corazón, con el Apocalipsis,
con las sinfonías

EL UNIVERSO DE MANUEL CABERO

Canta entonces el universo que se llamó
Manuel Cabero
y que como un universo cruzó estos ríos
Que transportó infinidades de astros
de atardeceres, de mañanas
heladas, de archipiélagos, de huracanes
que eran hombres
Que cargó hasta el exterminio la soledad
impenetrable de estos parajes
Que conoció los torrentes como su mano
y vio en cada ribera
en cada orilla desmembrada, en las espumas
de los saltos, en los estuarios
los primitivos latidos del corazón humano
Sí canta al transportador de almas que fue él
A la balsa que remó, porque fue infinita:
la Historia
(ese frío, ese caudal inacabable de muertos
recogidos entre sus remos)
Canta entonces a Manuel Cabero y a la piedad
de sus brazos
al amor que albergó sin saberlo
a las constelaciones que cuidó, al cosmos
a las células incontables
a los átomos que llevó de orilla a orilla
y que forman las auroras y las noches
y los ojos que miran las auroras
y las noches

AGUSTÍN DÍAZ

Mira entonces el vuelo de tus rápidos
Agustín Díaz
el ascendido océano, las aves
que como un hálito bautizaron con sus nombres
nuestros ríos de palabras sonoras
Vamos, mira las corrientes
pegadas de tiempo, de humedad, del peso
de todos los hombres que fueron tú
o sea el horizonte
y que se derrumbaron como un horizonte
sobre las tablas de tu lancha
Qué más da
enciéndeme un cigarrillo
(es de noche y te hablo como si estuvieras)
está bien, todos están con nosotros
y tú mismo estás
como el amanecer, como el cielo
que están sin que nadie se lo haya pedido
Así eres ahora

TEOBALDO GESSEL

Los torrentes ascienden sobre el cielo
y yo saludo ahora
al azul de tu camisa de mezclilla
porque es tuya, vale decir, simplemente
porque la usas
y eso en sí mismo es un mundo
Así te recuerdo en este instante
–un instante también es un mundo–
e imagino que así habrán de recordarte
los aires, los días
las estaciones, los arrojados firmamentos
que remaban en tu bote
Todo lo pasado vuelve a pasar
y porque la humanidad entera es un río
el futuro es ahora
y es ahora el tiempo y la permanencia
Tú has pasado ahora por mi memoria
Teobaldo Gessel
mejor dicho: tú y tu camisa de mezclilla
Si la abrieras
seguramente veríamos el corazón de un pueblo
que permaneció junto
Y si abriéramos tu corazón
seguramente veríamos dentro de él un horizonte
Seguro sería el nuestro

YOLANDA MOLINA

Deja por un minuto los remos Yolanda Molina
y hablemos de la Iluminación
Del fulgor súbito que alumbra los cauces
en la nada
Del instantáneo brillo de las olas
fulgurando en el vacío
y de la vastedad del mar que estalla
detrás de tus párpados
Hablemos de ese largo percurso
que fueron tus brazos
de todas las estaciones que has creído
ver, de los climas
de las catedrales inexistentes
dibujadas como una antorcha entre las ondas
Sientes que son las aguas que te hablan
y es algo de ti
de tu soledad, de los hijos que quedaron
en el camino
de tu esposo en el frío del Maihue
Sientes que todo eso te habla; las flores
y las hierbas
las orillas del lago, las montañas
y es algo de ti que se enciende
Algo que no has contemplado en tu vida
algo que está en el corazón y se deshace

ALADÍN IBÁÑEZ MIRA LA SAGA DE LAS AGUAS

Oh Manes, oh Manes...
Ezra

Pensemos entonces que has contemplado el puente
de Londres, el mítico Támesis
el Parlamento la Abadía de Westminster
en la soledad, el trono milenario
la niebla desfondándose en el río
Pensemos también que has visto el Tíber
–años, siglos antes–
con el nombre de su Dios grabado en la piedra,
la Catedral de San Pedro, las ruinas
el oleaje del mármol espumeando en La Pietá
como un océano
Pensemos que has mirado la cruz de Zurbarán
bajo las congeladas corrientes del Neva,
el Palacio de Invierno, la estatua del Jinete de Bronce
cabalgando no lejos de la casa del poeta
Que has visto arder el Sena bajo la luz
de las antorchas
las Tullerías y las gárgolas de Notre Dame
Los esculpidos muelles, el Ródano
El civilizador Mediterráneo y los olivos, la dulzura
de los duomos pendiendo en los canales
los cementerios verticales cavados a pique
frente al Adriático
Pensemos entonces que has visto la deriva humana
escrita en los mausoleos
la historia, las miríadas de muertos
–como una pluma cincelada en el hierro–
contemplando frente al mar el infinito de las olas...

Tú has visto todo eso Aladín Ibáñez
y eran sólo las grandes rocas desnudas, la soledad
de los acantilados abriéndose ante tus remos,
el granizo, las nieves del Michimahuida azulándose

AMADAS TRIBUS, AMADOS PUEBLOS

LAS NUEVAS CIUDADES

Entonces igual que un chorro se abrieron para arriba las notas subiendo: Ottawa, Nueva York, Nebraska, San Francisco y círculos del norte, Tenochtitlán, Tegucigalpa, Chichén Itzá de las tierras del centro y consteladas del olvidado sur: Nueva Cuzco, Lima, Lebu: pueblos todos del alba sí, danzando y fosforeciendo porque así las tribus sí mira. Mira el río de las estrellas trazando las ciudades en el decolado amanecer nuevo americano.
Iniciando la sinfonía de los nuevos territorios indígenas, fugas, acordes del viento, océanos y finales que las reservaciones ejecutaban tocando como tocan las cadenas de los astros rodeando las cumbres. Allí estás tú también que miras como vuelven a mirar a través de tus ojos los desaparecidos pueblos australes; los onas, los yaganes, los patagones y es tu sueño ahora el cielo tendiendo los infinitos puntos, aldeas y campamentos que brillan destellando igual que una escuadra de cazas en la soberbia noche oh sí; donde se derrumbó el amor estaba la noche.

Y era tu cara el borde de estos cielos, el manto mío de las estrellas. Al mirar hacia arriba no vi nada sino tu permanencia, las pinturas de tu rostro, la deriva de tus antepasados inundando las altas nubes. Esos son los ríos que se abren. En otro tiempo fuimos encontrados y ya vivimos en las primeras células, en los abismos de los mares, en las primitivas danzas que el asombro le ofreció al fuego. Por eso somos ríos que se abren, brazos, cauces, torrentes arrojados de un agua única y primigenia.
Nada se diferencia de lo que somos y nada de lo que es está fuera de nosotros. Tú resumes las viejas tribus, las cacerías, los primeros valles sembrados y mi sed recoge en ti toda la saga de este mundo. No son mitos, el mito es la mentira: que sólo existimos una vez, que cada uno es sólo uno. Todos viven en ti y tú vives. Las olas del tiempo inmemorial y las estrellas. Oh sí manto mío de mis estrellas; la noche te habla antes de sucumbir al día, las grandes batallas perdidas, el pasto de los antiguos clanes y de las tribus remontando por nuestros cursos el corazón de los caminos del corazón y tus tocadas praderas.

LAS NUEVAS TRIBUS

Por eso brillan las ciudades flotando y mis ojos ven las enormes constelaciones abrirse porque así se transfiguran los torrentes reuniendo sus aguas. Tú asciendes por las aguas y es la marcha de los antiguos glaciares en que fuimos hallados, las largas emigraciones, el caudal de tus padres y de mis padres juntándose otra vez en nosotros. Y tú no terminas de creerlo, pero una lengua desconocida te interrumpe... Y yo no termino de creerlo, pero danzo y mis pupilas se humedecen admirando el primer fuego, la gruta en que en otras edades nos abrazamos.
Bien, tú estás allí y es como decir que el pueblo que vive en ti ha estado, que la tribu que habla en ti ha estado y que mi amor es una tribu y un pueblo. Millones de años antes alguien vio sus manos separársele del suelo y al mismo tiempo el resplandor de las futuras ciudades brillando en las alturas. Es de eso de lo que te hablo; de un brillo estancado en el fondo de nosotros, de algo que hace uno el pasado y el futuro. O sea: del cielo que reflejó para siempre la primera fogata, de lo eterno de una solitaria ola, de la hoja que cae, de la cruz del cosmos, de los ríos...

Un poema escribiéndose en el horizonte

EL MAR DE SUS VIDAS

Así empezaron a cruzarse los ríos. Sí amados
pueblos que miran, amadas tribus descubiertas.
Así se encumbraron los torrentes trazando en
lo más alto la quebrada historia que los había
seguido. Cuando los ríos del norte se juntaron
con los del sur y los pueblos que una vez los
acompañaron tendieron de nuevo el mosaico
de todos los rostros del mundo mezclándose.
Sí, así ascendió el caudal de los asesinados y
era el mismo horizonte cubriéndose, de los
desaparecidos y eran nuestras piernas que
regresaban, de los olvidados y eran todas las
aguas, afluentes y cursos entrando en el cielo
como estuarios que vuelven al mar de sus vidas

EMERGÍAN DESDE SUS PASTOS

Como una neblina levantándose
desde la tierra

Nuevas entonces de los pueblos mapuches   tehuelches
kawéskar   fueguinos   y clanes de la luz americana
del sueño y todos: emergían del pasto sus cuerpos

Desde la tierra   desde las borradas praderas que los
grandes ríos surcaron comenzando la historia de este
mundo   Desde allí emergían las olvidadas tribus igual
que constelaciones de estrellas reventándose

Reconociendo sus antiguas montañas   sus cañones   las
olas de los primeros mares estallando en las nubes
Recomenzando otra vez pero ahora con una pátina del
nuevo aire en las pupilas mientras las flotas de sus
canoas se elevaban cruzándose con las carabelas del
viejo mundo drapeadas sobre el viento   en el otro lado
como un río de luces reagrupándose en el firmamento

EL NUEVO ENCUENTRO

Embelesados miraban sus naves
llorosos de amor
las albas que los encontraba

Y fue ese el nuevo encuentro de las naves de Colón con los espíritus de las tribus   cruzándose   eran igual que ciudades prendidas danzando sobre las cumbres

Sobre las aguas del cielo   sobrevolándose mutuamente como si todavía no pudieran creerlo   alejándose para volver a acercarse   llenos de luces   como ventanas de rascacielos destellando

Estelando el horizonte que los primeros hombres veían reflejarse con las praderas de sus pastos   cuando el este y el oeste se cruzaron y eran las antiguas tribus que emergían de nuevo elevándose igual que ciudades planeando entre las nubes mientras las carabelas les salían otra vez al encuentro   surgidas del aire   llenas de nieve   como un sueño abierto perforando las alturas

SUS PINTURAS EN EL CIELO

Y amaneciendo subía la cabeza
coronada de plumas radiantes
multicolores despuntando
como el sol tras las montañas

Eran entonces esos los nuevos signos en el cielo: sus caras pintadas sus emplumadas cabezas el tatuaje de sus torsos reemergiendo

Transparentando el firmamento tras ellos como si el cosmos fuese un vidrio y las líneas coloreadas en sus cuerpos la imagen de todos los sueños agrandando las rayadas alturas

Donde la aurora se levanta como una corona de plumas y donde en sueños todos ven sus cabezas flotar igual que batallones pintándose en los aires Es el espíritu cantan las tribus suspendidas tatuando los vientos

Sobre la circunferencia de este mundo una al lado de otra mirando el cielo amanecer entero grabado con los dibujos de sus pieles como un telón que se fue rayando en la noche Así nace el alba contestan las tribus trazando los signos con que las estrellas cuentan la saga de este universo Sí: cuando trinó el ave de la la aurora y era el plumaje de sus cabezas despuntando

COMO ASPAS DE LUZ

Yanomamis   cherokees   tabascos y
pueblos del desierto de las
ciudades: así giraban
las aspas de sus resurrecciones

Como espíritus flotando en las alturas   reencarnados
igual que aldeas de viento desplegándose sobre esos
espacios

Inenarrables   incendiándose en el aire como los astros
que las despertadas tribus reconocían al ver el curso
de sus antepasados   como llamas vivas   enrojeciendo
las nubes

Maravillados   contemplando la visión donde sus almas
van elevándose desde los pastos hasta fundirse en el
vuelo de todos los pueblos sobre el cielo   pegados de
luz   mostrando el amanecer de sus resurrecciones

Allá donde los infinitos puntos de Nueva Buenos Aires
Nueva Sao Paulo   Nueva Lima   Nueva Montevideo
subían y eran las estrellas de los desiertos americanos
Así brillaron las nuevas ciudades volviendo y era como
si el pasto de sus llanuras nos hubiesen esperado   se
dicen unas a otras las tribus mirándonos desde el viento
remontadas   como aspas de luz girando sobre la mañana

AHORA EVOCAN LA RENACIDA ALBA

Arriba de todos los derroteros, arriba
de los peregrinos fiordos
y canales

Paz para los ríos tehuelches mapuches onas para los
ríos patagones huilliches Paz para ellos atravesando
los cielos

Cruzándose con las carabelas que volvían de nuevo a su
encuentro con las velas hinchadas de nieve celestes
emergiendo entre los fiordos de las nubes

Descubriendo que hay otros cielos encima de este cielo y
sobre ese otros y luego otros y otros y que al final están
las mismas praderas los mismos cauces y estuarios
los mismos rascacielos ascendiendo

Allí donde las fogatas de las borradas tribus fueguinas
se fundieron con el mar y el mar alumbrado de nuevo
empezó a subir hasta encontrarse con el océano de las
carabelas y éramos nosotros mismos entrelazados
coronando de espumas los últimos cielos Cuando
vimos los ríos y el sueño de mi amor encumbrándose
te vio toda pintada cubierta de tambores lanzándote
a las heladas aguas como un alba renacida que se arroja

LOS BOTEROS VEN EL PACÍFICO NEVADO

Sobre los abrazados horizontes, sobre
las muchedumbres en el cielo
sobre los desiertos

Así se iban cruzando las muchedumbres en el viento

Subiendo el olor de las viejas carreteras   de los muelles
quebrados   del mundo que nos vio hundirnos como un
sueño del que sólo se puede despertar en sueños

Cuando el mar soplando nos mostró los abiertos canales
y emergiendo de entre ellos   boca abajo   pendidos del
cielo   el archipiélago de todas las islas y cumbres de los
mojados Andes

De los Apalaches   de las cordilleras que se cortaban allí
donde todos los ríos se encuentran y son como estuarios
las multitudes entrando en el pendido cielo   Es que se
amaron los estuarios   las inacabables islas   el Mar Rojo
con las mediterráneas montañas   nos gritan las propias
bocas trompeteándonos como en un mamma mía el
paisaje final de las peregrinaciones: el Pacífico nevado
de amor derrumbándose sobre las costas del Atlántico

JACOBO HOMSI MIRA LA CRUZ DEL SUR

Y amado todo lo que vive y vive
en ti   en mí   en nosotros
en la Cruz del sur de tu llegada

Arriba del Pacífico tendido con el Atlántico   arriba de los
cruzados Apalaches   arriba de las largas playas de Chile
subían cruzándose los países y eran infinidades de rostros
fundiéndose en las alturas   allá donde todos los mundos
se ven y es el desgarrado horizonte humano el que se mira

Así iban convergiendo entonces los ríos en el
centro del cielo

Arrastrando los cauces que las sedientas tierras
les tendían izándoselos hasta el encuentro donde
todos los hombres se cruzan y son infinitos ríos
cruzándose

En el mar final donde nuestras caras volviendo
a nacer levantan el vuelo de sus ojos como islas
que la visión de las estrellas iban rodeando hasta
mostrarnos nuestra propia cara   cuajada de olas
emergiendo entre las rompientes

Cuando las rompientes de los océanos se cruzaron con las
olas de las cordilleras y estas con el cielo y el universo
entero cruzado trazó el torrente de los nuevos hombres
que volvían cantando de sus emigraciones   Fue la Cruz
del sur iluminando tu cara cantan y cantan los ríos que
se aman   en el centro del cielo   coreándonos la llegada

Así:

Y MIS OJOS BUSCARÁN TUS OJOS

Y mis ojos buscarán elevándose tus ojos
y la grandeza en mí de amar
te enseñará la gracia de sentirse amada
Por eso ábrete y tócame como se tocan los mares
como las rompientes
Sí, ábrete como los países que se levantaron
desde los últimos hielos y mira
como se escriben por nosotros las alturas
Porque si la mano tendida no se entregó lo suficiente
y las aguas del Pacífico entraron haciendo pedazos
las costas del corazón
igual hoy, mañana o después
veremos los cielos de tu vida y de mi vida
resplandecidos
como un nuevo poema escribiéndose sobre el horizonte

CARTA A LOS VIVOS

A Valerie Mejer

vidita, te dice, ya me voy

MÁS ARRIBA

Sí más arriba, dijo mi amor, como las naves del Rawe,
Peuma Colón, Río Bueno, Río Apache, Río Bolívar.
Mira sí, el hermano Mapuche no muere ni coquea. En
sondas, en espaciales se va a Nueva Nueva Chaitén
mirando la noche y por pura mente y luz se aman las
cosas. Por los ríos bajan las aguas y suben hablando y
el amor mío llama desde los cóndores a los coipos
con los nombres de las grandes naves interespaciales:
Yelcho Vivo, Nueva Espolón, Nueva Michimahuida,
Nueva Futaleufú, y después Nueva Buenos Aires,
Nueva Nueva Palena, Vida Ibáñez, Nueva O'Higgins,
río Calle Calle. Igual que las antiguas estrellas se va
el brillo elevándose y llegan riendo los cuatro ríos
del Paraíso: el Guijón, el Pisón, el Tigris y el Éufrates.
El hermano Orinoco, el hermano Mar de Plata, los
volcanes, los pastos, las aguas.
El Río Viento, el Río Noche, el Río Sueño, todos; sí
todos llegan. Por los grandes torrentes de la vida, llegan.

CARTA A LOS VIVOS

Mi amor está feliz porque estamos vivos. De nuevo se ríe y abraza y dice que Norteamérica son los sueños diurnos y Sudamérica los sueños nocturnos y después me dice que soñó con mi cuerpito que se rompía estrellándose contra las piedras del río. Madre al verla me preguntó si era esa mi muchacha y luego dándose vuelta preguntó: «¿Pero dónde están las naves de este país?» Los hombres le contestaron muy tímidamente y uno de ellos le dijo: «Nunca hubieron naves en este país», pero ella ya no le prestaba atención, sólo a mí se dirigía, a mí no más hablaba. Los más pequeños disimulaban la risa como si los viejos no entendieran mucho lo que pasa, pero ella dijo: «Nunca me he sentido más joven». Mi amor después contó que había visto los países; que americanos del sur y del norte se cruzan igual que pompas de jabón en el aire y luego llegan. Yo pensé entonces que mismo que uno deberían ser los países y hablé mucho pero fue como con toda la tierra y me sentía tan contento oh sí hermano río, hermanas nubes.

Atrás madre también seguía diciendo, pero habla raro sí, habla como con acento quechua. Por «chaski» dice, por correos tienen las noticias de las partes en las mañanas. Cuando yo me fui del camino, chasqui condolió muy respetuosamente a madre, arrugó su gorro y poco a poco fue lanzado el saludo: Mucho querer y contento por el angelito ahora porque amor puede más que la muerte. Yo miré entonces a mi muchacha y ella me preguntó: ¿Quieres tocarme? y yo le dije sí hermana Luna Roja. Todo el sueño de amor le conté entonces y fue sí, hermanos pastos, fue sí hermanos árboles.

Fue sí, fue sí, hermanos onas, hermanos kawéskar, hermanos pueblos desaparecidos y subió de la tierra un brillo como de naves espaciales; todos los chicos zulúes, los zambos, los muchachos rubios americanos relampagueaban en la oscuridad. Ellos miraban sus propias caras brillando en el negro cielo y nosotros dos nos veíamos de pronto tan pequeños recortándonos contra los infinitos ríos de luz que habíamos visto iluminando, cayendo sobre los rascacielos y muriendo, que por eso era todo, que por eso yo le decía y mi amor me contestaba, sí hermanos patagones, sí hermanos pehuenches, sí queridos muchachos de hoy, fue sí lo que dijo.

Querida Manhattan, amadas llanuras pardas, por eso los jóvenes llegaban por la noche metamorfoseándose y en el día eran llanuras de pasto cruzando el nuevo sueño nuevoamericano.

Sí palomitai, como los tercos deudos se iban todos allegando, chicos cambas, chilotes y marrulleros chilenos, y en el sueño el torrente ajaba rompiendo mis carnes hinchadas de puro amor.

Sí de contento yo dije me voy con mi muchacha viva más allá de la parca. Los teenagers cruzan la noche guitarreando igual que los países en vuelo. Celándome la chica cruzan, atravesando las sombras. Madre se acurruca a padre en la oscuridad y con malas palabras llama a los hijos, pero en el fondo ella también está feliz porque se siente joven y ágil y de nuevo estamos juntos. Gritó entonces: «Estamos vivos» y la siguieron padre, mis hermanos, chasqui, y parientes, pero su voz es la más fuerte y se debe haber escuchado en toda Nueva América, sí.

Oh sí hermana luna, oh sí hermana noche, oh sí hermana muerte.

CARTA A LOS MUNDOS

Hay otros mundos pero están en este, hay otras vidas pero están en ti. Esa es la única realidad y en las ciudades, en los montes y en las avenidas yo voto por tu vida y levanto tus banderas. Los ríos han regresado al cielo y sus torrentes dibujan las nuevas comarcas, pero como es mucho más vasto el aire que el aire que respiramos y el viento es mucho más ancho que lo que pueden abarcar nuestros brazos, yo te adivino donde no te veo y donde no estás te encuentro.

En otras edades, en un sueño antiguo, los ríos se arrojaron desde lo alto a las montañas y bajaron tronando hacia el océano que tampoco pudo detenerlos. Fue algo que sucedió y donde tú y yo estábamos. ¿Fue allí donde nos encontramos? ¿Allí nos vimos o fue sólo mi aliento? No lo sé, pero antes de que ambos naciéramos yo sentí que nacería por ti.

Hace miles de años que los gobiernos han cesado. Nada queda de los viejos discursos ni de los sufragios. Ningún murmullo recuerda las antiguas disputas ni los partidos, pero como la vida es más honda que la vida y el sueño es más hondo que el sueño, no existen palabras, sueños ni nombres en que yo hablando no haya hablado de ti.

Tal vez me tocó vivir en otras vidas. Como naves espaciales los ingrávidos rascacielos se recortan en las alturas y en el torrente los amores perdidos se encuentran. Nada se ha perdido ni nada ha muerto desde que comenzó la tierra; son sólo mutaciones, transformaciones de ti.

Ahora las ciudades flotan suspendidas en el cielo y bastan los pensamientos para que las cosas se hablen. Pero antes que yo soñara yo ya soñaba contigo.

Contigo que no precisas de ningún sueño para ser real ni de ninguna realidad para ser un sueño,

Las praderas inundan de pastos las alturas y más arriba todavía, recortándose sobre el cauce de los infinitos cursos y océanos, el alma es este nuevo mundo y esta vida. Los países vuelan brillando y los ríos suspendidos en el cielo esperan volver a arrojarse sobre la tierra. ¿Comenzaríamos de nuevo? Al final sólo las visiones preceden a la vida.

Tú me precedes. Una visión precedió la caída y otra visión precedió el ascenso. Los nuevos países descienden dibujándose sobre el horizonte y los océanos los rodean como a islas. ¿Y si no despertamos juntos? Sería mejor entonces que el mundo jamás hubiera existido.

Pero existe y este es un homenaje que las palabras mienten. Algo del amor es más grande que el amor y todo lo que yo pueda decir son sólo premoniciones, imágenes futuras de ti, a las que yo he llamado cordilleras, playas, ríos, desiertos, océanos,

glaciares, estrellas...

CARTA A LOS EVANGELIOS

De todo lo que se derrumba sólo tú sobrevives, viejo Evangelio de los pobres, y en la luz de las galaxias y de las constelaciones yo repito tus plegarias y entono tus salmos. Más límpido es entonces el viento despejando los espacios. Yo te escucho también en los vientos.
Te escucho en todo lo que vive y mi amor conmigo, en todo lo que persiste. Las capitales se forman circunvolando igual que anillos en lo alto y el resplandor de la Pasión ilumina sus ingrávidos edificios. Yo rezo contigo en las ciudades y en los edificios, y en la oración del universo que se desfonda, tu voz es la mía y el canto.
Allí está la mañana y yo les canto en ti a los mártires y a los iluminados, a todas nuestras muertes y derrotas, a la última oración antes del martirio. Igual que los cielos estelados nuestras patrias se expanden y el cosmos esplende dibujando nuestros caídos, pero como todo lo que existe fue más fuerte que el exterminio y el abandono, yo santifico en los lagers y en los campos de exterminio la sobrevivencia de nuestro amor y tu creencia.
Contigo celebro entonces todo el mal que nos hicieron, por ti yo entré cantando en la tortura y el vuelo de mi amor naciendo bendijo los suplicios.
Las multitudes se arremolinan y es como una capilla la bóveda del firmamento, pero en una larga tierra lejana, recortada de cordilleras y glaciares, yo festejo a los que nos torturaron y abrazo en ti la reencarnación diaria de mi vida…
La era nueva, el resplandor de los pastos en que miramos nuestro sueño, la fe sostenida contra el fuego. Las grandes ideas se han quebrado y las constituciones y los poderes ya no existen; pero como la muerte es un parto de la vida yo leo en los torrentes la permanencia y como un pueblo aborigen adopto tus emblemas,

y sobre las playas y en los desiertos, sobre lo que pervive en el país sudamericano, en los espejismos humanos y en las utopías, yo me apego a tu nombre verdadero y reverencio tu voz entre las palabras de las bienaventuranzas.
Escuchen entonces el soplo de este canto. Los países emergen encendiéndose sobre el horizonte y la luz de los océanos, de los desiertos y de los glaciares se refleja suspendida en el mar azul de estos cielos.
Es mi vuelo y mi amor. Expandida de todas las estrellas la Cruz se levanta y es el grito, los vientos, todo lo que lloramos, el consuelo que nos extiende sus brazos como dos olas abriéndose.
Dame entonces tu mano, recuesta sobre mí tu rostro y luego contempla conmigo el torrente renovado de nuestros cuerpos.
Allí están los campos que desamparé para seguirte, allí están mis hijos, allí está el curso de todas las heridas y abandonos cuando arrasado de lágrimas alcé la cara hacia el cielo y vi que eras tú mi mandato y la nueva tierra; el canto de los ríos esta mañana:

BIENAVENTURADOS LOS POBRES DE ESPÍRITU, PORQUE DE ELLOS SERÁ EL REINO DE LOS CIELOS.

BIENAVENTURADOS LOS QUE LLORAN, PORQUE ELLOS SERÁN CONSOLADOS.

Bienaventurados sí, los cauces de tu vida y nuestras vidas.

https://www.youtube.com/watch?v=Puxf2Swux84

Y AHORA ¿PUEDES DECIRME DÓNDE ESTÁ MI HIJO?

Entonces Zurita –me preguntó– ya que te
largaste el *Canto a su amor desaparecido*
¿ahora puedes decirme dónde está mi hijo?

SÍ

Sí mi Dios, sí amor, es tan grande el mar, es tan grande Luna Roja. Miren el cielo sobre nosotros las estrellas son los antiguos Apaches, las montañas se llaman Apalaches ¿tú sabes? Como el sueño la nieve de los Apaches es azul, sí mira, como su espíritu. Tú no te hagas problemas con el color rojo de sus caras, es el color de los antiguos indios americanos. Ellos piensan sobre la muerte, sobre las estrellas y mira: yo estoy muy feliz porque tengo una hermosa pieza de plumas sobre mi cabeza, como los jefes Apaches no como el Presidente oh no, para él sólo es importante el tono azul de sus ojos y luce como los viejos cowboys matando a los seres humanos en las pictures.

Sí mi Dios, sí amor. Sí sólo tú me escucharas. Yo soy un buen muchacho, yo no soy malo, y todavía puedo abrazar a mi amor con todas mis fuerzas ¿tú sabes? Sí, vuestra hermosa, adorada faz hace que mis pobres brazos, mis piernas, mis ojos, mi pecho, mi cara, corran y exploten por usted. Yo soy un hombre enamorado y usted conoce lo vasto de mi necesidad. Yo fui muerto entre dos ríos, mas todavía busco en el cielo el milagro de vuestro rostro descendiendo como las antiguas estrellas sobre mí.

Yo os amo... Yo os amo... Yo os amo mi Señora

SÍ

Sí amadas tribus, sí hermana Mar de Plata. El río de las estrellas se arremolina sobre la noche. Allí viven nuestros antepasados. Ellos pintaban sus caras, sus torsos y en los días de fiesta o de guerra sus dibujos recordaban las formas de los pájaros, de las nubes, del recorrido de las emigraciones. Como el vuelo de los pájaros yo también emigré hasta ti y mi sangre se abrió paso entre las cacerías y las reservas y me vi danzar entre las alpacas. ¿Pero dónde estarás ahora? ¿cerca? ¿estará cerca la mañana?
Vamos, acércate entonces y que no te asusten las pinturas de mi cara, mira que los tiempos de los cueros cabelludos ya pasaron y yo no soy el cacique Kalfukura ni el jefe Búfalo Amarillo. Yo te subyazgo. Nada de mí podría hacerte daño y usted sabe que en el fondo nosotros siempre admiramos el color azul de los ojos, el color del agua y del cielo. Sí, yo te subyazgo, y es el arrebato de vuestra imagen la que mueve el curso de mis brazos abriéndose. Yo fui arrojado al mar, pero en la habitud del sueño te veo y mis ojos ahora carcomidos siguen buscando y aún esperan el resplandor de vuestro rostro tendiéndose como las estrellas sobre mí.
Yo os amo… Yo os amo… Yo os amo mi Señora

SÍ

Sí mi Dios, sí amor. Vuelve entonces tus ojos y mira. Allí está el arco de los guerreros y las nubes yacen bajo sus flechas. Arriba mora el cielo y el río de los astros lo baña. Sí mira, los huemules son las nubes y nosotros los seres humanos sólo cazamos por necesidad. No busques más allá, verás las mismas praderas que no acaban porque son las praderas de mi amor. En mis sueños tú corres por esos pastos y los hermanos te siguen ¿qué ha pasado ahora my lady? Oh no, nada. No contestes ni oigas; siempre estarán estas praderas porque son las praderas de mi amor.
Sí mi Dios, sí amor, sólo el sueño da la prueba y la noche que me cubre, la larga noche de los pueblos que primero poblaron este continente. ¿Has sobrevivido tú a la noche? Mis manos arañan la sombra y mis ojos sospechosos de toda luz, esperan sin embargo que amanezcas. ¿Cómo te llamabas en otras vidas? ¿A qué fogón pertenecías? Nada sé que no sean vuestros cursos. He muerto. Los tatuajes de mi piel ahora están pintados en las llanuras y nadie encontrará mis restos, pero yo aún aguardo el fulgor de vuestro rostro encendiéndose de nuevo como las estrellas sobre mí.
Yo os amo... Yo os amo... Yo os amo mi Señora:

Sí, le contesté, yo puedo
decirte dónde está tu hijo

NUEVA-NUEVA

A José Carlos Rovira
el amigo mío de estos ríos

NUEVA NUEVA FUE FUNDADA EN UN EXTRAÑO MILENIO, año del Señor yo creo. Cuando el río Futaleufú bajó desde los grandes deshielos. Los ríos Espolón, Yelcho y Michimahuida, llegaron también. Donde está ahora Nueva Nueva Chaitén comenzó la reconstrucción. Al lado de los enormes lagos congelados. Los castores blancos talaron todo en medio de la helada y hasta hoy, en el día de la primera nieve, los muchachos lo celebran fundiéndose en el cielo. Así lo contaron los viejos boteros viendo esos hielos. Queridos ríos: fue el sueño de Nueva. Lo vio el hermano volcán, el río Nueva Baker, Bolívar, el gran Elicura, Mar de Plata…

(3101)

Fueron largos períodos y ahora los ríos suben dibujando anillos en las alturas. Son las ciudades de Nueva. Los hombres del norte y los del sur acudieron a poblar. Los del norte como tribus empenachadas y los del sur como recolectores de grano. Al final se juntaron en el cruce de sus ríos. Sin embargo al llegar y ver sus propios restos flotando en las aguas, comprendieron que antes todo ya había sido destruido. Ese es el mundo que fue, gritó mi madre Blanca, en esos lugares ya nada existe. Los caciques del norte y los del sur enfilaron sus naves. Detrás partieron los viejos chilotes, Arauco, las tribus comanches, todos. Fueron miles de canoas surcando la noche. Al alba, regresando de ese regreso, poblaron...

(3102)

Nueva Nueva Chaitén brilla ahora en el cielo como una estrella más. Los muchachos que allí nacen bajan con el poder de los pensamientos, cambian de formas y pueden penetrar los sueños. Son los muchachos de Nueva Nueva. Aladín Ibáñez lo contó recordando a su esposa, Lidia Ibáñez, desaparecida en el torrente del río Futaleufú. Cuando los castores blancos empalizaron por primera vez los ríos, estos los desbordaron cambiándole el curso a sus aguas. Enterrando a sus albos hermanos, los castores reconstruyeron lo que había quedado. Nueva América fue la represa. Nació de una destrucción. Huyendo, así lo había entendido padre en el sueño. Los castores blancos, dando vuelta la noche, lo royeron al lado de los grandes deshielos...

(3103)

La madre nuestra contó que es un sueño de los ríos la inmensa cúpula transparente que cubre Nueva Nueva. Muchos años antes, regresando desde las tierras quemadas del río Espolón, padre roído volvió a llamar a sus hijos, pero al comprobar que ninguno de ellos lo reconocía terminó llorando junto a todo lo perdido. Blanca, la madre nuestra, chilló con todas sus fuerzas al ver de nuevo el mundo que se había quemado para siempre. Cuando regresó padre sólo encontró pedazos flotando en los cauces, pero entendió que es la pena la que finalmente lo levanta todo... Se llama pena, volvió a chillar la madre nuestra, ese es el nombre con que comienza el nuevo Mundo Nuevo. Blanca Ibáñez es ahora un río más.

(3104)

Amados desiertos; los ríos desbordaron sus represas y en el cielo, suspendidos sobre las cumbres se dibujan vibrando los enormes lagos nuevoamericanos: lagos Nueva Perú, Nueva Nueva Uruguay, Nueva Nueva Brasil, Nueva Venezuela, Nueva Patagonia, Nueva Nueva Colombia. Así sucedió y aplaudieron. Pero en el sueño, donde comienzan los inacabables arenales, los muchachos estallaron en lágrimas porque los borrados leñadores los habían saludado. Son los antiguos bosques destruidos, ellos son los sueños que los ríos graban frente al desierto. Cuando los castores blancos dieron vuelta la noche y talaron los árboles sólo el viento cubrió esas soledades y padre. Padre fue roído y está allá. Por amor flamea...

(3105)

Los muchachos de Nueva Nueva sonrieron al ver a los caídos elevarse otra vez desde las aguas, pero en las largas pampas borradas: en Estados Unidos, en los países del sur y centrales, siguieron escuchando quenear su degüello. Se hablaron entonces con los labios, con esos gestos de la boca que ahora ya nada significan, pero que en los mundos destruidos sí comprendían, es decir; el carbonero de la borrada Lota, los hermanos ferroviarios, Chaitén viejo, los indios pehuenches. Al terminar la noche el río de Blanca volvió de nuevo a la tierra. Amén, dijo, y soñó a su marido en el sueño de Nueva Nueva: allí volvió a ver las largas heladas, los castores blancos, las represas.

(3106)

Amadas montañas, queridas cordilleras que emergen; así aparecieron los nuevos paisajes. En antes, en los antiguos registros que se borraron, las ciudades estaban pegadas al suelo y las cordilleras jamás se movían como si las hubieran clavado. Cuando los primeros hombres clamaron por la libertad, los tanques apuntaron hacia las estáticas montañas pero los muchachos que vendrían después emergieron desde las nieves y parlamentaron con ellos. Cayeron los tres continentes; América del norte, América del centro y la del triste sur. Cuando terminó todo, surgieron bordeando el cielo las nuevas montañas. Todas hablan; la montaña Nueva Bolívar, la montaña Washington, Nueva Los Andes, los montes Apalaches…

(3107)

Bramaron así las grandes montañas y antes de apagarse los ríos gimieron por sus aguas, por todo lo que tiene que cambiar de formas para huir. Todo cambia en Nueva Nueva, había dicho padre antes de partir, luego miró el horizonte y vislumbró en lo más profundo del cielo la forma de un corazón e infinidades de arterias confluyendo hacía él. Son los ríos, trató de decir al ver a los nuevos cauces ascender palpitando. No, le repuso la madre, nuestra: el Nuevo Pacífico es el cielo. Ambos penetraron entonces las orillas rebalsadas de sangre. Detrás los siguieron las tribus empenachadas, las familias pioneras, el cargador de almas Cabero. Son ríos, sentenció padre, por hermandad los conozco.

(3108)

¿Dónde está tu hermano? Ese dios fue roído, se dijeron los muchachos enfilando Nueva Nueva a otro sueño, pero al ver sobre el cielo las infinidades de cuerpos rotos que los ríos rojos iban trazando con sus cursos, el menor de los nuestros le replicó: ¿Es que acaso soy el guardián de mis hermanos?... Vaya mejor y lea los Salmos, lo increpó la madre nuestra, Babilonia será destruida... Querida Blanca, queridos muchachos del amanecer: Yo, el menor de los Ibánez, Antonio, soñé este sueño en la orilla de un río y después morí. Nueva Nueva había caído y eran miles de bosques talados, de cauces resecos, de castores muertos cubriendo como extraños capullos blancos las inconcebibles represas destrozadas. Arriba, palpitando, los ríos rojos ascendían.

(3109)

Así comenzaron los nuevos tiempos. Fue primero el recuerdo y mucho, mucho tiempo después el vuelo de las nuevas ciudades surcando el cielo. Cuando las vieron brillar igual que estrellas, Héctor Gessel, el de los hielos, dijo: parece que danzaran en las alturas. Cuanto sucedió sucedió y cuanto pasó pasó. Partió así: los glaciares empezaron a retroceder y los ríos a secarse. Los muchachos de Nueva esperaron el nuevo deshielo, pero al elevarse y ver a Nueva Nueva York y las otras represas principales semi enterradas bajo los arenales, presintieron un paisaje distinto. Después, cuando estallaron las grandes tormentas del desierto, las nubes de arena, huracanadas por el viento, dibujaron por un segundo sus antiguos rostros borroneados. Mirándome mirar, el primer Ibáñez, Aladín, me preguntó mi época y nombre, mientras arriba infinidades de cauces ascendían convergiendo hacia el centro del cielo. Son como las venas de un corazón, dijo, los verás en Nueva. Eran los ríos rojos.

(3201)

Por última vez los torrentes bajaron por las empapadas montañas, cruzaron el mar, emergieron por el otro lado y son ahora una ciudad. Nueva Nueva Arizona la llaman y es india como Nueva Nueva Búfalo, Nueva Nueva Toltén y Nueva Nueva Ontario. Son ciudades hermanas. Los castores albos empalizaron sobre ellas las aguas del río Colorado y luego abrieron el Gran Cañón. Es la última represa. Bordeando el inmenso tajo, Blanca Ibáñez vio el día que terminaba y abajo las ciudades encendiéndose. Formaban una cruz. Lo recordaría al ver a las hermanas Nueva Nueva Chaitén y Nueva Nueva Cisnes atravesadas flotando encima de los grandes hielos. Es un vaticinio, le había comentado Gessel a nuestra madre. Era el primero de los ríos rojos.

(3202)

Cuando aparecieron entonces los ríos rojos tiñendo las nieves todos miraron hacia esos cauces pensando que era sólo un surco en medio del horizonte, pero al verlos manchar las nuevas ciudades y remontar por el congelado cielo, cayeron en cuenta que era el pasado el que se repetía. Es el destino de todos, profetizó la madre nuestra, eso muestran los ríos rojos. Heridas, agregó Gessel, heridas se llamaban en los registros de antes. Recordando a las tribus, los muchachos de Nueva Nueva pintarrajearon sus caras, encendieron piras y mirando correr las aguas vieron que estaban teñidas de muerte. Todo vuelve a repetirse, insistió Blanca. Su voz era la de un pequeño río congelado, pero insistió, insistió entre los inacabables borrados...

(3203)

Los ríos rojos fueron ocupando trechos cada vez más largos del cielo y luego formaron el lago que se ve sobre las montañas. Los remeros montaron en sus naves y con sordos aullidos encumbraron Nueva América a otra represa. Después bajaron para contar que los ríos rojos habían vuelto. ¿Qué es un río rojo? inquirieron los otros. Las pampas de la Patagonia, los fiordos, los glaciares respondieron ordenándose como lo hacían antes, pero al despertar al nuevo día y verse completamente destrozadas, entendieron que eran los ríos del alma humana. La vieja alma humana todo destruye –gritaron los remeros– la cordillera abatida, los diques inundados, la muerte de todo. Fue un presagio. En Nueva Nueva atardecía.

(3204)

Los colorados surcaron así de sur a norte y con ellos los viejos hilos sangrientos. Una vez al año suben las empinadas nieves tiñéndolas y cuando alcanzan las cumbres Nueva Nueva vuelve a ver las grandes destrucciones. Todo el sufrimiento, todo el dolor de los hermanos se vio y quedó pegado. En las pantallas de lo alto las miraron. Las huestes de Atahualpa y de Huáscar, se derrumbaban matándose y los cuerpos caían enrojeciendo aún más las aguas. Fue el nuevo pasado. Como en todos los tiempos los sueños rotos hicieron llorar. ¿Qué es llorar? preguntaron los hijos mirándolos. Volviendo sus ojos al antiguo torrente donde había desaparecido su mujer, Aladín Ibáñez contestó: Esto es llorar: Ay amor, ay amorcito…

(3205)

Amados hermanos destruidos, se abrieron así los ríos rojos estriando de sangre las comarcas ahora resecas. Por incontables años, generaciones tras generaciones habían visto alzarse y destruirse las represas pero al venírseles encima los inmensos arenales entendieron la vacuidad de todo lo que habían andado. Ya antes el odio y el frío habían borrado las antiguas ciudades, pero desde el fondo de esas heladas, nacieron los castores blancos. Ellos royeron lo viejo, los puentes quebrados, los podridos muelles, para desde allí construir las nuevas represas. El primer embate fue el de la sangre, ríos y ríos de sangre subiendo hasta el cielo, luego el embate de los muchos de Nueva contra las represas de la muerte, contra las represas del olvido.

(3206)

Los torrentes colorados habían vuelto así recordando el horror de los caídos y Nueva América tuvo una vez más que cambiar de formas. El río de Blanca Ibáñez contó que toda la noche los ejércitos del Nuevo Norte y del Nuevo Sur batallaron lanzándose espejismos contrarios pero al alba lloraron todos juntos porque de nuevo habían muerto. Las represas fueron tragadas por el desierto y padre el roído, que siempre había vuelto, esta vez se marchó para siempre. El rencor, la maldad de los hermanos, se dijo, borraron las ciudades pero al aparecer sobre ellas intocadas las Nuevas Nuevas rieron porque no había sido sino un mal sueño, pero los ríos lo recordarían. Fue después. Fue la tristeza india. Fue azul y lloro. Fue Nueva Dios.

(3207)

NUNCA SUPIERON PERO CAYÓ EL CHAMÁN DUELO Y DE Nueva Nueva salió el plañido. Fue de música y final. Las ciudades surcaron el horizonte. Sus chozas de tablas se estremecían y los niños, hambrientos dicen como dicen, corrieron por las calles contemplando para abajo el barro y más abajo del barro el cielo de aires y nubes. Ronco fue el sonido de las voces. Fue de metal y pensamientos y sintieron el frío que descendía de las paradas montañas. Soldado cholos y cambas soldados se amontonaban en camiones de oruga que podían subir y bajar por el aire apuntando. Cholay tomó casco también. A mi palomitay, dijo, se la han robado cuatro corá-ceros, a ver si puedo rescatarla, dijo, con cuatro rí-fleros. Fue cierto, fue cierto la robada, las naves espaciales, la cola de fuego que se la llevaba. Tanques, aviones y satélites la siguieron. Músicos y amautas también. Tundras, árboles, bosques, pantanos, montañas, los cuatro ríos del comienzo, los desiertos, Cochabamba, las nevadas de Nueva. Todos fueron como luces e iban…

(3301)

Nueva América flamea, los ríos rojos, los hermanos satélites, el mar, oh sí, todos. Las plateadas Nuevas del sur y las Nuevas del norte: Nueva Nueva Ottawa, Nueva Nueva York, Nueva Nueva México, volaron hasta formar un sólo anillo en las alturas. Todos celebraban mirando, pero de pronto, desde el otro lado del cielo, aparecieron tres sueños. Fue el día de la Nueva Independencia. Los jóvenes los miraron presintiendo, pero ya era tarde. Los tres sueños iniciaron el descenso y desde lo más hondo de la visión se oyó entonces el anuncio. Es Colón el viejo, gritaban. Todos los ríos se elevaron al encuentro. Iban formando una infinidad de azuladas carreteras ascendiendo. Perú Nueva lloró. Sí, el Perú, Argentina...

(3302)

Las carreteras ascendían abriéndose como un abanico hasta dibujar el mapa de Nueva América sobre las montañas. Allí, tras las tres naves descendieron los países mojados y viejos y después Colón. No hay futuro, se chillaban los paisajes nuevos y viejos cruzándose y desnudadas del sueño entonces las naves lograron la matanza. ¿Qué es morir?, trataban de indagar los de Nueva. Los conquistadores albos, punteados de sangre, les mostraron las llanuras arrasadas. América, gritaban, hemos descubierto América. Solamente es otra Nueva más, respondían los muchachos. Todo eso sucedió hace tanto, Colón murió en el sueño 1500. Parándose, el transportador de almas Manuel Cabero, que hasta ahora no había hablado, dijo: Hermanos, hermanitos, ¿fue hace tanto?

(3303)

Los castores contaron entonces los últimos árboles y se vio el cielo. Es bueno, es hermano –comentó Gessel– al ver el Crucificado dibujarse en los talados troncos. Ese también fue el mundo viejo, replicaron los ríos borrándolo. Los habitantes de Nueva lo miraron, escalaron los nuevos paisajes y al detenerse vieron abajo los desiertos y encima de ellos, cubriéndolo todo, la inabarcable tristeza india. Está pegada, forma costra y es alma, volvieron a repetir los hermanos. Los castores albos mostraron sus dientes y por milésima vez penetraron la noche. Fue igual que la nieve, sólo un efecto, pero el temor cesó. Río madre tocó entonces las raíces, sintió el aire, palpó los neones. Gritó hermanos y no fue sueño.

(3304)

Amados glaciares, amadas llanuras nevadas; todos flamean, todos van cambiando de formas como los ríos de Nueva cambian: río Santa, cholay Rímac, río Magdalena, Orinoco, Nueva Mississippi. Todos explotan igual que salvas partiéndose y son las ondas del agua el nuevo sueño nuevoamericano. Desde allí parten los hombres. En los ríos parten con las grandes llanuras que cruzan el cielo. Por allí partió también padre y cuando puso el deshielo a hablar los castores lo acorralaron porque presintieron que era el recuerdo. Los muchachos vieron entonces las pesadas montañas acercárseles y encima de ellas el gran lago congelado. Ese es el cielo nuevoamericano; es de nieve, flamea y habla. Lago Buenos Aires lo llaman, es de Nueva…

(3305)

Por nieve y sueños se va a las alturas y se vuelve. En órbita se despega como las naves espaciales y al mirar para abajo todavía se pueden ver a los antiguos paisajes pasar borrándose en las corrientes de los ríos. Cuando repoblaron por primera vez, los habitantes enmudecieron mirando las aguas. Son los antiguos hermanos, decían; las primeras tribus, los cazadores, los tranvías. Comenzó así, dijo la madre nuestra, en los bosques, después de la reconstrucción fue lo primero que vieron haciéndose trizas en los rápidos: se llamaban cabezas negras, mexicans, cholos, fletos, judíos, sudacas. Fue el comienzo. Ahora todos brillan como brilla el oscuro Louis Armstrong en la oscuridad.

(3306)

Se vio entonces Nueva Dios. Los castores blancos llevándolo de a pedacitos sobre sus incontables lomos lo amontonaron junto de los demás árboles roídos. Fue el último dique. Cordilleras, océanos y ríos iniciaron la peregrinación, desiertos, glaciares, siguieron después. Fue la Gran Peregrinación a Nueva. Los muchachos la miraron pasar y con ella la noche que se iba. Nueva Nueva amanece, es americana y diurna, se dijeron, y Aladín Ibánez miraba la aurora emerger de la noche e imaginaba que era su esposa, Lidia, desaparecida en el torrente del Futaleufu, surgiendo de las aguas.

(3307)

EL NUEVO AMANECER NUEVOAMERICANO

Habían llegado. Más arriba, sobre la inmensa cúpula transparente que cubría Nueva-Nueva, como si de verdad fuera Lidia Ibáñez emergiendo del río, ascendía el nuevo amanecer nuevoamericano.

EL CAMPAMENTO RAÚL SILVA HENRÍQUEZ FLOTA EN EL CIELO

SUEÑO 577

Fue un extraño sueño en el final de la noche. Cientos de autopistas ascendían suspendidas en las alturas y los miles de puntos de luz de los rascacielos del campamento Raúl Silva Henríquez flotaban mimetizándose con la aurora. Recordé entonces que mi libro empezaba con sus sueños. Han pasado los años y ya estás a punto de morir, me dije, grábalos de nuevo. Cerré los ojos con fuerza y recordé sus nombres: Almiaro Núñez, Carlos Coñuepán, Jacinto Quesada, Dionisia Bravo, la Colombiana, Julia Millacura, Hermelindo Salvatierra, Ziley Mora, Mar de Plata. Afuera, efectivamente el campamento flotaba en el medio del cielo. Al fondo, cruzado por millones de ríos, el firmamento resplandecía.

ALAMIRO NÚÑEZ VE LOS RÍOS CRUZARSE EN EL CIELO

Yo siempre sueño que me persiguen

Entonces avanzando desde la derecha y la izquierda
del cielo como rayos que convergen
se cruzaban los ríos

Subiendo desde todos los continentes igual que fuegos
artificiales que estallan en la noche sonoros surcando
los aires

Más arriba de la cordillera de los Andes de las cumbres
de los Himalaya de los remontados Apalaches allá
donde el plano del horizonte se inclina y son puntas de
flechas los ríos clavándose

Grabando los inmensos paisajes que los boteros vieron
al ver abrirse sus ríos en lo alto cuando el vacío les
chupó el alma y la visión de palparse de escucharse
de verse los fue elevando hasta dejarlos pegados en
los infinitos frescos del horizonte Pero si ustedes son
nuestro horizonte nos decían los torrentes cayendo de
bruces contra el cielo brillantes igual que puentes
levadizos dibujando la rosa de los mares en las alturas

CARLOS COÑUEPÁN VE EL PACÍFICO CRUZARSE CON EL ATLÁNTICO

Somos muy pobres, señorita

Como dos carabelas   azules   flotantes   trompeteando en el cielo
así el Pacífico se cruzó con el Atlántico

Y era el descubrimiento de América cruzándose con las costas del sueño que subía   Somos el mar de todas las almas   grita el río de las emigraciones   soplando

Cuando el Atlántico flotó subiendo mientras el nuevo mundo se abría sobre las nubes y era el azul del Pacífico esperándolo   Te esperé tanto   se decían los alucinantes océanos en el cielo   como balsas   encontrándose

Enarbolando las banderas que nuestro sueño vio flamear sobre los nevados y eran sus cumbres las rompientes del océano que llegaba por el cielo   Se descubrió América se gritan los volados mares trompeteando sobre las nuevas cimas   Es el mar nuevo son las carabelas que se asoman flotando encima de las cordilleras   comenta el Atlántico cruzado de amor con el Pacífico   majestuosos   tendidos como dos conciertos tocando el final sobre el horizonte

JACINTO QUESADA VE LOS HIMALAYAS FUNDIRSE CON LOS ANDES

Manuelita, soy yo

Entonces elevándose desde los Himalayas desde los
Alpes desde los albos Urales
empezaron a cruzarse las montañas

Subiendo hasta inundar todo el cielo con sus nevados
Nos desprendimos de los Karakorum comentan las
montañas del este elevándose

Cruzándose con todos los macizos de este mundo que
las alturas nos grabaron como si fueran pedazos de
nuestras vidas blanqueándose sobre el viento igual
que velámenes despegándose del horizonte

Cuando el aliento del cielo nos llamó por los nombres
nos tocó los inertes miembros y nos mostró las infinitas
cumbres que subían Si el sueño sube si la vida sube
si el último de los hombres sube verán las cordilleras
cruzarse y serán sus cuerpos prendidos en el cielo
Si nuestro sueño sube nevará el cielo y ustedes verán
la Vida Nueva nos dicen los Andes cruzándose con los
Himalayas como un mar que se nieva elevándose

DIONISIA BRAVO ADMIRA LOS INMENSOS ESTUARIOS

Chamaquito, no te enojes…

Mares entonces que vuelan   grandes torrentes de todos
los ríos de Medrano y Misiones
así subían los estuarios de nuestras vidas

Sobre la azulosa capilla del firmamento   allí donde los
ríos trazan nuestros rostros y donde las islas punteadas
tocan la Pastoral de los horizontes

De los aires donde todas las vidas se fueron tocando con
las otras vidas y fue como ver hilarse los torrentes que
nos llevan   Nos tocamos y era el Mississippi tocándose
con el Orinoco   dicen los ríos humanos   cantando

Cuando empujándonos lengua contra lengua las manos
del cielo nos refregaron las bocas hasta sacarnos el perfil
de una nueva vida en que los hombres se arrebataban
besándose   Se abrieron los inmensos estuarios del río
Misiones   del Medrano   del Jordán sudamericano
fundiéndose igual que nuestras bocas sobre las montañas
hinchadas de amor   como dos olas pegadas que renacen

LA COLOMBIANA VE EMERGER SUS HIJOS DESDE EL POLVO

Tan buenos mis hijitos

Amor para el río de las emigraciones   para el primer pueblo que buscó una nueva tierra   para el mar que se abrió y los estuarios marchando en lo alto

Para el santuario de las cuencas oceánicas y los puertos escritos en las alturas   Para las alturas porque nacimos chillando pero fue sinfónico el cielo que nos recibía

El aire que nos recibía cuando la multitud desprendida se vio subir entre las fangosas aguas y con ella todas sus palabras   todas sus hambres   todo el sueño   convergiendo en los estuarios que unen esta vida con las estrellas

Con las grandes galaxias   con el polvo   con el último filón de luz que el vértigo de este mundo dejó flotando sobre el cosmos   Reciban entonces esta vida nueva como el océano recibe nuestros ríos   Allí están el primer sueño   el primer peregrinaje y el fulgor de la última sonrisa   Allí está mi vida   tu vida   la vida nuestra precipitada cielo adentro como el lecho de un mar desaguándose entre los vientos

JULIA MILLACURA VE CRUZARSE LAS GRANDES ISLAS

Así una piensa en Dios, andando
cocinando, andando por ahí

Y entonces   como islas rodeadas de cielo   todos los
continentes se dibujaron con su mar   arriba del aire
marchando

Cada uno al encuentro del otro   mientras los océanos
que los rodeaban resplandecían tornasolándoles las
orillas   igual que auras   acercándose

Fundiendo de horizonte a horizonte sus besadas playas
tal como se iban fundiendo los padres con los hijos y los
hijos con toda la tierra nueva que nacía como una línea
de pasto cortándose en el cielo

Mostrando el sueño donde los caídos   los arrasados   los
ahogados vuelven a palpar como si fueran mares que se
iban elevando hasta ser el cielo   Así subió el mar de
nuestro amor   de nuestras montañas y desiertos   de
nuestras playas y glaciares   nos gritan los continentes
abrazándose como se abrazan los enamorados   como se
cruzan los barcos   como se tocan los definitivos témpanos

HEMERLINDO SALVATIERRA MIRA EL CRUCE DE LOS DESIERTOS

Pero yo no quería vivir,
Yo quería morirme

De sur a norte   de este a oeste   se vieron entonces todos
los desiertos del mundo subir   incontables   como las
nebulosas   remontando los aires

Espejeando los colores del horizonte como plataformas
subiendo con el soplo del viento   ondeantes   sobre los
nuevos aires   resplandeciendo entre sus nombres

Entre el torrente de las estrellas   alumbrados   mientras
sus voladas arenas iban erigiendo las catedrales que el
sueño llamó desierto de Arizona   Atacama   pampas
del Sonora   todos arriba   como llevándonos los ojos

Mirando levantarse las nebulosas de Notre Dame   de
Pedro   de Nuestra Señora de la Asunción   de todos
los desiertos de este mundo encendidos en las alturas
Son los espejismos que los caídos de la tierra le clavaron
al horizonte   decimos nosotros admirándolas   Son los
arenales de sus vidas ascendiendo en el viento nos
cantan las catedrales de los desiertos hundiéndose en el
cielo   allá   como olas que sucumben contra el océano

ZILEY MORA VE CRUZARSE LOS TORRENTES DE NUESTRAS VIDAS

Yo nunca he soñado más feliz

Y eran las constelaciones de Orión   de Acuario   de Piscis
reflejándose en los ríos de Chile   remontados del cielo
sobre nosotros

Espejeando los millones de estrellas que el torrente del
universo arrastraba igual que piedras en la maquinaria
de las aguas   tumultuosas   inacabables   precipitándose

Por los hoyos del cielo   allá donde los ríos se dan vuelta
y son los suspendidos estuarios la constelación chilena
encandilante   estelándose de amor en las alturas   Te amo
y es nuestro amor la nave de las alturas que se estrellan

De los desiertos que se estrellan   de las islas   del único
poema que escribimos abriéndonos contra los portaaviones
de la noche   Caerá el nuevo día   se abrirán las bóvedas de
tu vida y toda mi vida leerá en tu vida el destino   el sueño
final de estas palabras que recortaron subiendo los ríos
que se aman   Somos los ríos que los aman   cantan las
constelaciones tendiendo el dibujo de nuestros cuerpos en
el cielo de Chile traspasándose como vientos que se abrazan

MAR DE PLATA MIRA SU CARA SALUDÁNDOLA

¿Quieres ver a tu muchacha?

Arrasados de amor entonces   para arriba   tempestuosos
nuestros rostros iban apareciendo contra las estrellas
y eran el último sueño que se abría

Emergiendo poco a poco sobre el fondo estelado del cielo
del cielo sudamericano y nuestro donde las manos se nos
iban tocando hasta formar el dibujo de todos los pueblos
reunidos   como las constelaciones   copándonos la mirada

Llenando el vacío del universo   allá donde las marejadas
suspendidas del Pacífico   el mismo que vio el país amado
se encumbraban reventándose y era todo el cosmos de
sus espumas las nebulosas   el resplandeciente cielo
los desiertos que ascendían cuajándose de estrellas

Cuando la visión de todos los pueblos   de todos los seres
de todo el amor se despejó sobre este mundo igual que un
océano elevándose sobre la mañana   Es el Jordán de las
alturas   decimos nosotros viendo el río de la Vía Láctea
ancho   cruzado de paz   recortando las costas de la noche
Es la Cruz del Sur   se largan las rompientes de la nueva
tierra desfondándose en el cielo   allí donde el universo
se tiende y nosotros lloramos mirando emerger nuestras
viejas caras en el firmamento   iluminadas   saludándonos

ALLÁ

Los ingrávidos rascacielos del campamento Silva Henríquez flotaban fundiéndose con la luz del nuevo día, mientras más arriba, recortados contra la bóveda transparente del cielo, millones de muchachos bailaban transfigurándose en las alturas. Habían sido transportados. Fue una gran salva de láseres. Al otro día comenzarían a llegar desde sus olvidados santuarios al Encuentro. Era Nueva Nueva. La mañana, ya alta, los dibujaba iluminados, sin llanto.

LA VIDA NUEVA

EPÍLOGO

Así, resplandecidos, vimos los ríos
cruzarse en lo más alto del cielo y
luego comenzar a girar como si
estuvieran a punto de arrojarse
nuevamente. Abajo se empezaban
a perfilar de nuevo las mismas
montañas, las mismas cumbres
alzándose contra el mismo fondo
ensangrentado de olas y de tierra.

Amado padre, entraré de nuevo en ti.

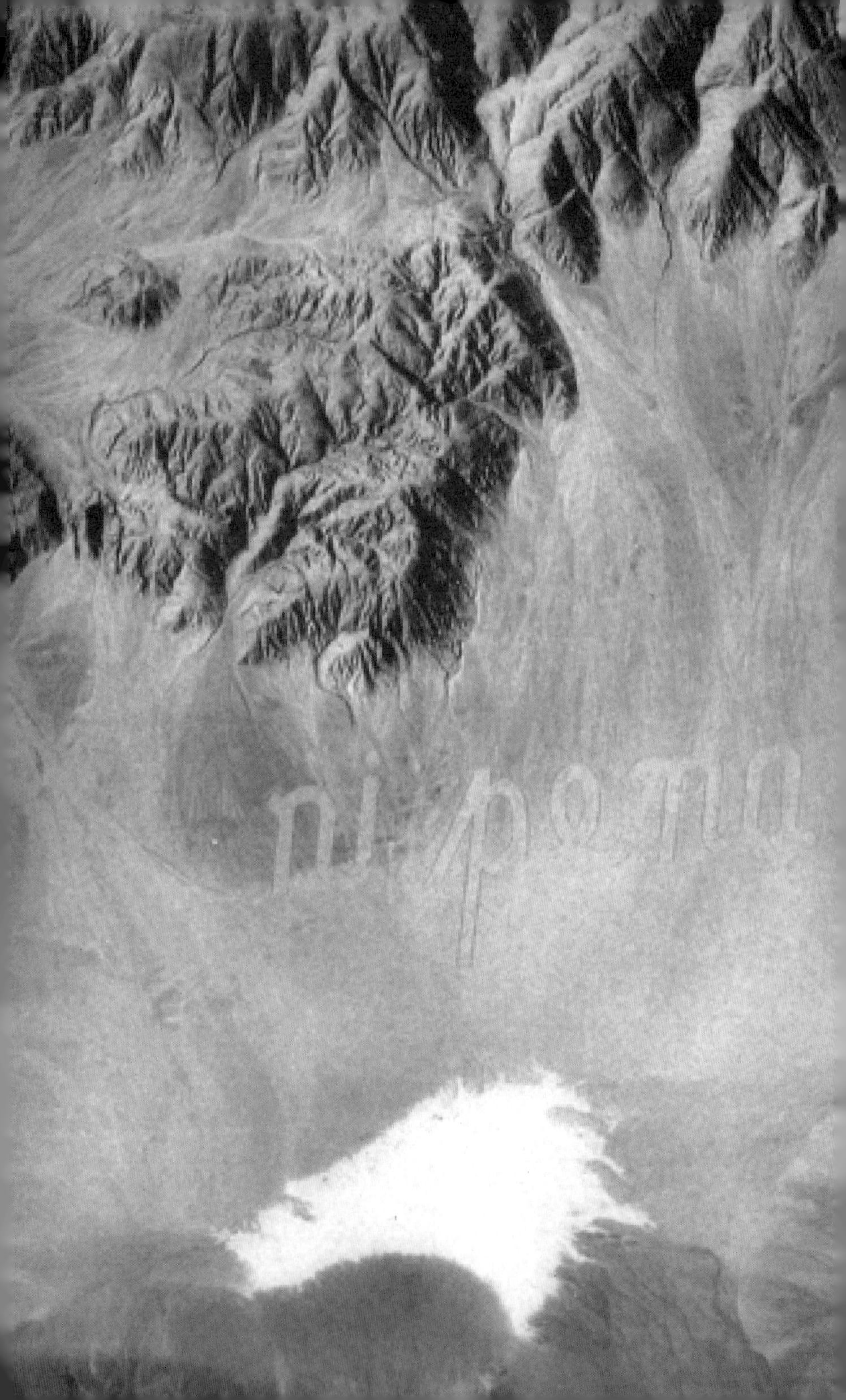
nipoma

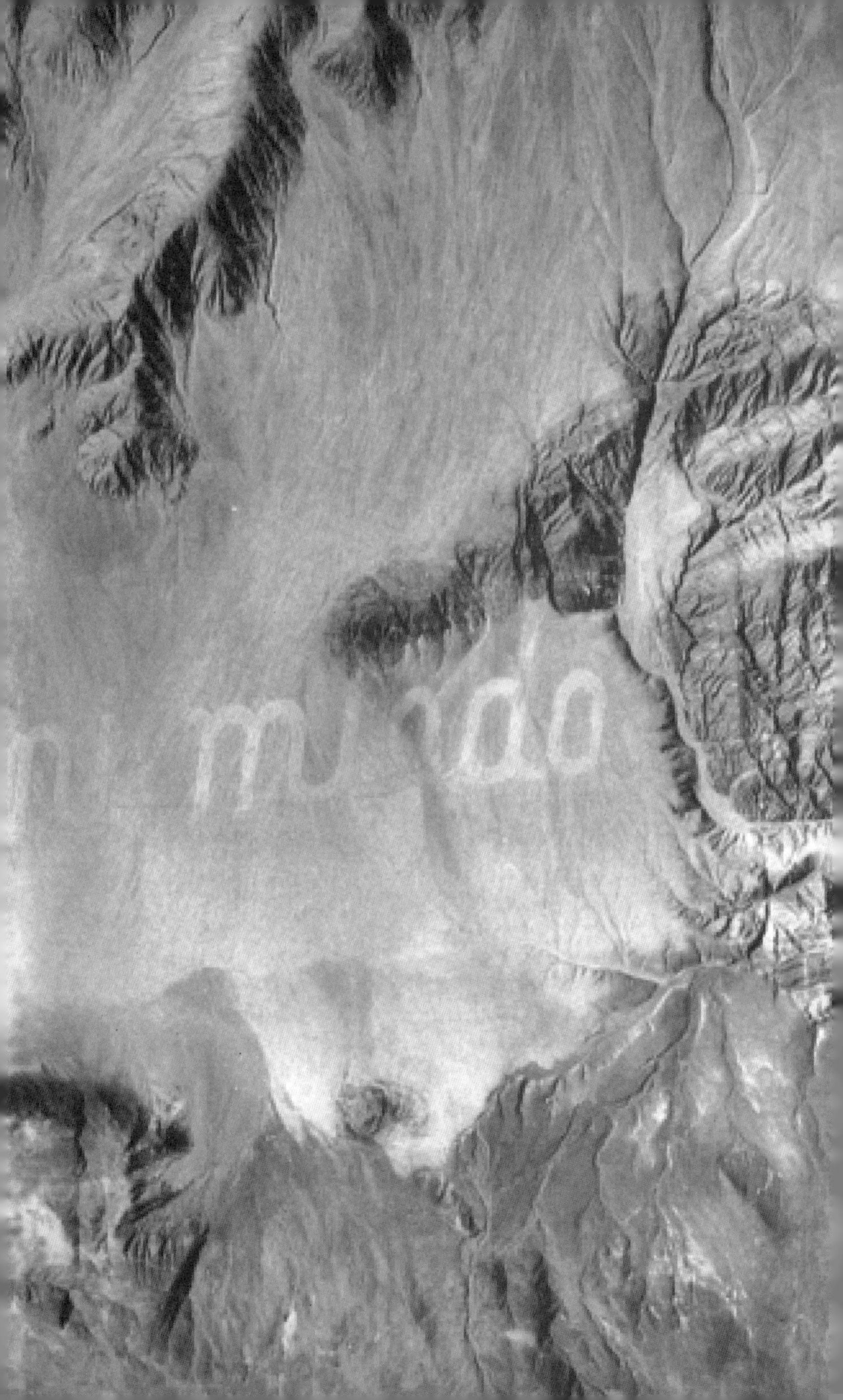

NI PENA NI MIEDO
Longitud: 3140 m
Coordenadas: 24°2’49”S   70°26’43”W
Desierto de Atacama, Chile.

NOTA FINAL

Escrita en el amanecer del 17 de agosto de 2018

Me paré frente a ti como ante a un altar.
Todas las promesas que hice antes
las rompí al verte.

Aún está oscuro. En el entresueño recuerda que empezó a escribir estos poemas hace 33 años, cuando P todavía no existía para él. Ahora es la madrugada del 17 de agosto de 2018 y la siente darse vuelta en la cama despertándolo. Al abrir los ojos ve que ha comenzado a aclarar y que ella también está despierta. Preso de una súbita emoción coge entonces las manos de P entre las suyas y le dice lo más sagrado que un hombre como él pueda llegar a decir: le dice que esta vez no la ha perdido, le dice que no podía perderla una vez más, le dice que antes ya la había perdido demasiadas veces en su vida.

ÍNDICE

Samuel e Ismael

Tocan las llanuras

Los ríos del Paraíso

He allí el mar

AGRADECIMIENTOS

A Jack Schmitt con quien recorrí por primera vez los ríos del sur profundo de Chile y a Amparo Mardones, mi compañera de entonces, a quien está dedicada la primera versión de *La Vida Nueva* (1994). A Aladín Ibáñez, botero del río Futaleufú, a los poetas Leonel Lienlaf y Elikura Chihuailaf, que me mostraron el río del cielo y a todos los que quienes hicieron posible la escritura en el desierto: Carlos Hurtado Ruiz Tagle, Gonzalo Mardones Viviani, Óscar Ferrel y a los pintores que donaron obras cuya venta financió esta obra: Fernando Allende, Samy Benmayor, Bororo, Beatriz Bustos, Gonzalo Cienfuegos, Pablo Domínguez, Ismael Frigerio, Benjamín Lira, Matías Pinto D'Aguiar, Luz María Williamson y Paula Zegers.

A José Carlos Rovira cuya amistad, bondad e inteligencia está presente en el corazón de este libro, y a mi querido Benoit Santini, cuyos estudios sobre las fuentes y génesis de mi poesía y su monumental edición crítica (Colección Archivos, Universidad de Poitiers, 2017), fueron claves para esta versión final de *La Vida Nueva.*

A Karen Bascuñán y Paulina Pavez, directoras del proyecto de investigación y difusión *Los latidos de la memoria*, quienes han recogido cientos de testimonios de familiares de víctimas de la dictadura. Son los testimonios que aparecen en las páginas 297, 301, 305, 309, 313, 317, 321, 325, 329 y 333. Les agradezco profundamente a ellas y a los familiares el haber permitido que esas palabras puedan hablar desde este libro.

RAÚL ZURITA